재무회계이론 해답

제5판

김정재 · 정준희 · 김임현

신영사

서 문

본서의 주제는 회계기능과 회계환경이다. 그런데 자연과학의 진리와 달리 회계의 기능과 환경은 끊임없이 변하고 있다. 예를 들면 IFRS를 기반으로 하는 현대회계의 패러다임은 규정 중심보다는 원칙 중심의 회계, 당기순이익(profit or loss)과 기타포괄손익(other comprehensive income)의 구분, 손익계산서보다는 재무상태표 중심의 회계, 별도재무제표보다는 연결재무제표 중심의 회계, 원가보다는 공정가치에 의한 평가, 검증가능성보다는 표현충실성이 더 중시되는 특징을 갖고 있다. 본서의 목적은 이러한 변화의 원인, 배경 및 파급효과를 설명하는 것이다.

본서의 출간 이래 일관된 포커스는 다음의 몇 가지로 요약된다.

첫째, 회계기능을 가치평가기능과 계약기능으로 구분하였다. 과거나 현재의 대부분의 회계논쟁 및 이슈는 이 두 가지 회계기능의 충돌에서 기인한다. 왜냐하면 가치평가기능에 유용한 정보가 반드시 계약기능에도 유용한 정보가 된다는 보장이 없다는 것이고, 이 점이 회계인의 딜레마이기도 하다. 특히 회계정보의 질적 특성이 2010년에 개정되어 신뢰성이라는 용어 자체는 폐기하고 종전에 신뢰성의 구성요소로 동급이었던 표현충실성과 검증가능성을 분리하여 표현충실성은 종전의 신뢰성을 대체하는 근본적 질적 특성으로 격상시킨 반면, 검증가능성은 보강적 질적 특성이라는 하위개념으로 격하시킨 것은 계약기능보다는 가치평가기능을 상대적으로 더 중시하는 현대회계의 움직임과 무관하지 않다. 그러나 IASB는 2018년의 재무보고를 위한 개념체계 개정을 통해 수탁책임을 일반목적 재무보고의 목적 중 하나로 명시함으로써 계약기능을 경시한다는 우려를 불식시키고자 하였다.

둘째, 규제의 시각에서 통일성에 대한 논의를 본격화하였다. 통일성이란 비슷한 현상은 비슷하게 회계처리하고 다른 현상은 다르게 회계처리함으로써 업체별 비교가능성을 확보하는 것이다. 자본시장 효율성에 대한 인식이 바뀌고 기업경영환경의 불확실성이 증대되는 현실에서 회계정보의 투명성 확보라는 궁극적 목표를 위해 이에 대한 논의의 필요성이 충분하다고 본다.

셋째, IFRS의 도입에 따라 true and fair view가 국내에 공식적으로 도입됨에 따라 이를 별도의 단원에서 설명하였다. 특히 true and fair view override는 IFRS를 준수하는 것이 오히려 재무제표의 목적과 상충되어 이용자의 오해를 유발한다고 판단하는 경우에는 이 규정을 달리 적용한다는 것으로 회계인의 전문가적 판단이 매우 광범위하게 요구되고 있다.

전판의 출간 이후 국제회계환경에도 적지 않은 변화가 있었다. 특히 IFRS 9 Financial Instruments와 IFRS 15 Revenue from Contracts with Customers가 2018년 1월 1일부터 적용되었으나 관련 이슈가 깔끔히 정리된 것은 아니다. 예를 들면 IFRS 9 Financial Instruments에서는 최초 인식시점에 단기매매목적(trading)이 아닌 주식(지분상품)에 대해서는 취소불능선택에 의해 기타포괄손익인식금융자산(fair value through other comprehensive income : FVOCI)으로 분류할 수 있도록 하고, 이를 재분류 가능항목에서 아예 제외하였다. 이는 종전의 규정인 IAS 39의 모순으로 지적된 내용, 즉 매도가능금융자산의 평가손익은 기타포괄손익(OCI)이지만 처분시점에 이를 처분손익으로 재분류하는 것이 논리적으로 모순이라는 비판에 따른 것이다. 그러나 일부에서는 종전의 규정대로 재분류를 허용하는 것이 장기투자성과를 평가하는 데 더 좋다는 의견이 꾸준히 개진되고 있는 상황에서 이에 대한 논쟁의 끝을 조만간 기대하기 어려운 것이 현실이다.

한편 국내에서는 2011년 12월 공식적으로 도입된 한국형 헤지펀드의 등장 이후 발생액 이상현상이 사라졌다는 연구결과가 등장하여 선진 자본시장이 일찍이 겪은 현상이 국내에도 재현되고 있음을 보여주고 있다.

지속가능성 정보(ESG 정보)의 중요성이 날로 커짐에 따라 IFRS Foundation은 IASB와는 별도로 ISSB(국제지속가능성위원회)를 설립하고, 지속가능성 공시기준(IFRS S1, S2)을 발표하였다. 현재 많은 국가들이 이러한 지속가능성 공시기준을 도입하거나 의무화하려는 움직임을 보이고 있다. 지속가능성 정보는 주로 가치평가기능에 중점을 두고 있기 때문에, IFRS S1, S2의 도입은 기존의 계약기능 중심 회계제도에 중대한 변화를 가져올 것으로 예상된다.

이와 같은 변화의 맥락에서, 본서는 회계 패러다임의 진화과정과 관련된 주요 회계 이슈들을 이해하는 데 유용한 길잡이가 될 수 있기를 희망한다. 이러한 목표를 이루는 것이 저자들에게 큰 보람이 될 것이다.

끝으로 본서의 출판을 위해 애쓰시고 도움을 주신 신영사의 권영섭 사장님, 김종복 전무님, 박지영 국장님 및 관계직원 여러분께 감사드린다.

2025년 1월

저자 김정재, 정준희, 김임현

차 례

PART Ⅳ 계약기능

PART Ⅴ 재무회계이론의 기타주제

PART

I

회계기능과 회계연구

CHAPTER

1 재무보고와 재무제표

1 재무제표의 기본가정에서 과거에 존재하던 화폐가치 안정의 가정이 사라진 이유는 무엇인가?

화폐가치 안정의 가정과 역사적 원가에 의한 평가를 기조로 하던 전통회계모형에서는 시가에 의한 자산평가를 원칙적으로 인정하지 않았지만 최근 IFRS를 중심으로 가치평가기능의 관점에서는 시가(공정가치)에 의한 자산 · 부채의 평가가 확대되는 추세에 있다. 따라서 전통회계모형에서 원가와 시가의 차이가 커지는 데 대한 안전장치의 하나로 생각할 수 있었던 화폐가치 안정의 가정은 그 현실적 필요성이 의심스럽게 되었다. 이에 따라 최근 들어 화폐가치 안정의 가정이 회계의 기본가정에서 사라진 것은 가치평가기능에 따른 시가평가의 확대 움직임과 무관하지 않다.

2 일반목적 재무제표란 무엇을 의미하는지 설명하고, 회계정보의 용도가 서로 다른 상황에서 일반목적 재무제표의 한계를 설명하라.

재무제표 이용자 중에서 어느 특정 이해관계자 집단을 의식하여 특정 결과나 현상을 가져오기 위한 의도가 없어야 한다는 것이 중립성(neutrality)의 기준이고 이를 위한 수단이 일반목적 재무제표(general purpose financial statements)이다. 그러나 모든 이용자에게 만족을 주는 재무제표를 작성하는 것은 사실상 불가능하다. 따라서 다양한 이용자들이 필요로 하는 정보의 성격을 분석하여 공통적이면서 포괄적인 회계목적을 개발하게 되었는데, 미국회계학회의 「기초적 회계이론에 대한 보고서」에서 이용자 중심의 정보유용성(usefulness)을 언급한 이래 회계의 목적은 일반적으로 '기업의 이해관계자들에게 그들이 경제적 의사결정을 하는 데 유용한 회계정보를 제공하는 것'으로 정의되고 있다.

이러한 정의에서 회계의 목적은 그 정보이용자가 누구인가에 따라 그들에게 필요한 정보는 매우 다원적일 수 있어도, 경제적 의사결정을 할 수 있도록 유용한 회계정보를 제공한다는 점에서 일원화 내지 공통된 의미를 가지는 데 그 특색이 있다. 이와 같은 목적하에서 전개되는 회계를 '다목적 일원회계'라 한다. 다목적 일원회계란 회계정보 이용자별 정보요구를 단일회계목적(의사결정을 위한 정보제공)으로서 모두 다 충족시키려는 회계제도를 의미한다. 그런데 다양한 소비자욕구를 단일제품으로 모두 충족시키는 것이 사실상 불가능한 것과 같이 일반목적 재무제표로 회계정보 이용자 집단의 모든 정보욕구를 충족시키는 것은 사실상 불가능하다. 따라서 재무제표정보의 유용성은 이용자의 시각에서 궁극적으로 결정될 필요가 있으며 어떤 용도로 회계정보가 사용되는가에 따라 정보유용성을 결정하는 속성에도 차이가 있을 수 있다.

3 IASB가 별도재무제표 작성시 금지했던 지분법을 2014년에 허용한 배경을 설명하라.

2014년 8월 IASB는 IAS 27을 개정하여 별도재무제표에서도 종속기업, 관계기업 및 공동기업에 대해 지분법을 적용할 수 있도록 허용하였다. 이러한 개정의 배경은 다음과 같이 요약된다. 즉 대부분의 국가에서 별도재무제표는 IFRS에 의해 요구되는 것이 아니고 국가별 규정에 따라 작성되는데, 일부 국가에서는 상법 등을 통해 별도재무제표에 지분법을 강제하는 실정이다. 이에 따라 일부 국가에서는 IFRS와 상법의 규정에 따라 두 종류의 별도재무제표를 따로따로 작성해야 하는 부담이 있었다. 이에 따라 IASB는 별도재무제표에서도 지분법을 허용함으로써 이들 기업의 부담을 줄이는 조치를 취했다.

이에 따라 K-IFRS에서는 연결재무제표, 별도재무제표, 개별재무제표 세 가지의 재무제표가 작성가능하며, 각 재무제표별 개념과 투자지분의 회계처리방법은 아래의 〈표〉와 같다.

〈표〉 K-IFRS 재무제표의 dimension

구 분	개 념	투자지분의 회계처리	
		종속기업	관계기업
연결재무제표	지배기업과 종속기업을 하나의 경제적 실체(a single economic entity)로 표시하는 연결실체의 재무제표	연결대상 포함	지분법
별도재무제표	지배기업이 연결재무제표 외에 추가로 작성하는 지배기업 자신만의 재무제표	원가법, 공정가치법, 지분법	
개별재무제표	종속기업이 없는(=연결재무제표를 작성하지 않는) 기업의 재무제표	N/A	지분법

- 연결실체(group) : 지배기업과 종속기업
- 지배기업(parent) : 하나 이상의 종속기업을 가진 기업
- 종속기업(subsidiary) : 지배기업의 지배(지분율 50%↑)를 받는 기업
- 관계기업(associate) : 유의적인 영향력(지분율 20%↑)을 받는 기업

4 회계담당자의 정직성과 회계부정의 관계를 설명하라.

회계담당자의 능력 및 자질과 관련하여 재무제표의 품질은 다음과 같은 요인에 의해 영향을 받는다.

- 능력의 부족(또는 GAAP의 결함) : 회계담당자가 보고대상에 대한 회계처리를 할 능력이 없거나, 회계기준이 적절한 회계보고를 하기에는 미흡한 경우
- 정직성의 부족 : 회계담당자가 올바른 회계처리능력은 있으나, 특정목적을 위하여 일부러 회계수치를 조작하거나 회계기준을 자의적으로 적용하는 경우

아래의 〈표〉에서와 같이 재무제표의 품질은 회계담당자의 능력과 정직성의 결합확률로 표시되며 이는 동시검정(joint test)의 사례가 되는데, 재무제표에 문제가 있을 경우 그 원인이 작성자의 능력 부족 때문인지 또는 정직성 부족 때문인지 명확하게 구분할 수 없기 때문이다.

〈표〉 재무제표의 품질

재무제표의 품질 (Financial Statement Quality : FSQ)	$FSQ = P(A) \times P(I)$ 여기서, $P(A)$ = 회계담당자의 능력 $P(I)$ = 회계담당자의 정직성

회계담당자의 능력(ability)이나 정직성(integrity)은 모두 중요한 요소이지만, 현실에서는 정직성 부족이 능력의 부족보다 오히려 재무제표의 신뢰성과 투명성(transparency)을 해치고 있는 것으로 간주된다. 이는 비단 우리나라뿐만 아니라 외국의 경우에도 유사하다.

미국에서는 규제기관에서 재무제표가 왜곡표시되는 경우 이러한 왜곡의 이면에는 이익조작과 자의적인 회계기준의 적용이 근본적인 원인으로 의심받고 있으며, 이때 재무제표의 신뢰성(reliability)과 투명성이 훼손된 것으로 인식한다.

경영자의 이익조정(earnings management)은 능력의 부족보다는 정직성의 부족에서 발생할 확률이 높은 것으로 판단되며 세계 모든 나라에서 고민하는 과제이다. 경영자의 자기이익추구 동기가 존재하는 현실에서 기업지배구조(corporate governance)의 건실화를 통해 회계정보의 신뢰성을 유지하는 방안이 강구되어야 한다. 이를 위해 이익조정을 억제하는 방법의 하나로 정보비대칭을 감소시키는 공시의 확대를 주장하는 연구도 있다.

그러나 경영자의 자의적 회계조작 또는 회계부정을 규제와 감독만으로 통제하기에는 한계가 있으므로 투명성과 관련된 회계공시의 확대와 더불어 기업지배구조의 개선으로 시장의 평가에 의해 통제하는 것이 장기적으로 바람직할 것으로 생각된다. 또한 기업의 입장에서도 기업경쟁력의 지표로 최고경영자를 비롯한 경영진의 정직성과 회계처리의 투명성이 다른 어떤 요인보다 장기적으로 중요하다는 점을 인식해야 한다.

5 프로스펙트이론과 기대효용이론을 비교하라.

프로스펙트이론과 기대효용이론의 차이를 비교해 보면 아래의 〈표〉와 같다. 먼저 두 이론의 근본적인 성격에 차이가 있다. 기대효용이론은 일련의 공리로부터 연역적으로 개발된 규범이론인 데 비해 프로스펙트이론은 인간에 대한 실험(설문조사)결과로부터 귀납적으로 도출된 기술적 이론이다. 또한 두 이론은 핵심요소인 효용과 확률에서 차이가 있다. 먼저 효용을 살펴보면 기대효용이론에서는 최종적인 부(wealth)의 절대적 수준에 의존하나, 프로스펙트이론에서는 준거점을 기준으로 부(wealth)의 상대적 변화(증감이나 손익)에 따라 정해진다. 이를 준거점 의존성(reference dependence)이라고 부른다. 또한 동일한 크기의 부의 수준 변화라도 증가(이익)에 의한 효용 증가보다 감소(손실)에 의한 효용 감소가 더 크게 나타나는데, 이를 손실회피라 한다. 한편, 확률의 경우에는 기대효용이론이 주어진 확률을 그대로 받아들이는 선형 평가의 모습을 보이는 반면, 프로스펙트이론에서는 상대적으로 낮은 확률이 과대평가되고 상대적으로 높은 확률은 과소평가되는 비선형 가중평가(probability weighting)의 모습을 보인다.

〈표〉 기대효용이론과 프로스펙트이론의 비교

	기대효용이론	프로스펙트이론 누적프로스펙트이론
성 격	*일련의 공리로부터 연역적으로* *도출되는 규범이론* *It is a normative theory* *developed deductively* *from a set of axioms.*	*인간에 대한 실험(설문조사)결과로부터* *귀납적으로 도출되는 기술이론* *It is a descriptive theory* *developed inductively* *from results of experiments.*
효 용	최종적인 부(wealth)의 절대적 수준에 의존하고 대칭적 모습을 보임	준거점을 기준으로 부(wealth)의 상대적 수준에 의존하고 비대칭적 모습인 손실회피의 모습을 보임
확 률	선형 평가	낮은 확률은 과대평가되고, 높은 확률은 과소평가되는 비선형 가중평가

다음의 [그림 1]에서는 프로스펙트이론 및 누적프로스펙트이론을 대표하는 두 개의 그림인 가치함수(Fig. 1)와 확률가중함수(Fig. 2)를 보여주고 있다.

프로스펙트이론과 기대효용이론의 차이는 프로스펙트이론의 가치함수(value function)와 확률가중함수(weighting function)의 성격에서 출발한다. 기대효용이론의 효용함수에 해당하는 가치함수는 이익상황에서는 concave(위험회피형)하고 손실상황에서는 convex(위험추구형)하다. 즉, Fig. 1의 가치함수에서 준거점(reference point)을 중심으로 오른쪽은 준거점보다 큰 이익의 영역이고, 왼쪽은 준거점보다 작은 손실의 영역이다. 이 가치함수가 의미하는 것은 이익에 의한 가치증가보다는 손실에 의한 가치감소가 훨씬 크다는 점이다. 이를 손실회피(loss aversion)라 부르는데, 이는 전술한 기대효용이론과는 다르다. 왜냐하면 기대효용이론에서는 개인의 효용은 준거점에 관계없이, 즉 상대적인 富(relative wealth)에 관계없이 그 절대적 크기에 따라 일정하기 때문이다.

그런데 위의 결론에 비추어 보면 보험과 복권을 동시에 구입하는 사람들의 행동이 설명되기 어렵다. 왜냐하면 보험가입이나 복권구입은 손실의 영역에서 사람들이 위험추구형이 되고 이익의 영역에서는 위험회피형이 된다는 전술한 프로스펙트이론의 일반적 결론과 배치되기 때문이다. 이에 대해 Tversky and Kahneman(1992)의 누적프로스펙트이론에서는 확률가중함수(probability weighting function)를 이용하여 이를 설명한다. 즉, 발생확률이 극히 낮은 경우에는 전술한 프로스펙트이론에서 제시된 높은 확률의 경우와 정반대의 태도가 형성된다는 것이다. 따라서 종전의 프로스펙트이론만으로 설명하기 어려운 복권과 보험의 동시구입현상이 이제는 누적프로스펙트이론을 통해 설명이 가능하다.

[그림 1]에서 Fig. 2의 확률가중함수는 S자를 뒤집어 놓은 모습이다. 이 함수의 특징은 낮은 확률은 과대평가(overweighted)되는 반면, 높은 확률은 과소평가(underweighted)된다는 것이다. 즉 발생가능성이 높은 현상보다는 낮은 현상에 사람들은 더 많은 의미를 부여하게 된다는 것이다. 따라서 복권구입은 비록 이익영역이지만 극히 낮은 당첨확률에 대한 과대평가로 인해 거액의 당첨금에 사로잡혀 복권구입비용을 기꺼이 지불할 수 있을 만큼 위험

[그림 1] 프로스펙트이론

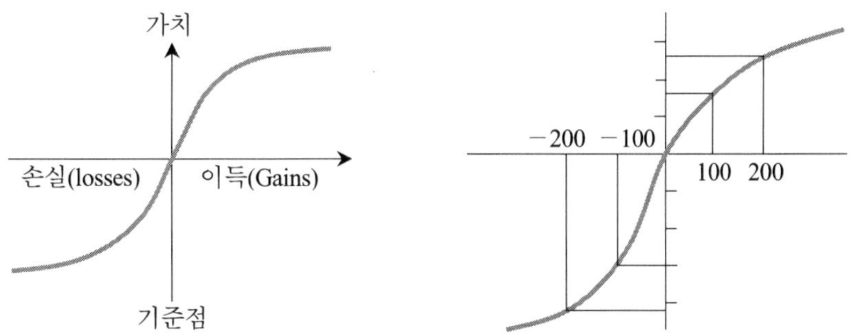

Fig. 1 value function

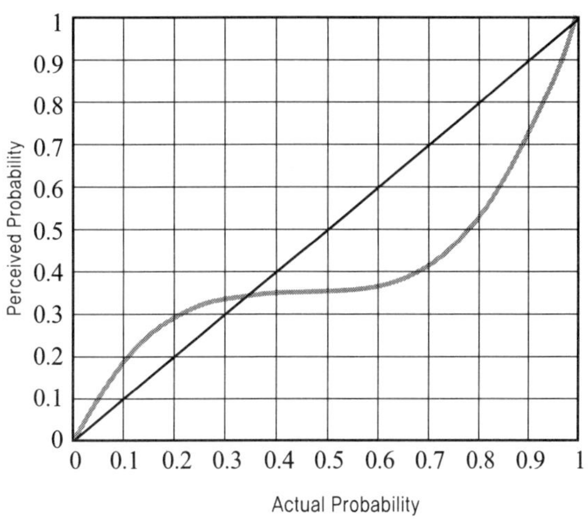

Fig. 2 weighting function

추구적 태도가 형성되는 경우이고, 보험가입은 비록 손실영역이지만 낮은 사고확률에 대한 과대평가로 인해 거액의 손실(배상)액에 부담을 느껴 기꺼이 보험료를 지불하려는 위험회피적 태도가 형성된다는 것이다. 이에 따라 극히 낮은 당첨확률에도 불구하고 복권을 구입하는 일이나, 감염확률이 매우 낮은데도 광우병을 우려하여 미국산 쇠고기를 기피하는 소비자의 행동 등이 설명될 수 있다. 아래의 [그림 2]에서는 프로스펙트이론의 전개과정과 위험에 대한 네 가지 태도(fourfold pattern of attitude toward risk)의 실제사례를 보여준다.

[그림 2] 인간의 위험에 대한 네 가지 태도

Panel A : 프로스펙트이론의 전개과정

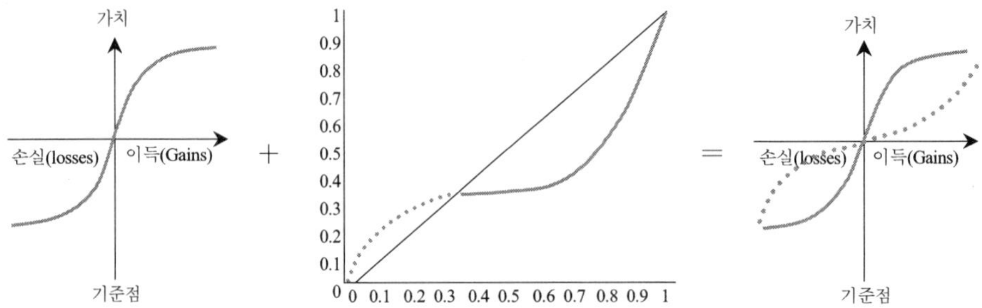

Panel B : 실제사례

구 분	손 실	이 익	근 거
일정수준 이상의 확률 (실선으로 표시)	위험추구 (아이스하키에서 경기막판에 골리를 빼고 공격수를 투입)	위험회피 (유력후보의 TV토론회 불참)	prospect theory
낮은 확률 (점선으로 표시)	위험회피 (보험가입) (광우병 우려 시위)	위험추구 (복권구입)	cumulative prospect theory

먼저 Panel A의 그림에서 점선은 낮은 확률 또는 낮은 확률로 인해 나타나는 위험에 대한 태도를 의미한다. 왼쪽의 가치함수는 중간의 확률가중함수를 만나 오른쪽의 위험에 대한 네 가지 태도를 낳는다. 그런데 중간의 확률가중함수에서 낮은 확률은 과대평가되어 오른쪽의 위험에 대한 태도에서는 실선이 의미하는 중간 이상의 확률과는 정반대인 점선에 의한 위험에 대한 태도를 형성한다. Panel B에서 중간 이상의 확률에 해당하는 실제사례를 들어보면 선거에서 승리가 확실하다고 판단하는(이익의 영역에 있다고 판단) 유력후보가 종종 토론회에 불참하는 경우를 볼 수 있다. 이는 지금의 트렌드를 그대로 유지하면서 쓸데없는 논쟁, 말실수 및 구설수에 휘말리지 않으려는 위험회피적 성향이 반영된 것이다. 한편 아이스하키에서는 한 골을 뒤진 팀이 게임종료를 앞두고 골리를 빼고 공격수를 투입하는 마지막 모험을 거는 것이 표준화된 작전의 하나이다. 한 골 차로 지나 두 골 차

로 지나, 지는 것은 매한가지이기 때문이다.[1] 그러나 낮은 확률의 경우에는 지금까지의 태도와는 정반대의 태도가 형성된다. 이에 따라 복권구입과 보험가입이 동시에 설명될 수 있다.

Friedman and Savage(1948, pp. 297 & 303, *이탤릭체 추가*)는 "It is convex from above below *some* income, concave[2] between that income and *some* larger income, and convex for all higher incomes"라고 언급함으로써 인간의 위험에 대한 태도가 소득구간에 따라 달라질 수 있다는 점을 인정한다. 그러나 언제, 어디에서, 어떻게 다른지에 대해서는 침묵하고 있다.

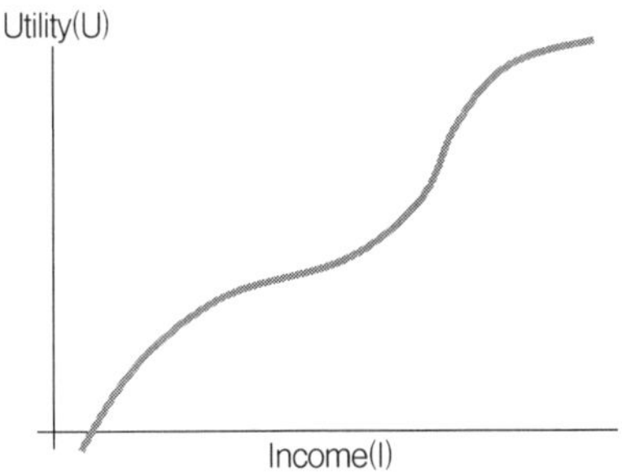

또한 Fama and Miller(1972, p. 203)의 지적대로 기대효용이론에서도 어떤 개인에 대해 위험추구, 위험중립, 위험회피의 다양한 모습이 나올 가능성은 열어두고 있다. 즉 사람이 일평생 위험회피형 또는 위험추구형 하나로만 살 수 없다는 점을 기대효용이론에서도 인정하고 있다. 그러나 중요한 점은 언제, 어디에서 인간의 태도가 다르게 나타나는가에 대해서는 침묵하고 있다. 따라서 기대효용이론에서는 보험에 가입하고 오는 길에 로또를 사는 행위에 대한 논리적 근거를 제공하지 못한다. 이에 비해 프로스펙트이론에서는 준거점(reference point)을 중심으로 이익과 손실에서 서로 다른 위험에 대한 태도가 형성된다는 2분법적 시나리오를 주장하고, 누적프로스펙트이론에서는 이에 추가하여 낮은 확률을 과대평가하여 높은 확률에서와는 정반대의 태도가 형성된다는 4분법적 시나리오를 제시한다. 따라서 기대효용이론과는 달리 프로스펙트이론 및 누적프로스펙트이론에서는 인간의 위험에 대한 태도가 다양하게 형성되는 대상과 구간에 대해 논리적 근거를 제시함으로써 보험과 로또의 동시구입을 설명할 수 있다.

1) 최근 식품의약품안전처의 경고에도 불구하고 말기암 환자들이 개 구충제를 복용하는 사례도 이에 해당된다.
2) concave는 아래에서 보았을 때 오목하고, convex는 아래에서 보았을 때 볼록하다.

6 보험가입과 복권구입을 동시에 하는 행동을 프로스펙트이론으로 설명하라.

전통적인 기대효용이론에 따르면 대부분의 사람들은 위험회피형이고 따라서 이들은 복권을 구입하려 하지 않는다는 것이다. 그러나 많은 사람들이 복권을 구입하는 것이 현실이고 특히 보험에 가입한 사람들이 동시에 복권을 구입하는 서로 상충되는 모습을 보이고 있다. 기대효용이론이 설명하기 곤란한 이 문제를 프로스펙트이론은 설명이 가능하다.

프로스펙트이론은 사람들이 최종 자산상태에 대한 효용의 비교로 선택을 하기보다는 먼저 상황을 이익 또는 손실로 구분하여 파악한다고 본다. 그런데 상황을 이익으로 보게 되면 위험회피형(risk-averse) 태도를 갖게 되어 불확실한 결과보다는 확실한 결과를 선호하게 되는 반면, 상황을 손실로 보게 되면 위험추구형(risk-seeking) 태도를 갖게 되어 확실한 손실보다는 불확실한, 그렇지만 더 큰 손해를 볼 수도 있는 대안을 선호하게 된다고 본다.

그런데 위의 결론에 비추어 보면 보험에 가입하는 사람이나 복권을 사는 사람들의 행동이 설명되기 어렵다. 왜냐하면 예기치 않은 손실에 대비한 보험가입은 손실의 영역에서 사람들이 위험추구형이 된다는 위의 내용과 배치되고, 일확천금을 꿈꾸는 복권구입은 이익의 영역에서 위험회피형이 된다는 위의 내용과 배치되기 때문이다.

이에 대해 프로스펙트이론에서는 가중치함수를 이용하여 이를 설명한다. 가중치함수의 특성은 낮은 확률은 과대평가(overweighted)되는 반면, 높은 확률은 과소평가(underweighted)된다는 것이다. 즉 발생가능성이 높은 현상보다는 낮은 현상에 사람들은 더 많은 의미를 부여하게 된다는 것이다. 따라서 복권구입은 비록 이익영역이지만 극히 낮은 당첨확률에 대한 과대평가로 인해 거액의 당첨금에 사로잡혀 복권구입비용을 기꺼이 지불할 수 있는 위험추구형 태도가 형성된 경우이고, 보험가입은 비록 손실영역이지만 낮은 사고확률에 대한 과대평가로 거액의 손실(배상)액에 부담을 느껴 기꺼이 보험료를 지불하는 위험회피형 태도가 형성된 사례가 된다.

한편, Fama and Miller(1972, p. 203)의 지적대로 기대효용이론에서도 어떤 개인에 대해 구간별로 위험추구, 위험중립, 위험회피의 다양한 모습이 나올 가능성은 열어두고 있으나 그 구체적인 구간의 구분에 대해서는 침묵하고 있다. 이에 비해 프로스펙트이론에서는 이러한 구간의 구분을 준거점(reference point)을 중심으로 이분화하고, 낮은 확률의 과대계상 현상을 이용하여 그 논리적 근거를 제시하고 있다. 특히 Tversky and Kahneman(1992)은 누적프로스펙트이론을 통해 기존의 프로스펙트이론을 보완하여 복권과 보험 등 낮은 확률에 의한 이익영역에서의 위험추구성향과 손실영역에서의 위험회피성향을 일반화시켰다. 이에 따라 극히 낮은 당첨확률에도 복권을 구입하는 일이나, 감염확률이 매우 낮은데도 광우병을 우려하여 미국산 쇠고기를 기피하는 소비자의 행동 등이 설명될 수 있다.

7 GAAP와 GAAS의 기능을 비교설명하라.

재무제표와 관련된 이해관계자를 모형으로 표현하면 아래의 [그림]과 같다.

[그림] 재무제표의 작성 · 전달 과정

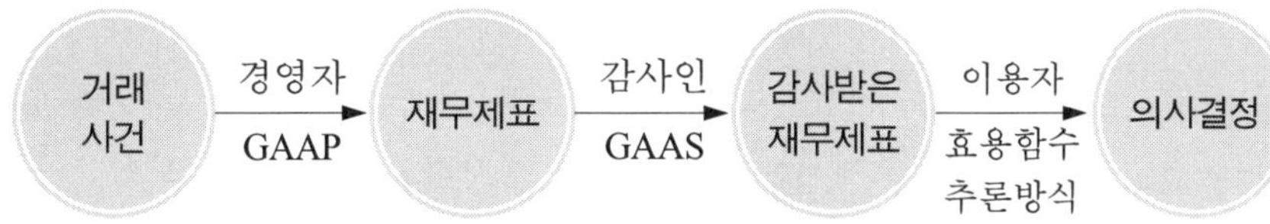

경영자는 회계인식의 대상이 되는 거래, 사건, 현상을 궁극적으로 재무제표로 나타내는데, 이때 일반적으로 인정된 회계원칙(generally accepted accounting principles : GAAP)에 의거하여 재무제표를 작성한다. '일반적으로 인정된다'라는 의미는 전통적으로 권위 있는 다수기관의 지지를 의미하는바, 이는 절대적 합의가 불가능한 현실에서 이해관계당사자간의 상대적 합의를 의미한다. 그러나 이러한 상대적 합의의 정의는 회계기준을 제정하는 기관의 투표방식에 따라 다양할 수 있다. 한편, 과거에 사용되었던 절대적 진실의 의미를 내포하는 '원칙'이라는 용어는 불확실성하에서 상대적 합의에 근거한 회계기준의 속성상 어울리지 않는다는 관점에서 더 이상 사용되지 않고 있다. 다만 GAAP라는 용어는 관습적으로 사용되고 있다. GAAP는 경제적 현상을 재무제표로 나타내는 규범적 기준이기도 하지만 경제 및 회계활동에 직접 영향을 미칠 수도 있다.

경영자가 작성한 재무제표는 감사인에 의하여 재무제표의 적정성 여부를 감사받게 되는데, 이때 감사인이 지켜야 할 규범이 일반적으로 인정된 회계감사기준(generally accepted auditing standards : GAAS)이다. 회계감사를 받은 재무제표에는 감사인의 감사의견(audit opinion)이 첨부되는데, 회계감사는 재무제표의 신뢰성을 유지 · 향상시키는 수단이 된다.

정보이용자는 재무제표를 이용하여 그들의 효용함수 및 추론방식에 따라 가치평가기능 및 계약기능상의 의사결정을 하게 된다. 예를 들면 위험회피적 이용자(risk averter)와 위험추구적 이용자(risk taker) 사이에 동일한 재무제표정보에 대한 반응, 즉 의사결정 결과는 다를 수 있다. 따라서 GAAP와 GAAS가 회계담당자 및 감사인이 따라야 하는 규범적(normative) 성격이라면 효용함수 및 추론방식은 기술적(descriptive) 성격의 내용이다. 다만 기대효용이론에서 효용의 극대화를 추구하는 것은 당연히 규범적이다. 여기서 효용함수를 기술적이라고 표현한 이유는 구간이나 발생확률의 범위에 따라 개인의 효용함수 및 위험에 대한 태도 등이 서로 다른 모습으로 나타날 수 있어 획일적으로 정형화되지 않는다는 의미이다.

GAAP와 GAAS는 경영자와 감사인이 지켜야 하는 규범이지만 어떠한 상황에서도 무조건 또는 맹목적으로 지켜야 한다는 의미는 아니다. IFRS에서는 true and fair view override라는 장치를 통해 특정 IFRS 규정을 따르는 것이 오히려 재무제표의 목적과 상충되어 이용자의 오해를 유발할 수 있다고 결론을 내린 극히 예외적인 상황에서 특정 IFRS

를 달리 적용한다. 또한 GAAS의 경우에도 감사인은 예외적인 상황에서 보다 효과적으로 감사목적을 달성하기 위하여 필요하다고 판단되는 경우 GAAS와 다르게 감사를 수행할 수 있다. 이 경우 감사인은 그 이유와 타당성을 조서화해야 한다(회계감사기준 100.6.3).

8 기업지배구조가 회계투명성과 기업가치에 미칠 수 있는 영향을 설명하라.

기업지배구조는 경영자의 비효율적인 투자활동을 견제하고 그 보상수준을 결정하는 데 직접 관련된다. 기업지배구조에서는 경영성과를 평가하고 그에 대한 보상을 결정하는 데 회계정보와 주가를 함께 사용하므로, 회계정보는 효과적인 지배구조의 구축과 운용에 중요한 역할을 한다. 회계정보는 경영평가와 경영진의 교체 또는 이에 대한 위협의 도구로 사용될 수 있으므로 경영자에게 경영성과를 개선할 경제적 유인을 제공할 뿐 아니라, 주식선택권이나 주식교부를 비롯한 경영자의 보상수준을 결정하는 데에도 직접적인 역할을 한다. 또한 회계정보는 주식가격의 형성에 직접적으로 영향을 미침으로써 공격적 매수의 여지를 제공하여 경영자의 비효율적인 의사결정을 간접적으로 견제하게 된다.

기업지배구조는 또한 기업투명성에 직접적인 영향을 미친다. 기업투명성이 상승하면 경영자가 사적 이익을 취할 수 있는 여지가 감소하는 반면, 주가가 상승하므로 경영층은 주식소유비율만큼 경제적 이익을 볼 수 있다.

한국의 여러 대기업 집단에서는 지배주주의 소유권이 지배권에 비하여 낮은 경향이 있다. 소유권과 지배권의 괴리가 커질수록 지배주주의 사적 이익 추구동기가 강화되고, 따라서 기업투명성과 회계투명성을 저해하는 부작용을 초래할 수 있다. 특히 불확실성이 더욱 커질 미래의 경영환경에서는 기업의 소유구조를 포함한 지배구조와 회계의 투명성 저하로 인한 자본비용의 상승, 그리고 이로 인한 기업가치의 하락 현상이 더욱 심각해질 것이라고 하겠다.

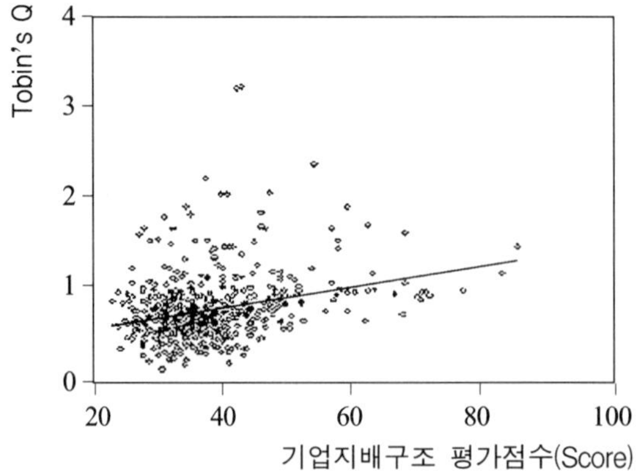

추정회귀식 : Tobin's Q = 0.430 + 0.011 × Score

└ t 값은 6.67로서 1%에서 유의함

기업지배구조와 기업가치는 앞의 [그림]이 보여주는 대로 양(+)의 관계를 보여 지배구조의 건전성이 기업가치에 긍정적인 영향을 미치고 있음을 알 수 있다. 즉 기업지배구조 평가점수가 높을수록 기업가치가 높게 나타나므로 투명한 경영바탕 위에 기업의 장기 생존과 기업가치 극대화를 위하여 지배구조 중요성의 인식과 지배구조 개선을 위한 기업들의 노력이 요구됨을 알 수 있다.

9 회계기준제정기구의 투표방식과 관련하여 simple majority와 super majority의 장・단점을 논하라.

다수의 지지를 실질적으로 형성하는 투표방식은 시대별, 상황별 환경에 따라 다를 수 있다. 예를 들면 FASB는 7명의 위원으로 구성되는 의사결정체인데, 그들이 회계기준을 제정・공표하는 데 필요한 투표방식(voting rule)은 회계기준의 제정・공표가 정치적 타협의 산물(political process)이라는 것을 보여주는 사례로 평가된다. FASB 탄생 이래 투표방식의 변천은 아래의 〈표 1〉과 같다.

〈표 1〉 FASB의 투표방식 변천

기 간	투표방식	비 고
1973 ~ 1978	5 : 2	super majority
1978 ~ 1990	4 : 3	simple majority
1990 ~ 2002. 4	5 : 2	super majority
2002. 4 ~ 2008. 6	4 : 3	simple majority
2008. 7 ~ 2011. 1	3 : 2	simple majority
2011. 2 ~ 현재	4 : 3	simple majority

Super majority는 회계기준의 통과까지 이해관계자의 설득, 조정으로 많은 시간이 소요되지만 일단 통과된 회계기준의 수용 및 시행은 비교적 쉽게 이루어진다. 반면에 simple majority는 통과에 필요한 시간은 단축될 수 있으나 통과된 회계기준의 수용 및 이행에는 많은 어려움을 낳아 몇몇 회계기준은 유효기준일(effective dates)이 몇 차례 연기되기도 하였다. 그러나 2002년 4월에는 신속한 회계기준제정의 필요성에 따라 simple majority가 다시 부활되었다. 또한 급변하는 기업환경에 신속히 대응하고 회계기준제정업무의 효율성을 위해 2008년 7월부터 7명의 위원을 5명으로 축소하고, simple majority는 그대로 유지되는 조치가 단행되었다. 그러나 2011년부터는 다시 7명의 조직체로 복원되어 현재에 이르고 있다.

IASB의 투표방식도 많은 변화를 보여 왔지만 2016년 12월 1일에는 16명의 위원수를 14명으로 줄이는 동시에 다음의 〈표 2〉에서와 같은 투표방식을 보여주고 있다.

〈표 2〉 IASB의 voting rule

기 간	위원수	의결정족수
simple majority	14	60% 이상의 위원이 참석하여 과반수 이상. 단, 가부동수일 때에는 위원장이 결정
super majority	14	9

그런데 IASB는 사안별로 서로 다른 투표방식을 가지고 있어 이를 아래의 〈표 3〉에 표시하였다. 이에 따르면 의제선정이나 토론서의 채택에는 simple majority가 적용되는 반면, 공개초안이나 회계기준의 채택에는 super majority가 적용된다.

〈표 3〉 IASB의 이슈별 투표방식

Simple Majority	Super Majority
• Agenda and topic decisions • Discussion paper • Administrative decisions	• Exposure draft • IFRS • IFRIC Interpretation

10 IASB의 목표는 「a single set of global accounting standards」를 개발하는 것이다. 이 목표의 실현가능성 및 타당성에 대하여 언급하라.

IFRS는 그 중요성과 비중이 증대하여 국제증권기구(International Organization of Securities Commissions : IOSCO)가 2000년 5월 IFRS를 인정하고, 2005년 이후에는 모든 EU(European Union) 상장기업이 IFRS에 의거하여 재무제표를 작성하게 됨으로써 강제성도 갖추게 되었다. 그러나 국제회계기준의 필요성과 통일성을 이루려는 시도와 공감은 많은 나라에서 표명하고 있으나 현실적 제약요인의 극복이 언제나 용이하고 가능한 것은 아니다. 왜냐하면 회계라는 제도는 정치, 경제, 사회, 문화, 종교, 법률상의 특색에 따라 국가별 또는 기능별로 차이가 있기 때문이다. 또한 회계기준의 내용이 국제적 수준으로 갖추어졌다고 하여 회계정보의 국제적 비교가능성이 자동적으로 이루어지는 것은 아니다. 그보다는 회계인프라, 즉 담당자의 신의성실, 감사인의 독립성 및 적절한 규제와 감독 등이 보다 실질적인 요인으로 평가된다.

IFRS의 역사상 가장 첨예한 이해관계의 대립은 IAS 39(Financial Instruments : Recognition and Measurement)가 보여주고 있다. IAS 39는 1998년 주요 금융자산에 대한 공정가치평가를 기조로 공표되었는데, 이는 미국의 회계기준과 유사한 모습을 보이고 있어 회계기준의 세계적 동조화(international harmonization)의 표본으로 간주되기도 하였다. 그러나 유럽의 금융기관, 특히 프랑스를 중심으로 극심한 반대에 부딪쳐 Jacques Chirac 프랑스 대통령이 IAS 39는 유럽경제의 안정에 위협이 된다는 발언을 하기도 하였다. IAS 39에 대한 반대의 주요 내용은 이 규정이 유럽 금융기관의 위험관리방식(risk management)을 고려하지 않은 채 미국과의 국제적 공조를 의식하여 무리하게 추진된 것이라는 점과 이 규정이 불필요하게 유럽은행실적의 변동성(volatility)을 증폭시킨다는 것이다. IASB는 부분적으로 이해관계를 조정한 수정안을 2004년 3월에 제출하였으나 핵심적인 부분에서는 물러나지 않았다. 결과적으로 EU는 2005년의 전면적인 IFRS 도입에 앞서 IAS 39의 중요 부분인 공정가치평가옵션(fair value option)과 일부 hedge accounting 규정을 삭제한 채(carve-out) 부분적으로 승인하였다. 이것을 EU가 채택한 IFRS, 즉 "IFRS as adopted by the EU"라고 부르며, 이는 IASB가 공표한 대로의 IFRS를 의미하는 "IFRS as issued by the IASB"와 구분된다. 또한 EU는 IASB가 필요한 부분의 개정을 조속히 해줄 것을 요구하였다.

전술한 반대의견과 2007년부터 2008년까지 세계적 금융위기를 겪으면서 IASB는 IAS 39를 대체할 IFRS 9를 2009년 공표하였다. 개정의 핵심은 기업의 사업모형(business model)에 따라 원리금을 수취할 의도가 있는 예측가능한 현금흐름을 가진 금융자산의 경우에는 공정가치 대신 상각원가(amortized cost)로 평가하고 손상차손검사를 실시하는 것이다. 이러한 개정의 배경은 변동성을 완화(smooth)하자는 것이지만, 파생상품과 같은 예측가능하지 않은 현금흐름을 가진 금융자산은 계속 공정가치로 평가하게 된다. 반대론자들은 이것으로는 아직도 부족하다고 평가함에 따라 EU는 IFRS 9의 승인을 유보해 왔으나, 매크로헤징(macro hedging)이 IFRS 9 프로젝트에서 제외됨에 따라 2018년부터 시행되게 되었다. 이에 따라 IAS 39의 매크로헤징이 현재도 유효한 규정인 데다 그 규정의 일부가 IAS 39의 carve out의 대상이므로 IAS 39 Carve-Out은 아직도 살아 있는 규정이다.

이상의 사례는 IFRS의 미래에 대한 중요한 시사점을 제공한다. 즉 유럽내부에서도 국가별 입장차이가 있고, 미국의 경우에는 자국의 GAAP와 유사한 IAS 39가 유럽에서 대규모 반발에 직면하여 IFRS의 채택에 대한 부담이 현실적으로 커진 데다, 주요 미국기업의 1/3을 초과하는 기업이 IFRS가 더 이상 인정하지 않는 후입선출법(last in, first out)을 사용하는 현실을 고려하면 "a single set of high quality globally accepted accounting standards"를 표방하는 IFRS의 채택이 선언적 입장과는 다르게 현실에서는 생각보다 어렵고 시간이 필요한 과제가 될 수 있음을 시사하기 때문이다.

11 회계가 정치, 경제, 사회, 문화, 종교 등의 환경적 영향을 받고 있는 사례를 들어라.

회계측정치에 대한 사회적 기대와 유용성을 확보하기 위한 기준은 법적 체계, 회계정보 수요의 종류, 투자자(market-oriented) 우선이냐 채권자(bank-oriented) 우선이냐에 따라 다를 수 있다. 다음의 〈표〉가 의미하는 점은 미국형은 분산투자자의 비중이 높아 정보비대칭 및 대리인문제가 보다 심각하고 이에 대응하는 수단, 예를 들면 보수계약, 인수·합병의 활성화 및 투자자보호가 잘 발달되어 있는 반면, 유럽형은 채권자와 노동조합 등을 망라하는 이해관계자(stakeholders)와의 관계가 비교적 안정적이고 따라서 정보의 편재와 대리인문제가 그리 심각하지 않으며, 따라서 이를 완화하기 위한 조치, 예를 들면 실적 및 주가 연계 보수계약 및 인수·합병도 상대적으로 덜 활성화된 환경이다. 환언하면 미국은 경영자의 자기이익 추구가 그 견제수단의 발달이 시사하는 바와 같이 정도가 심한 반면, 유럽은 그 정도가 미국보다 약하고, 또한 기업지배구조의 여러 측면에서 유럽보다는 미국에서 회계정보에 대한 관심 및 수요가 높다는 것이다. 따라서 통일성과 같은 개념은 한 국가단위의 회계범위에서는 강제적 이행의 가능성을 높이지만 국제적 이행을 강제하기에는 현실적 제약과 한계가 있음을 시사한다.

〈표〉 미국과 유럽의 회계환경 비교

	미국형	유럽형
이익조정동기	크다	작다
경영자 보수	성과/주가 연동형 비중 큼	성과/주가 연동형 비중 작음
인수·합병	more active	less active
정보비대칭	크다	작다
대리인비용	크다	작다
경영자의 법적 책임	크다	작다
회계정보에 대한 수요	크다	작다
일반원칙	규정중심(많은 시행세칙)	원칙중심(적은 시행세칙)
회계선택의 범위	좁다	넓다

영국과 미국의 투자자 및 채권자 집단은 거대해지고 다양화되었으며 기업의 소유권은 분산되어 전문경영인(CEO)에 의해 경영됨으로써 소유와 경영이 분리되는 현상을 낳았다. 이러한 환경에서 회계정보는 자연스럽게 경영자의 경영성과에 대한 정보를 자본공급자에게 제공하는 수단으로서의 역할을 담당하게 되고 재무회계는 기업 외부에 존재하는 수많은 투자자 및 채권자의 정보수요를 충족하는 기능을 강조하게 되었다.

그러나 스위스, 독일, 일본 같은 나라는 소수의 거대은행이 기업의 자금수요를 대부분 충족시키고 기업의 소유권도 집중되어 있다. 이 경우 자본공급자의 정보수요는 개인적인 접촉이나 방문을 통해 충족될 수 있으므로 소수의 채권은행의 입장에서는 직접적인 접촉이 더 효율적인 정보전달수단이 된다. 따라서 규제기관의 공시요구로 인해 재무제표를 작성하기는 하지만 그 내용은 영미기업에 비해 매우 단순하다. 또한 채권은행의 영향으로 재무회계는 채권자보호 측면을 강조하여 보수적인 모습을 보인다.

역사적으로 회계환경의 발전에 밀접한 관련이 있는 대리인제도는 중세유럽에서의 코멘다(commenda)의 탄생과 관련이 있다. 코멘다는 당시의 교회가 이자지급을 인정하지 않자 이를 회피하기 위한 조치로 탄생한 일종의 익명조합(silent partnership)인데, 이는 익명조합원이 현명조합원에게 돈을 빌려주는 것과 같다. 그럼으로써 직접적으로 금전대부에 따른 이자수취가 아니라 형식적으로 동일한 조합원끼리의 자원제공에 따른 성과배분에 참여하는 형식을 취한 것이다. 이러한 조합형식은 훗날의 회계사고에도 적지 않은 영향을 미쳤는데, 이를테면 회계실체의 독립성(separate entity)이라든지 대리인관계에 기초한 책임 및 책임보고(accountability)의 문제, 그리고 익명조합원의 책임이 투자금액에만 한정되는 것에 착안하여 주주의 유한책임을 강조하는 주식회사 형태의 개발을 들 수 있다.

현재도 이슬람권 은행(Islamic banks)은 금전대부에 따른 이자 지불 및 수취가 엄격하게 금지되어 있어 앞서 언급된 코멘다와 매우 유사한 형식의 계약을 이용하여 투자자(예금자)의 수익이 투자자(예금자)의 자금으로 조성된 기금의 수익률에 실질적으로 의존하게 된다거나, 은행도 고정이자를 받고 돈을 빌려주는 것이 아니라 차입자의 수익에 따라 결정되는 이윤에 함께 참여하는 형식을 띠게 된다. 따라서 이자를 금지하는 이슬람 금융에서는 투자에 대한 보상은 실물자산을 매개로 수수료를 받는 형식이거나 직접 투자에 따른 손익을 분담하는 형태(profit-sharing contracts)로 나타난다.

12 US GAAP와 IFRS의 차이를 언급하라.

미국의 회계기준은 가장 상세하고 엄격하다고 평가되면서 글로벌 스탠더드로서의 입지를 굳혀왔다. 그러나 Enron과 WorldCom의 분식회계 스캔들을 통해 미국식 회계제도는 신뢰성 하락에 따른 시련을 겪게 된다. 유럽 주요 국가들은 허점이 많은 미국식 회계제도보다 자신들이 주도해온 IFRS로 대체되어야 한다는 주장을 하고 있다. 미국의 GAAP가 객관적으로 검증가능한 손익계산을 중시해 원가를 중심으로 자산과 부채를 평가하고 이익도 원가주의에 의해 실현된 이익을 계산해왔다면, IFRS는 공정가치를 근간으로 하는 시가주의를 채택하고 있기 때문에 전 세계 투자자는 누구든지 쉽게 재무제표를 비교 분석해 그들의 목적에 맞는 회계정보를 얻을 수 있도록 되어 있다. 따라서 적어도 이론적으로는 미국의 GAAP보다 유럽중심의 IFRS가 더 낫다는 평가도 나오고 있다.

IASB와 FASB는 글로벌 회계기준의 정합성(convergence)을 위해 서로 노력하는 차원에서 2004년부터 Conceptual Framework의 개정작업을 공동으로 추진하여, 회계정보의 질적 특성과 관련한 부분은 2010년에 완성하였다. 그러나 IASB는 2010년에 미국의 IFRS 도입이 현실적으로 물 건너갔다는 판단에 따라 FASB와의 Conceptual Framework 공동프로젝트를 중지하고 2012년에 이 프로젝트를 단독으로 재개하였다. 그러나 회계기준의 운용방식이나 제도적 배경에서 두 회계시스템은 일정한 차이를 보인다. 다음의 〈표〉에서는 IFRS와 US GAAP의 주요 차이를 요약해서 제시하고 있다.

2012년 7월 13일 미국의 SEC는 미국의 IFRS 채택과 관련하여 전 세계 회계인의 관심이 집중되어 왔던 Final Staff Report를 공표하였다. 그러나 이 보고서에는 미국이 IFRS를 채택해야 한다는 그 어떤 추천의 내용이 없다. 또한 US GAAP와 IFRS가 IASB와 FASB의 공동노력에 따라 동조화된 모습을 보이는 부분도 많지만 극복하기 힘든 결정적 차이도 있음을 명시하고 있다.

특히 가장 중요한 차이로 후입선출법(last in first out) 및 우발채무(loss contingency)와 관련한 인식기준의 차이를 언급하고 있다. 전술한 대로 IFRS는 LIFO를 인정하지 않지만 미국의 상당수 기업은 세금효과를 의식하여 LIFO를 사용하는 것이 현실이다. 또한 loss

〈표〉 IFRS와 US GAAP의 주요 차이

내 용	IFRS	US GAAP
기본 접근법	원칙중심	규정중심
회계기준에서의 이탈	예외적인 경우에 true and fair view override 가능	금지
유동성/고정성 배열	언급 없음. 그러나 유럽은 관습적으로 고정성 배열	유동성 배열
재고자산 평가방법	LIFO 금지	LIFO 허용
감사보고서의 적정의견	give a true and fair view	present fairly
유/무형자산의 평가	원가모형 또는 재평가모형	역사원가
R&D	자산 또는 비용	모두 비용처리
기타포괄손익의 재분류조정(recycling)	재평가이익과 보험수리적손익은 제외	모든 항목이 대상
"probable"의 해석	발생가능성이 50% 이상(more likely than not), 즉 단순 과반수의 개념과 유사	발생가능성이 70% 이상(likely to occur =higher than "more likely than not"), 즉 단순 과반수를 뛰어넘는 수준의 확률을 의미

contingency와 관련하여 US GAAP나 IFRS 모두 "loss contingencies are recognized when a future economic outflow is probable"이라고 규정하여 겉으로는 동일한 것으로 보인다. 그러나 여기서 "probable"이라는 단어에 대한 커다란 해석차이가 있다.

IFRS에서는 "probable"을 "more likely than not to occur"로 정의하여 50% 이상, 예를 들면 51%의 가능성도 이 정의를 충족한다고 본다. 그러나 US GAAP에서는 "probable"을 "the future event or events are likely to occur"로 정의하여 50%를 훨씬 초과하는 가능성(예를 들어 70%)이 이 기준을 충족하는 것으로 이해된다. 또한 일부에서는 loss contingency와 관련한 현행 IFRS의 공시요구사항이 진행중인 소송사건의 재판결과에 불리하게 작용할 수 있다고 주장한다.

Loss contingency와 관련한 IFRS의 이러한 낮은 수준의 인식기준(lower threshold of recognition)과 공시기준(disclosure requirements)은 미국의 법률시장 환경에서 결코 수용할 수 없는 것으로 보인다. 따라서 미국의 법률시장에서 전술한 loss contingency를 규정한 IAS 37(Provisions, Contingent Liabilities and Contingent Assets)이 도입되면 큰 혼란이 있을 것이라는 의견이 많다. 결론적으로 미국이 IFRS를 채택하는 데 가장 큰 걸림돌은 첫째, 재고자산의 후입선출법(LIFO)을 금지하는 IFRS가 채택되었을 때의 세금관련 문제와 둘째, 소송빈도가 상대적으로 높은 미국의 입장에서 IFRS의 지나치게 낮은 우발채무의 인식기준 및 민감한 내용까지 공개를 요구하는 데서 오는 소송관련 문제로 귀결된다.

13 Investor Relations의 기능과 목적을 설명하라.

IR(investor relations)이란 주주, 잠재적 투자자, 애널리스트, 미디어매체 등을 포함하는 투자자사회와의 원활한 커뮤니케이션을 통해 자금조달의 용이성을 증진하고, 회사의 인지도를 높여 해당주식의 유동성을 증진하며, 기업가치의 공정한 평가를 받고자 하는 일련의 투자자관련 활동이다. 건전한 기업지배구조의 일환으로 IR이 수행되기 위해서는 이사회를 포함하는 최고경영진의 관심과 지지가 필요하다.

IR의 핵심은 회사의 현재와 미래 또는 성장성과 수익성에 관한 정보를 내용과 시기를 고려하여 적절히 투자자집단에 제공하는 것이다. 이때 사용될 수 있는 정보전달수단은 재무제표를 포함하는 연차보고서를 비롯한 투자설명회 및 웹사이트 등이 있다. 아래의 [그림]은 IR의 구성요소와 순환과정을 보여준다.

[그림] Investor Relations의 구성요소와 순환과정

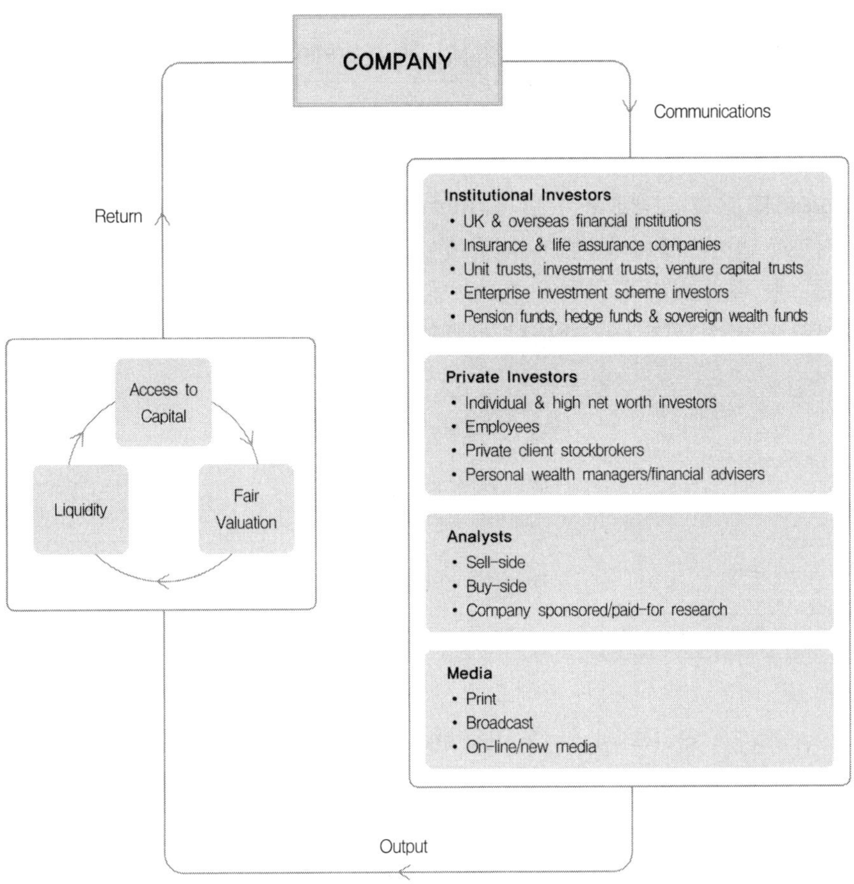

먼저 기관투자자는 대체로 거대한 자금력을 바탕으로 장기적인 투자전략의 관점에서 접근하는 것이 보통이다. 그러나 헤지펀드(hedge fund)는 일반인을 대상으로 하는 것이 아니라 부유한 개인이나 특정집단의 투자수요를 충족하기 위한 것이므로 상대적으로 규제의 정도도 약하다. 이들은 주로 공매도(short selling)를 포함하는 차입투자나 단기적인 시각에 의존하는 경우가 많다. 이에 비해 공매도 등의 차입투자를 보통 하지 않거나 공매도 등의 투자활동에 제약이 있는 전통적인 기관투자자는 "long only investors"라고 부를 수 있다.

애널리스트의 종류에는 sell-side analysts와 buy-side analysts가 있다. Sell-side analysts는 투자은행이나 증권회사에 고용되어 일하면서 일반 투자자에게 각종 증권의 구매, 보유 및 매도를 권유하는 의견 및 정보를 제공하는데, 이들의 분석능력과 명성은 외부투자자의 평가와 평판에 의해 결정된다. 이에 비해 Buy-side analysts는 이들을 고용한 기관투자자, 펀드 및 펀드매니저를 돕기 위한 정보를 제공하는 펀드 애널리스트를 말하는데, 이들의 정보는 대중에게는 공표되지 않고 내부적으로만 사용된다.

14 회계정보이용자를 비롯한 의사결정자의 합리성(rationality)에 대한 상반된 시각을 설명하라.

재무제표 이용자에 대한 상반된 시각이란 인간의 합리성(rationality)에 대한 기본가정과 전제의 차이에 있다. 전통적으로 인간의 합리성을 수용하는 입장에서는 베이즈 정리(Bayes' theorem)를 통한 기대효용의 극대화(maximization of expected utility)를 합리성의 조건으로 제시하는 반면, 행태재무론의 관점에서는 기대효용이론 대신에 프로스펙트이론(prospect theory)을, 베이즈 정리 대신에 휴리스틱(heuristics)이나 편향(biases)을 인간의 실제모습으로 제시하고 있다. 이들 접근방법의 차이를 나타내면 아래의 〈표〉와 같다.

〈표〉 인간의 합리성에 대한 상반된 시각

	Neo-classical 접근방식 (인간의 합리성 수용)	Behavioral finance 접근방식 (인간의 합리성 부인)
효용함수	expected utility theory	prospect theory cumulative prospect theory
추론방식	Bayes' theorem	heuristics, biases

위 〈표〉의 의미는 신고전주의를 비롯한 주류경제학에서는 인간이 베이즈 정리에 따라 기대효용을 극대화한다는 것인데, 베이즈 정리란 추가정보 또는 경험을 통해 사전확률 또는 기본확률을 체계적으로 사후확률로 개선 또는 수정하는 과정을 의미한다. 이에 반해 행태재무론이나 행태경제학에서는 기대효용이론 대신에 프로스펙트이론을 활용하여 손실과 이익의 영역에서 위험에 대한 태도가 서로 다르게 나타나고, 또 발생확률의 정도에 따라 같은 이익과 손실 구간에서도 위험에 대한 태도가 달라질 수 있음을 제시한다. 또한 베이즈 정리에서와 같이 인간이 추가적으로 얻게 되는 경험과 정보에 따라 체계적이고 일관성

있게 확률개선노력을 하기보다는 알고리즘(algorithm)의 반대되는 개념인 휴리스틱이라는 손쉽고 임시적인 나름대로의 방식을 애용하다보니 때로는 조직적인 편향(bias)을 가져오는 인간의 실제모습을 제시한다. 특히 Kahneman and Tversky의 연구결과에 따르면 사람들은 보통 사전정보(prior information)나 기본정보(basic rate information)에는 별 관심을 두지 않고 새로운 정보(new information)에만 관심을 기울이는 성향이 있어 베이즈 정리가 주장하는 것과 같은 합리적인 방식의 확률개선은 잘 나타나지 않는다. 그 대신 자신이 겪은 새로운 정보에 대한 과잉반응(overreaction)을 보이는 것이 보통이다.

즉, 본문의 유방암 사례에서 보듯이 사람들은 보통 자신이 양성반응을 보였다는 최근에 자신이 직접 겪은 정보에 집착하여 유방암의 평균발생률이 역사적으로 1%밖에 되지 않는다는 사전확률 또는 기본통계치를 망각한다. 그 대신 자신이 양성반응을 보였다는 사실에 사로잡혀 규범적 사후확률인 7.8% 수준을 훨씬 뛰어넘어 유방암을 가진 사람이 양성반응을 보일 확률인 80%에 육박하는 극도의 불안감을 보이게 된다. 즉 베이즈 정리와는 달리 실제의 인간은 사전확률이나 기초통계치는 무시하거나 의미를 축소(과소반응, underreaction)하는 반면, 자신이 겪은 추가정보는 부풀리거나 의미를 확대(과잉반응, overreaction)함으로써 베이즈 정리가 제시하는 합리성의 조건에서 벗어나게 된다. 이를 표시하면 아래의 [그림]과 같다.

[그림] 베이즈 정리

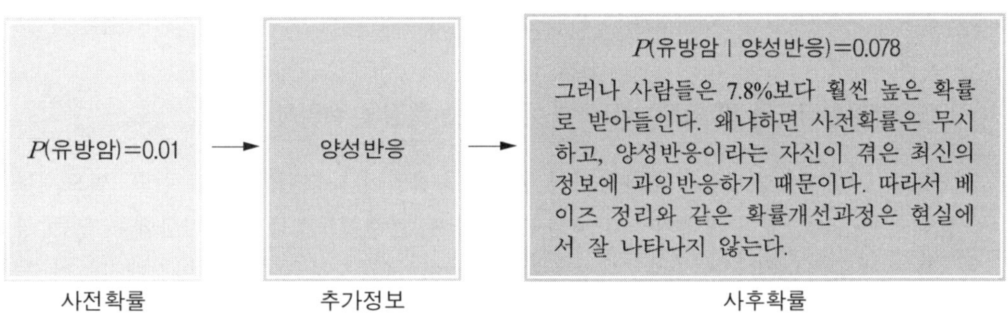

15 Prospect theory로 설명할 수 있는 회계이슈를 설명하라.

1. 보수주의

회계에서 보수주의는 오랫동안 중요한 관습의 하나로 그 역사적 사명을 이어왔다. 그러나 이익과 손실에 대한 비대칭적, 차별적 회계처리에 대한 이론적 근거가 마땅치 않아 보수주의의 논리적 타당성에 의문이 제기되어 왔다. 그런데 인간의 실제모습을 설명하는 prospect theory가 소개된 이후 이를 통해 보수주의를 비추어 보면 보수주의의 진면목에 대한 접근이 가능하고 또한 이론적 타당성이 부여될 수 있다. 왜냐하면 같은 크기의 이익과 손실이라도 이익에 따른 가치증가보다는 손실에 의한 가치감소를 크게 느끼는 상황에서 이익보다 손실에 대해 보다 적극적으로 빨리 인식하려는 보수주의는 어쩌면 당연한 인간의 참모습이기 때문이다.

2. 포괄이익의 개념

IASB나 FASB가 옹호하는 포괄이익의 개념도 prospect theory에서는 비판이 가능하다. 왜냐하면 기초와 기말의 순자산의 변동으로 정의되는 포괄이익의 개념은 이익과 손실로 구분하여 상이한 가치를 부여한다는 prospect theory와 달리 Hicks의 이익정의에 따라 전체 부(total wealth)의 수준에 따라 이익을 측정하기 때문이다. 따라서 같은 크기의 이익과 손실이 존재하는 상황이라도 이익과 손실을 별도로 보고하는 과거에 주목받던 수익-비용 접근법(revenue-expense approach)이 최근에 주목받는 재무상태표 접근법(balance sheet approach)보다 인간이 실제로 느끼는 가치함수에 대한 보다 충실한 표현방법이라고 볼 수 있다.

3. 중요성의 개념

중요성(materiality)도 이익과 손실의 영역에서 별도로 설정되거나 공시되어야 할 필요성이 제기된다. 왜냐하면 발생확률이 극히 낮은 상황에서 인간은 과잉반응하고 이에 따라 이익과 손실의 영역에서 각각 발생확률이 일정수준 이상인 상황과는 반대로 위험에 대한 태도가 나타난다는 cumulative prospect theory의 논리에 비추어 보면 이익과 손실에서 중요성의 수준(양적 중요성)을 별도로 설정해야 할 필요성이 대두되고, 공시방법(질적 중요성)에도 일정한 차이가 필요하기 때문이다.

16 연결재무상태표와 별도재무상태표를 구분짓는 특징을 설명하라.

첫째, 연결재무상태표의 비유동자산에는 종속기업이 나타나지 않는 반면, 별도재무상태표의 비유동자산에는 종속기업이 나타난다. 둘째, 연결재무상태표의 자본에는 모든 종속기업을 완벽하게 소유하지 않는 이상, 즉 100% 이하의 지분율이라면 비지배지분이 등장하지만, 별도재무상태표의 자본에는 비지배지분이 나타나지 않는다.

제50기 결산공고

삼성전자 SAMSUNG

연결재무상태표
(연결대차대조표)

2018년 12월 31일 현재
(단위 : 백만원)

과 목	금 액	과 목	금 액
자산		부채	
Ⅰ. 유동자산	174,697,424	Ⅰ. 유동부채	69,081,510
1. 현금및현금성자산	30,340,505	1. 매 입 채 무	8,479,916
2. 단기금융상품	65,893,797	2. 단기차입금	13,586,660
3. 단기상각후원가금융자산	2,703,693	3. 미 지 급 금	10,711,536
4. 단기당기손익-공정가치금융자산	2,001,948	4. 선 수 금	820,265
5. 매 출 채 권	33,867,733	5. 예 수 금	951,254
6. 미 수 금	3,080,733	6. 미지급비용	20,339,687
7. 선 급 금	1,361,807	7. 미지급법인세	8,720,050
8. 선 급 비 용	4,136,167	8. 유동성장기부채	33,386
9. 재 고 자 산	28,984,704	9. 충 당 부 채	4,384,038
10. 기타유동자산	2,326,337	10. 기타유동부채	1,054,718
Ⅱ. 비유동자산	164,659,820	Ⅱ. 비유동부채	22,522,557
1. 상각후원가금융자산	238,309	1. 사 채	961,972
2. 기타포괄손익-공정가치금융자산	7,301,351	2. 장기차입금	85,085
3. 당기손익-공정가치금융자산	775,427	3. 장기미지급금	3,194,043
4. 관계기업 및 공동기업 투자	7,313,206	4. 순확정급여부채	504,064
5. 유 형 자 산	115,416,724	5. 이연법인세부채	15,162,523
6. 무 형 자 산	14,891,598	6. 장기충당부채	663,619
7. 장기선급비용	5,009,679	7. 기타비유동부채	1,951,251
8. 순확정급여자산	562,356		
9. 이연법인세자산	5,468,002		
10. 기타비유동자산	7,683,168	부채총계	91,604,067
		자본	
		지배기업 소유주지분	240,068,993
		Ⅰ. 자본금	897,514
		(수권주식수 : 250억주)	
		(1주당금액 : 100원)	
		1. 우선주자본금	119,467
		(발행주식수 : 822,886,700주)	
		2. 보통주자본금	778,047
		(발행주식수 : 5,969,782,550주)	
		Ⅱ. 주식발행초과금	4,403,893
		Ⅲ. 이익잉여금	242,698,956
		Ⅳ. 기타자본항목	(7,931,370)
		비지배지분	7,684,184
		자본총계	247,753,177
자산총계	339,357,244	부채와자본총계	339,357,244

별도재무상태표
(별도대차대조표)

2018년 12월 31일 현재
(단위 : 백만원)

과 목	금 액	과 목	금 액
자산		부채	
Ⅰ. 유동자산	80,039,455	Ⅰ. 유동부채	43,145,053
1. 현금및현금성자산	2,607,957	1. 매 입 채 무	7,315,631
2. 단기금융상품	34,113,871	2. 단기차입금	10,353,873
3. 매 출 채 권	24,933,267	3. 미 지 급 금	8,385,752
4. 미 수 금	1,515,079	4. 선 수 금	214,615
5. 선 급 금	807,262	5. 예 수 금	572,702
6. 선 급 비 용	2,230,628	6. 미지급비용	6,129,837
7. 재 고 자 산	12,440,951	7. 미지급법인세	7,925,887
8. 기타유동자산	1,390,440	8. 유동성장기부채	5,440
		9. 충 당 부 채	2,135,314
		10. 기타유동부채	106,002
Ⅱ. 비유동자산	138,981,902	Ⅱ. 비유동부채	2,888,179
1. 기타포괄손익-공정가치금융자산	1,098,565	1. 사 채	43,516
2. 당기손익-공정가치금융자산	7,413	2. 장기미지급금	2,472,416
3. 종속기업, 관계기업 및 공동기업 투자	55,959,745	3. 장기충당부채	372,217
4. 유 형 자 산	70,602,493	4. 기타비유동부채	30
5. 무 형 자 산	2,901,476		
6. 장기선급비용	4,108,410		
7. 순확정급여자산	562,356		
8. 이연법인세자산	654,456		
9. 기타비유동자산	3,086,988		
		부채총계	46,033,232
		자본	
		Ⅰ. 자본금	897,514
		(수권주식수 : 250억주)	
		(1주당금액 : 100원)	
		1. 우선주자본금	119,467
		(발행주식수 : 882,866,700주)	
		2. 보통주자본금	778,047
		(발행주식수 : 5,969,782,550주)	
		Ⅱ. 주식발행초과금	4,403,893
		Ⅲ. 이익잉여금	166,555,532
		Ⅳ. 기타자본항목	1,131,186
		자본총계	172,988,125
자산총계	219,021,357	부채와자본총계	219,021,357

위와 같이 공고함
2019년 3월 21일

삼성전자주식회사

대표이사 부회장 김기남

위 재무상태표를 포함한 제50기 재무제표는 중요성의 관점에서 한국채택국제회계기준에 따라 작성되었습니다.

삼일회계법인 대표이사 김영식

CHAPTER

2 가치평가 vs 업적평가

1 회계의 이중성(duality)과 관련하여 회계의 기본기능 두 가지를 설명하라.

회계의 이중성이란 회계기능이 가치평가기능과 계약기능으로 구성된다는 것이다. 가치평가기능은 위험중립적(risk-neutral) 이해당사자가 거래중심 모형에서 거래대상물에 대한 완전한 통제가 가능한 합리적 경제인(economically rational individuals)을 가정한 반면, 계약기능은 위험회피적(risk-averse) 경영자와 불완전한 통제대상물을 상정하고 자기이익 추구를 위한 대리인 모형에 근거하기 때문에 두 기능을 위한 회계정보 유용성은 겉으로는 유사한 것 같지만 실상은 매우 다르다. 따라서 서로 다른 기능을 수행하는 회계의 목적달성을 위해 서로 다른 측정시스템이 필요하다.

이와 관련하여 Ijiri 교수는 회계에는 전혀 다른 두 가지 종류가 있다고 하였다. 하나는 이해관계가 상반되는 이해관계자 사이에서 영업실적을 배분하는 데 쓰이는 회계이고, 다른 하나는 이해관계자들이 협동하여 생산활동을 하는 데 쓰이는 회계이다. 전자는 법률적 체계와 유사한 회계책임(accountability)에 기초하여 사실(facts)과 신뢰성에 근거하고 있으며, 후자는 주관적 예측(forecasts)에 근거한 목적적합성에 근거하고 있다. Sunder 교수도 이러한 회계기능의 이원적 성격을 의사결정(decision making)과 통제(control)로 구분하면서 이를 회계의 이중성(accounting duality)으로 표현하였다. 또한 두 회계기능 사이에 갈등이 존재하지만 두 기능이 결코 배타적인 것은 아니며, 서로 다른 목적을 갖는 회계기능에는 서로 다른 회계시스템이 필요하다고 하였다. 이러한 갈등은 영리기업의 재무보고, 회계감사 및 세무회계뿐만 아니라 비영리기업이나 정부회계에서도 영향을 미치게 된다.

1. 가치평가기능

가치평가기능이란 기본적으로 투자자, 그중에서도 보통주주의 관점에서 이들을 재무보고의 최종 보고대상으로 보고 회계의 기본목적이 기업가치 내지는 가치측정치와 관련 있는 회계수치(accounting amounts)를 제공해야 한다는 것이다. 자본시장에 있어 회계정보는 거래되는 주식과 채권의 가격에 영향을 준다. 물론 주가는 공식적이든 비공식적이든 자본시장에 주어지는 모든 정보에 의하여 변동할 수 있지만, 회계는 기업의 미래 손익을 예측하는 데 유용한 체계적인 재무적 정보를 자본시장에 제공함으로써 사회의 자본이 효율적으로 배분될 수 있는 증권의 가격형성에 공헌하는 것이다.

이러한 관점에서 보면 재무상태표상의 장부가액이나 손익계산서상의 회계이익은 기업가치 또는 그 변동과 높은 관련성을 가져야 하고, 규제기관에서는 기업가치, 즉 시가총액과 높은 관련성을 가지는 항목을 회계보고의 대상으로 삼는 회계기준을 제정해야 한다는 것이다. 이에 따라 경험적 회계연구에서 회계수치가 주식의 시가총액과 통계적으로 유의한 관련성을 가지면 가치관련성(value relevance)이 있는 것으로 해석되는 경우도 투자자를 염두에 둔 가치평가기능의 관점에서 가능한 일이다.

2. 계약기능

회계의 기본목적이 계약기능(contracting)에 있다고 보는 관점에서는 재무제표정보는 수탁책임(stewardship)을 포함하여 효율적인 계약을 가능하게 하거나 그 계약의 효율적인 이행에 도움이 되는 정보를 제공해야 한다는 것이다. 회계보고서는 본질적으로 자원을 위탁한 사람에 대하여 자원의 보관 · 이용 및 관리를 수임받은 사람이 위탁된 책임의 내용과 책임수행의 성과를 재무적 측면에서 밝혀주는 수단으로 이용되고 있다.

회계정보의 이러한 기능은 현대 경제사회에 있어서 전문화를 통한 분업을 촉진시킴으로써 사회적 기능의 효율적 수행 및 사회적 자원의 효율적 운용에 공헌하는 것이다. 이러한 계약의 종류에는 여러 가지가 있을 수 있으나 주주와 경영자 사이의 보수계약(compensation contract)과 금융기관과 기업 사이의 부채계약(debt contract) 등이 대표적인 경우가 된다. 또한 계약의 형태는 아니지만 규모가설과 관련된 정치적 비용가설(political cost hypothesis)이 있다.

- 보수계약 : 경영자 보수가 회계실적과 연계되면 경영자는 회계이익을 증가시키는 회계처리방법을 선호할 것이다.
- 부채계약 : 부채계약이 일정수준 이하의 부채비율유지를 요구하면 경영자는 부채비율을 감소시키는 회계처리방법을 선호할 것이다.
- 규모가설 : 계약관계는 아니지만 기업규모가 커지면 정치적 비용(political cost)이 커지면서 경영자는 회계이익을 줄이는 회계처리방법을 선호할 것이다.

회계는 일반적으로 가치평가기능과 계약기능을 동시에 수행한다. 그러나 가치평가기능에 유용한 정보가 반드시 계약기능에도 유용한 것이 아니라는 점이 회계인의 딜레마이기도 하다. 즉 양 기능이 추구하는 것이 언제나 일치하는 것은 아니며, 회계정보가 어떤 용도로 사용되느냐에 따라 유용성의 평가기준 그 자체도 달라질 수 있다. 예를 들면 경영자가 통제할 수 없는 부분이나 경영자의 노력과 관계없는 부분은 업적평가(performance evaluation)에서는 관련성이 작아 고려대상이 될 수 없으나 가치평가기능에서는 얼마든지 유용한 정보가 될 수 있다. 이를 표시하면 아래의 [그림]과 같으며, 이 그림의 의미는 계약기능(stewardship or contracting)에 유용한 정보는 사후적으로 검증가능해야 하지만(verifiable ex post), 가치평가기능(decision usefulness or valuation)에 유용한 정보는 사전적으로 미래현금흐름의 예측(ex ante estimation future cash flows)에 유용해야 한다는 것이다.

[그림] 가치평가기능과 계약기능

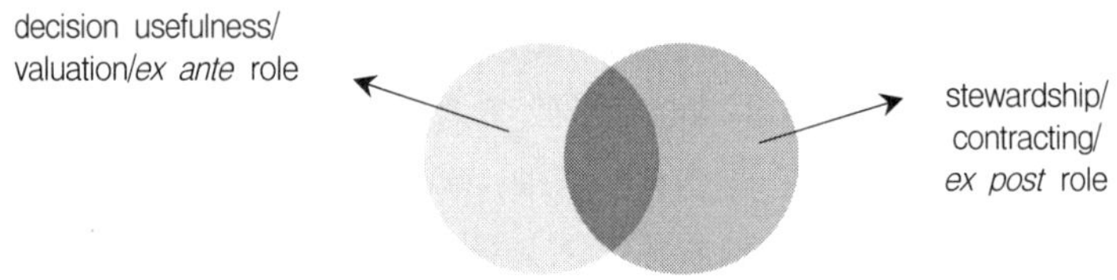

Objective of financial reporting

To provide financial information that is useful to users in making decisions relating to providing resources to the entity

Users' decisions involve decisions about		
buying, selling or holding equity or debt instruments	providing or settling loans and other forms of credit	voting, or otherwise influencing management's actions

To make these decisions, users assess	
prospects for future net cash inflows to the entity	management's stewardship of the entity's economic resources

2 순수잉여관계 및 포괄이익과 관련하여

(1) 이를 재무제표의 연계성과 관련지어 설명하라.

재무상태표의 자산총액에서 부채총액을 차감한 장부가액(book value : BV)이 회계이익 및 배당과 다음의 관계를 가질 때 순수잉여관계(clean surplus relation)가 성립되고 이때의 회계이익을 포괄이익(comprehensive income)이라고 부른다.

$$BV_t = BV_{t-1} + E_t - D_t$$

여기서, $BV_t = t$년도말의 장부가액
$E_t = t$년도의 포괄이익
$D_t = t$년도의 배당

따라서 포괄이익은 일정기간 동안 소유주에 의한 추가출자나 소유주에 대한 배당을 제외한 장부가액의 변동분으로 정의된다. 또한 여기서 말하는 포괄이익은 재무자본유지에 근거한 투자이익의 개념이다. 기업실체가 일정기간 동안 자원을 투자해서 획득하게 되는 투자이익은 유지해야 할 자본이 어떻게 측정되는가에 따라 영향을 받게 되며, 유지해야 할 자본은 재무자본 또는 실물자본으로 측정될 수 있다.

재무제표상의 계정이나 금액들은 상호 밀접한 관계를 갖고 있는 경우가 많으며 또한 복식부기의 기본원리에 의해 각 재무제표가 독자적으로 결정되기보다는 상호연계되어 일정한 관계를 유지하고 있는데, 이를 재무제표의 연계성(articulation)이라 한다. 따라서 논리적으로 3개의 재무제표가 확정되면 나머지 한 개의 재무제표는 자동으로 확정된다. 재무제표가 서로 연계되어 있는 상황을 아래의 [그림]에서 보여준다. 재무상태표는 특정시점의 재무상태를 나타내고, 포괄손익계산서, 자본변동표 및 현금흐름표는 재무상태표의 특정항목(부분)이 일정기간 동안 어떻게 변화하는지 보여주는 기간보고서이다. IFRS가 강조하는 포괄이익의 개념은 당기업적주의에서 강조하는 영업이익보다는 재무제표의 연계성을 보다 명확히 한다고 볼 수 있다.

[그림] 재무제표의 연계성

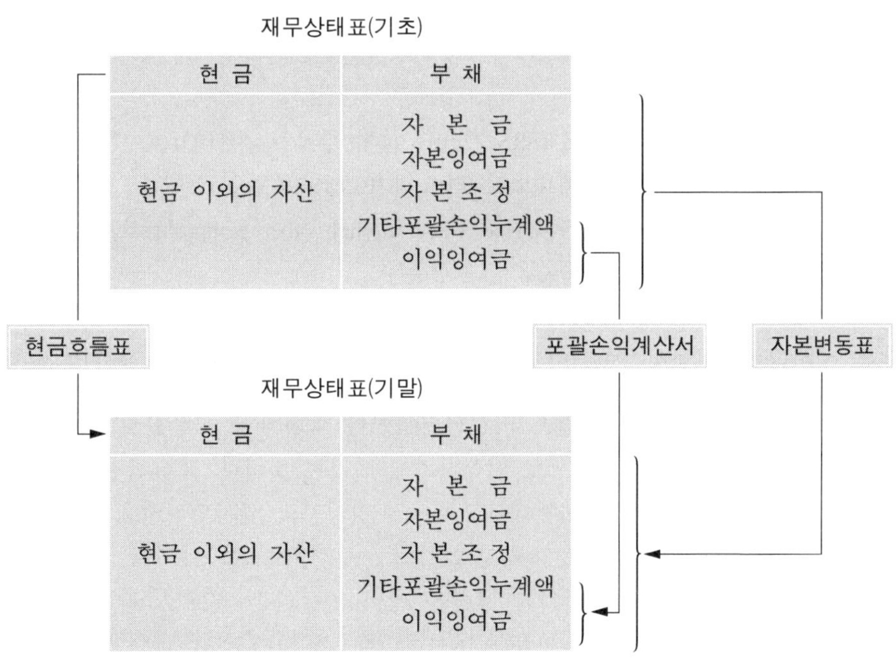

(2) 당기순이익과 포괄이익이 일치하지 않는 경우를 설명하라.

순수잉여관계의 의미는 주주와의 자본거래 이외에 장부가액에 영향을 미치는 모든 항목이 손익계산서를 통해서만 장부가액에 영향을 미침으로써 손익계산서를 우회(by-pass)하면서 장부가액에 영향을 미치는 항목이 존재하지 않는다는 것이다. 그러나 현실에서는 계약기능 등의 관점에서 이러한 순수잉여관계가 성립하지 않는 것이 일반적이고 이때 혼합잉여관계(dirty surplus relation)가 성립하는데, 혼합잉여관계는 재무제표의 연계성을 감소시키지만 계약기능의 관점에서 요구되는 속성이라고 판단된다.

당기순손익과 포괄손익의 차이는 기타포괄손익으로 보고되는데, 이들의 존재가 두 이익의 수치가 일치하지 않는 이유가 된다. 포괄손익(comprehensive income)을 보고하는 목적은 주주와의 자본거래를 제외한 모든 거래나 사건으로 인하여 발생한 순자산의 변동을 측정하기 위한 것으로, 포괄손익은 당기순손익(profit or loss)과 기타포괄손익(other comprehensive income : OCI)으로 구성된다.

포괄손익＝당기순손익＋기타포괄손익

포괄손익은 가치평가기능에 입각하여 투자자가 기업의 가치(주가)를 측정할 때(equity valuation) 고려할 만한 이익의 개념이고, 당기순손익은 계약기능에 입각하여 경영자의 업적을 평가할 때(management performance evaluation) 유용한 이익의 개념이다. 그러므로 기타포괄손익은 경영자의 업적평가에는 적절하지 않지만, 기업가치 평가에는 유용한 이익의 구성요소이다. 따라서 기타포괄손익은 손익계산서상의 당기순손익 계산에는 제외되지만 포괄손익에는 포함되는 수익, 비용, 차익 및 차손을 말한다. 기타포괄손익의 예는 다음과 같다.

- 재평가잉여금의 변동(K-IFRS 제1016호 '유형자산', 제1038호 '무형자산')
- 확정급여제도의 재측정요소(K-IFRS 제1019호 '종업원급여')
- 기타포괄손익인식금융자산(fair value through other comprehensive income : FVOCI)의 평가손익(K-IFRS 제1109호 '금융상품')
- 해외사업장의 재무제표 환산으로 인한 손익(K-IFRS 제1021호 '환율변동효과')
- 현금흐름위험회피수단의 평가손익 중 효과적인 부분(K-IFRS 제1109호 '금융상품')

기타포괄손익의 탄생배경은 미실현이익이나 측정상의 불확실성 또는 변동성이 높은 항목을 경영자들이 당기손익으로 인식하기를 꺼리는 것이다. 왜냐하면 기타포괄손익은 경영자가 통제할 수 없는 경우가 대부분이므로 경영자의 업적평가지표로는 적절치 않기 때문이다. 감사인의 입장에서도 기타포괄손익의 변동성이 크다는 것은 환율이나 주가 같은 시장전체의 움직임에 기업실적이 영향을 많이 받는다는 것으로 피감사기업의 고유위험(inherent risk) 수준이 높다는 것을 의미한다. 따라서 기타포괄손익의 변동성은 감사수수료의 결정요인으로도 매우 중요한 역할을 한다.

일반적으로 재무상태표를 통해 제공되는 재무상태(financial position)의 측정과 포괄손익계산서를 통해 제공되는 재무업적(financial performance)의 측정에 사용되는 측정치는 동일한 경우가 많지만 서로 다른 측정치를 사용함으로써 목적달성에 보다 유용한 경우가 많다. 예를 들면 재무상태의 측정에는 시가에 의한 측정치가 보다 적절한 반면, 재무업적의 측정에는 원가에 의한 측정치가 보다 유용한 경우가 많다. 이렇게 재무상태와 재무업적의 측정에 서로 다른 측정치가 사용되는 경우 기타포괄손익(OCI)은 이 서로 다른 측정치의 연결고리(linkage factor) 역할을 하게 된다. 그런데 현재 기타포괄손익에 포함된 모든 항목이 이러한 논리에 따른 것이라고 보기 어려운 측면도 있다. 따라서 향후 기타포괄손익에 관한 회계기준의 개정에는 전술한 논리에 입각한 개정이 필요한 것으로 판단된다.

(3) 기타포괄손익의 등장배경을 설명하라.

기타포괄손익의 탄생배경은 미실현이익이나 측정상의 불확실성 또는 변동성이 높은 항목을 경영자들이 당기손익으로 인식하기를 꺼리는 것이다. 왜냐하면 기타포괄손익항목은 경영자가 통제할 수 없는 경우가 대부분이므로 경영자의 업적평가지표로는 적절치 않기 때문이다. 재평가이익(재평가잉여금의 변동)은 경영자가 꺼리는 것이 아니라 주주가 경영자의 실적지표에 재평가이익이 산입되는 것을 부당하게 생각하여 기타포괄손익에 포함된 것이다. 그런데 재평가이익과는 달리 재평가손실은 발생 즉시 당기손익으로 처리하여 경영자의 불만이 크다. 업적평가와 incentive에 민감한 미국의 경영자들이 IFRS의 이러한 비대칭적 회계처리를 수용하기 어려울 것으로 전망된다.

IASB가 손익과기타포괄손익계산서라는 긴 명칭을 도입하여 당기순손익(profit or loss)과 기타포괄손익(other comprehensive income)을 동등하게 취급하는 것도 이러한 회계이익의 이중적 용도를 배려한 것이다. 즉 경영자의 업적평가를 위해 회계이익을 이용하려는 사람은 당기순손익을 보면 될 것이고, 기업가치(주가) 평가를 위해 회계이익을 이용하려는 사람은 기타포괄손익을 포함한 포괄이익을 보면 된다.

3 hard accounting과 soft accounting의 구분이 필요한 궁극적 이유는 무엇인지 설명하고, 두 분야의 조화가능성과 필요성을 언급하라.

정보수요자의 용도에 따른 회계관의 대립을 전통적인 일반목적 재무제표로는 해결하기 어렵다. 왜냐하면 전통적인 회계모형에서 강조하는 수익의 인식 및 수익・비용 대응의 원칙에 따르면 가치평가기능에서 중요시하는 목적적합한 정보의 상당부분을 수용하지 못하기 때문이다. 따라서 재무제표의 작성원칙이나 형식에 유연한 개선이 필요하다. 이러한 관점에서 전통회계모형의 확장가능성을 hard accounting과 soft accounting을 통해 살펴본다.

Hard accounting이란 계약기능을 중심으로 검증가능한 자료를 바탕으로 인과관계에 충실한 업적지표로서의 회계이익의 개념 중 영업이익의 역할을 강조하는 전통회계적 관점인 반면, soft accounting은 새로운 경영환경에 부응하기 위한 접근방식으로서, 가치평가기능의 관점에서 표현충실성을 중시하여 가치평가에 관련되는 정보를 인과관계보다는 완화된 기준에 의하여 포착하되 이때의 회계이익은 포괄이익의 개념이 적절하다는 것이다. 또한 이러한 상이한 시각에서 감사인(auditor)의 역할에도 변화가 기대된다. Hard accounting과 soft accounting은 입증범위와 증빙수준(level of attestation)에서 차이가 나타나는데, soft accounting에서 입증범위는 넓히고 증빙수준은 낮추는 조정이 필요하다. 이러한 측면에서 감사인의 인증서비스(assurance service)라는 새로운 개념이 재무제표의 유용성을 증가시킬 수 있다. 전통적인 회계감사가 투자자와 채권자를 위한 일반목적 서비스인 반면, 인증서비스는 개별 이용자의 특정한 필요에 초점을 맞추어 재무정보뿐만 아니라 비재무적인 정보도 포함한다. 또한 전통적인 회계감사가 정보의 신뢰성을 제고시키기 위한 서비스인 반면, 인증서비스는 신뢰성뿐만 아니라 목적적합성에도 관계된다.

〈표〉 회계모형의 확장에 따른 회계속성의 비교

	hard accounting	soft accounting
회계기능	계약기능	가치평가기능
질적 특성	검증가능성	표현충실성 / 목적적합성
이익의 개념	영업이익	포괄이익
추론방식	인과관계	상관관계

4 soft accounting 관점에서 지속가능성 공시기준의 감사의 역할과 책임에 대해 설명하라.

Soft accounting 관점에서 지속가능성 공시기준(IFRS S1, S2)의 도입은 감사인(auditor)의 역할에도 중요한 변화를 요구한다. Hard accounting과 soft accounting은 입증범위와 증빙수준에서 본질적인 차이를 보이며, soft accounting에서는 보다 넓은 입증범위와 상대적으로 낮은 증빙수준을 조정하여 정보를 검증하는 접근이 필요하다.

이러한 변화 속에서 감사인의 인증서비스(assurance service)는 지속가능성 공시정보의 유용성을 증가시키는 데 핵심적인 역할을 한다. 전통적인 회계감사는 투자자와 채권자 같은 일반 이용자를 대상으로 한 신뢰성 확보에 초점을 맞춘 반면, 인증서비스는 개별 이용자의 특정한 요구에 부응하여 재무적 정보뿐만 아니라 비재무적 정보(예 : ESG 지표, 무형자산 정보 등)를 포함하는 것이 특징이다.

또한, 인증서비스는 정보의 신뢰성(reliability)뿐만 아니라 목적적합성(relevance)을 강조한다. 이는 지속가능성 공시정보가 기업의 성과 및 가치 창출과 관련된 실질적인 정보를 제공할 수 있도록 보장하는 데 중점을 둔다. 지속가능성 공시의 특성상 정량화하기 어려운 정성적 요소와 미래지향적 정보가 포함되므로, 감사인은 공시된 정보가 작성기준을 준수하고 목적에 적합하게 설계되었는지를 평가해야 한다.

결론적으로, 지속가능성 공시기준하에서 감사인은 단순한 증명활동을 넘어서는 인증서비스를 통해 공시정보의 신뢰성과 목적적합성을 높이는 데 기여해야 한다. 이를 통해 투자자와 이해관계자들이 soft accounting 기반의 지속가능성 정보를 의사결정에 유용하게 활용할 수 있도록 지원해야 한다.

5 재무제표의 영역확장 가능성을 설명하라.

전통적인 회계모형의 확장을 재무제표에 적용시켜 보면 아래의 〈표〉와 같다. 이 모형에 따르면 전통회계모형이 제공하는 재무상태표상의 장부가액으로부터 출발하여, 인식된 장부가액의 회계평가치와 시장평가치의 차이를 보완하고, 자산 · 부채의 정의를 충족시키지만 인식되지 않은 항목의 경제적 가치 또는 정의를 충족시키지 못하나 가치평가에 영향을 미치는 무형적 요인의 가치를 보완한다. 이러한 확장모형은 기존에 제공되던 정보의 손실을 회피하면서 가치평가에 기여하는 정보를 보다 적극적으로 제공하고자 하는 방법의 하나로 미래의 회계모형에서 고려해 볼 만한 기존모형의 확장으로 생각된다.

〈표〉 가치평가기능을 위한 재무제표의 영역확장

1	장부가액(book value)	₩×××
2	±재무상태표에 인식된 장부가액과 경제적 가치의 차이	×××
3	±자산 · 부채의 정의를 충족시키지만 인식되지 않은 항목의 경제적 가치	×××
4	±자산 · 부채의 정의를 충족시키지 못하는 무형의 가치 증진 또는 감소 요인	×××
5	±기업의 성장가능성과 위험에 대한 시장의 평가	×××
6	±기타요인	×××
7	시가총액(market capitalization)	₩×××

측정상의 불확실성이나 불완전성이 없다면 재무상태표는 적어도 자산과 부채의 정의(definition)를 충족시키는 모든 항목을 포함하며 그 가치추정에 도움이 되는 정보를 제공할 것이다(1, 2, 3). 자산 · 부채의 정의를 충족시키지 못하는 무형의 가치증진요인(value drivers)과 가치감소요인(value impairers)에 대한 정보나 기업의 미래 계획, 기회 및 위험에 대한 정보는 보다 적극적으로 재무제표에 반영하든지 공시확대를 통해 제공될 가능성이 높아진다(4, 5). 그러나 6번의 문제는 적어도 재무보고와 직접적인 관계는 없어 보인다.

위 모형이 시사하는 바에 따르면 재무제표의 기본은 측정가능성 또는 인과관계가 확실하거나 구체적인 가치구성요소에서 출발하여 불확실하거나 주관적인 요소로 점차 확대하고자 하는 시도이다. 이때 구체적이고 확실한 부분은 주로 계약기능의 관점에서 유용한 정보를 제공하고, 주관적이고 불확실한 부분은 가치평가기능에서 보다 유용한 정보가 된다.

6 Coca-Cola의 재무제표와 주가자료를 입수하여 주가 대 장부가액 비율(price book-value ratio : PBR)을 계산해 보라. 이 회사의 PBR이 다른 제조업회사의 그것보다 크다면 그 이유에는 어떤 것이 있을 수 있는지 설명하라.

2019년 6월말 현재 Coca-Cola의 PBR은 12.26, 셀트리온의 PBR은 10.35, 삼성전자의 PBR은 1.33이다. 전통적으로 회계는 현금, 재고자산, 건물 등과 같은 유형적인 자산을 중심으로 이루어져 왔으나 현대 기업환경에서는 브랜드가치와 캐릭터가치 같은 무형적 요인에 의해 기업가치의 상당부분이 창출되므로 무형적인 자산에 대하여 어떻게 하면 보다 목적적합한 정보를 제공할 수 있는지가 중대한 과제가 되고 있다. Coca-Cola의 경우에는 막대한 금전적 가치를 가진 것으로 추정되는 브랜드가치를 자산으로 인식하지 못하고 있다. 따라서 일반적인 제조기업보다 Coca-Cola의 PBR이 상대적으로 높다.

7 IAS 39 'Financial Instruments'에 따르면 매도가능금융자산의 재측정손익은 기타포괄손익으로 인식하지만, 당해 누적손익은 관련 금융자산이 제거되는 시점에 자본에서 당기손익으로 재분류한다. 이러한 규정이 내부모순이라는 의미는 무엇인지 설명하고 IAS 39 'Financial Instruments'를 대체하는 IFRS 9 'Financial Instruments'에서는 위의 모순을 어떻게 개선하고 있는지 설명하라.

IAS 39에서 단기매매금융자산의 평가손익이 당기손익으로 처리되는 데 반해, 매도가능금융자산의 평가손익은 당기손익이 아닌 기타포괄손익으로 표시되는 이유는 단기매매금융자산과 매도가능금융자산의 보유동기가 다르기 때문이다. 즉 매수와 매도가 적극적이고 빈번한 단기매매금융자산의 보유목적은 trading이기 때문에 평가손익은 비록 미실현손익이라 할지라도 손익계산서에 반영하지만, 보유의도가 단기매매금융자산과 달라 즉시 처분 등이 현실적으로 불가능한 매도가능금융자산은 공정가치로 평가하지만 그 평가손익은 기타포괄손익으로 표시하였다가 나중에 처분될 때 당기손익으로 재분류하도록 하였다.

재분류조정(recycled or reclassified)이란 당기나 과거 기간에 기타포괄손익으로 인식되었으나 당기손익으로 재분류된 금액을 의미하는데, 재분류조정이 가능한 항목은 해외사업장을 매각할 때, 매도가능금융자산을 제거할 때, 위험회피예상거래가 당기손익에 영향을 미칠 때 발생한다. 그러나 재분류조정은 재평가잉여금의 변동이나 확정급여제도의 재측정요소에 의해서는 발생하지 않는다. 이들 요소는 기타포괄손익으로 인식하고 후속기간에 당기손익으로 재분류하지 않는다. 따라서 재평가잉여금의 변동이나 보험수리적손익은 영원히 손익계산서에 나타날 일이 없다. 이들 항목이 재분류조정의 대상이 아닌 이유는 경영자의 업적과 무관하다고 판단되기 때문이다.

그러나 IAS 39에서는 기타포괄손익으로 분류된 매도가능금융자산의 평가손익을 나중에 처분할 때에는 처분손익(당기손익)으로 재분류하도록 하였다. 즉 매도가능금융자산을 처분할 때에는 기타포괄손익에 있던 평가손익을 처분손익(당기손익)으로 재분류(이동)함으로써 애초에 평가손익을 기타포괄손익으로 분류하고자 하는 정책적 의도를 처분시점까지 살리지 못하는 결과를 초래하였다. 이에 따라 IAS 39를 대체하는 IFRS 9에서는 최초 인식시점에 단기매매목적(trading)이 아닌 지분증권(주식)에 대해서는 취소불능선택에 의해 기타포괄손익인식금융자산(fair value through other comprehensive income : FVOCI)으로 분류할 수 있도록 하고, 이를 재분류가능항목에서 아예 제외함으로써 IAS 39의 모순을 개선하였다. 다만 위의 FVOCI로 분류된 주식의 보유에 따른 배당금은 당기손익으로 처리한다.

IASB가 FVOVI 선택시 재분류를 금지한 것은 전술한 대로 매도가능금융자산의 측정손익은 기타포괄손익(OCI)이지만 처분시점에 이를 다시 처분손익으로 재분류하는 IAS 39의 모순을 극복하는 것이었지만, FVOVI금융자산의 손상차손검사를 방지하기 위한 것이기도 하다. 왜냐하면 IASB는 IAS 39에서의 매도가능금융자산에 대한 손상차손검사가 매우 주관적이라는 판단을 해왔기 때문이다. 아래의 〈표 1〉에서는 IAS 39와 IFRS 9에서 지분증권(주식)의 회계처리차이를 보여주고, 〈표 2〉에서는 IFRS 9에서 금융자산의 분류를 보여준다.

〈표 1〉 IAS 39와 IFRS 9에서 지분증권(주식)의 회계처리차이

보유동기	IAS 39	IFRS 9
trading	• 단기매매증권으로 분류하고 평가손익은 당기손익으로 처리	• FVPL로 분류하고 평가손익은 당기손익으로 처리
trading 이외	• 매도가능금융자산으로 분류 • 손상차손을 제외한 평가손익은 기타포괄손익으로 분류하고 처분시점에 처분손익으로 재분류 • 회계연도말에 손상발생의 객관적인 증거가 있는 경우, 기타포괄손익으로 인식한 평가손실은 당해자산이 제거되지 않더라도 손상차손으로 재분류	• FVPL로 분류하는 것이 원칙. 그러나 FVOCI를 선택할 수 있음 • FVOCI를 선택하면 평가손익을 기타포괄손익으로 처리하지만 처분시점에 재분류하지 않음 • 회계연도말에 손상차손검사도 필요 없음

〈표 2〉 IFRS 9에서 금융자산의 분류

<table>
<tr><th>측정기준</th><th colspan="2">사업모형 / 현금흐름 유형</th><th>손상차손
인식여부</th><th>재분류
여부</th></tr>
<tr><td>상각후원가
Amortized Cost</td><td>채권</td><td>• 계약상 현금흐름수취목적
• 원리금지급만으로 현금흐름발생</td><td>○</td><td>해당 없음</td></tr>
<tr><td rowspan="2">기타포괄손익-
공정가치
FVOCI</td><td>채권</td><td>• 계약상 현금흐름수취+매도목적
• 원리금지급만으로 현금흐름발생</td><td>○</td><td>○</td></tr>
<tr><td>주식</td><td>단기매매목적이 아닌 지분상품에 대해서 선택적용 가능</td><td>×</td><td>×</td></tr>
<tr><td rowspan="2">당기손익-공정가치
FVPL</td><td>채권</td><td>• 매도목적(단기매매목적)</td><td rowspan="2">×</td><td rowspan="2">해당 없음</td></tr>
<tr><td>주식</td><td>단기매매목적 또는 장기투자목적</td></tr>
</table>

8 당기순손익(profit or loss)과 기타포괄이익(other comprehensive income)의 개념구분과 관련하여 이해관계자들이 IASB가 조속히 해결해야 한다고 주장하는 내용은 무엇인가?

기타포괄손익을 포함하는 총포괄이익은 기업의 가치평가(equity valuation) 또는 주가결정에 유용한 이익의 개념인 반면, 전통적인 손익계산서상의 당기순이익은 경영자의 업적평가(management performance evaluation)에 보다 적합한 이익개념이라는 점을 지적한 바 있다. 그러나 IASB는 공식적으로 이러한 개념구분을 내놓은 적이 없다. 따라서 회계정보 이용자 집단에서는 보다 논리적인 개념설정을 요구하고 있다.

2011년 7월 IASB는 「Agenda Consultation 2011」을 통해 전 세계 이해관계자에게 향후 IASB의 의제선정과 업무처리에 도움이 되는 의견을 구하였다. 이에 대해 유럽증권시장위원회(European Securities and Markets Authority : ESMA)를 비롯한 수많은 이해관계자들이 IASB에 대해 아래의 〈표〉와 같은 기본적인 개념적 이슈를 최우선 순위로 해결해 줄 것을 요구하고 있다. 이는 최근 IASB가 주력하고 있는 금융상품(financial instruments)과 관련한 기술적인 회계기준의 제·개정보다 오히려 회계이익의 목적 및 기능과 관련한 근원적이고 논리적인 개념설정이 원칙중심의 IFRS가 전 세계적으로 정착하는 데 보다 시급한 현안이라는 것을 보여주고 있다.

〈표〉 ESMA 등의 요구내용

개념적 이슈	질의내용
업적의 개념	업적(performance)이란 무엇이며 무엇이 업적을 구성하는가?
당기손익 vs 기타포괄손익	당기손익(profit or loss)과 기타포괄손익(other comprehensive income)을 구분하는 진짜 이유는 무엇인가?
재분류조정	재분류조정(recycling)을 한다면 그 이유는? 하지 않는다면 그 이유는?

위의 질의내용은 재무회계 개념체계(conceptual framework) 및 재무제표의 표시(financial statements presentation)에 관련된 프로젝트와 동시에 수행됨으로써 IFRS의 원칙중심적 특성을 보다 공고히 확립하는 중요한 단서가 될 것으로 기대된다. 이러한 질의내용이 해결되면 원칙중심에 충실하고, 일관성이 있으며, 국제적으로 지지받는 IFRS의 개선된 모습을 기대할 수 있을 것으로 판단된다.

9 보험수리적손익은 기타포괄손익이지만 기타포괄손익누계액의 구성항목이 될 수 없는 경우는 언제인가?

보험수리적손익을 발생 즉시 이익잉여금으로 대체하면 기타포괄손익누계액의 구성항목이 될 수 없다.

CHAPTER

3 패러다임과 방법론

1 규범론과 실증론의 차이는 무엇인가?

규범론은 가치판단을 수반하는 이론으로서 현상이 어떻게 되어야 한다(normative)는 문제의식을 가지는 반면, 실증론은 가치판단을 배제한 채 실제 현상을 설명(descriptive)하는 차원의 문제의식을 갖는다. 회계 이론과 실무의 발전에 있어 이상의 두 가지 접근방법의 유기적 조화가 중요한 역할을 해온 것은 회계의 성격 자체가 일방적인 방법론에만 의존할 수 없는 성격을 가지고 있기 때문이다. 회계의 두 가지 대표적 기능을 규범론과 실증론에 입각하여 설명하면 가치평가기능은 규범론에 가까운 접근방법이고 계약기능은 실증론에 가까운 방법론이다. 그러나 회계의 기능을 일방적인 기능으로 정의할 수 없기 때문에 두 방법론의 유기적 조화가 앞으로도 계속 필요하다. 규범론과 실증론의 대표적인 회계이슈를 살펴보면 아래의 〈표〉와 같다.

〈표〉 규범론과 실증론의 회계이슈 비교

규범론	실증론
• 재무상태표에서 리스(lease)를 어떻게 처리해야 하는가? • 재무보고에서 원가 대신 시가(공정가치)를 사용해야 하는가? • 물가나 환율 변동은 어떻게 처리되어야 하는가? • 재고자산은 어떻게 평가되어야 하는가? • 무엇을 재무제표에 보고해야 하는가?	• 회사는 왜 회계처리방법을 바꾸는가? • 회사는 왜 감사인을 바꾸는가? • 법원판결이나 규제는 회계실무에 어떤 영향을 미치는가? • 회계법인은 왜 조직형태가 유한책임조합(limited liability partnership)일까? • 어떤 회사가 이익조정의 가능성이 높을까?

규범론의 문제의식을 가치평가기능과 관련지어 살펴보면 회계의 목적이 기본적으로 가치평가에 도움을 주는 정보제공을 위하여 또는 그 기능을 원활하게 수행하기 위하여 회

계연구의 대상이 무엇이 되어야 하는지 알 수 있다. 예를 들면 재무제표에서 공정가치(fair value)가 사용되어야 하는가? 또는 무엇을 재무제표에 보고해야만 하는가? 등의 의문은 회계인식의 대상은 무엇이 되어야 하는지 또는 그 인식대상을 어떻게 측정하고, 어디에 보고하는 것이 바람직한지에 대한 의문과 고민이 담겨 있다.

실증론의 문제의식은 회계의 기능이 기본적으로 계약기능에 있으며, 이해관계 당사자의 행동을 현실적으로 설명할 수 있는 요인이나 계약당사자의 행동에 영향을 미치는 환경적 요인이나 제도를 규명하는 데 있다. 또한 계약기능을 원활히 수행하는 데 회계가 어떻게 기여하는가의 연구주제로 이루어져 있다. 예를 들면 "회계법인은 왜 조직형태가 유한책임조합일까?"라는 연구주제와 관련하여, 이는 법률, 의료 및 회계법인과 같은 전문가집단에서 한 사람의 실수나 잘못이 의뢰인(clients)에게 치명적인 손해를 입힐 수 있는 대리인문제(agency problem)의 환경에서 이에 대한 가장 효율적인 대응수단으로 사원의 무한책임을 기반으로 하는 전문가 조합(professional partnerships)의 형식이 바람직하다는 이유에서 출발했지만, 최근 회계법인의 조직상의 특성은 전 세계적으로 무한책임에서 유한책임으로 바뀌었다. 이는 감사인에 대한 소송증가 및 이와 관련한 배상책임문제와 밀접한 관련이 있다. 이에 따라 우리나라에서는 감사인의 손해배상능력 증진을 위하여 손해배상기금, 손해배상준비금 및 보험가입 등의 제도적 장치를 마련함과 동시에 회계법인의 상법상 준용기준을 합명회사에서 유한회사로 변경하였으며, 세계적으로도 회계법인은 유한책임조합(limited liability partnership : LLP)의 형태를 띠게 되었다. 또한 이익조정의 가능성을 분석하기 위하여 대리인비용과 연계된 경영자보수체계나 부채비율 등이 이익조정의 배경으로 지목되어 실증분석의 대상이 되기도 한다.

2 자본시장의 효율성에 대한 인식의 변화와 관련하여 과거보다 재무상태표를 중시하게 된 배경을 설명하라.

전통적 패러다임에서의 회계보고대상의 특징은 안정적이고 정태적이다. 이는 과거의 생산 및 기업 환경이 자본과 노동의 투입을 중심으로 이루어지며 그 투입·산출의 인과관계(causality)를 유추하는 것이 상대적으로 쉬운 환경임을 의미한다. 이러한 전통적 패러다임에서의 회계보고결과에 대한 인식의 주류는 효율적 시장가설의 잠정적 수용이다. 효율적 시장가설(efficient market hypothesis : EMH)이란 주가에 반영되는 정보의 종류, 반영속도 및 반영방법에 대한 일정한 가정을 의미하는바, 효율적 시장가설의 잠정적 수용은 주가가 회계정보를 포함하는 공시된 정보를 즉시 반영한다는 준강형(semi-strong) 형태의 효율성이 일반적으로 수용된다는 의미를 갖고 있다.

자본시장의 효율성이 잠정적으로 수용되는 상황에서 회계의 기본기능은 가치평가기능과 멀어지게 된다. 왜냐하면 가치평가의 궁극적 결과인 주가는 관련 정보를 신속하게 처리해서 이미 결정됐다는 의미를 담고 있으므로 굳이 회계시스템이 주가의 결정에 필요한 정보를 제공할 필요성이 낮아지기 때문이다. 따라서 효율적 시장가설이 잠정적으로 수용되는 경우에는 주가수준(price level)보다는 주가변동(change in price level)에 더 많은 관심을 가지게 되는데, 이때 회계이익이 주가변동을 야기하는 가장 중요한 회계변수로 떠올라 회계학연구의 중심이 된다. 즉 회계이익이 주가의 변동을 야기하는 변수로서 두 변수의 변동이 어느 정도의 관련성을 갖느냐가 중요한 연구주제가 되었다. 따라서 회계이익의 결정장소로서의 손익계산서의 중요성이 재무상태표의 중요성을 능가하게 되었고 또한 회계정책적인 차원에서 보면 회계측정의 정확성을 도모하기보다는 관련 정보를 숨기지 않고 공시해 주기만 하면 주가가 이를 합리적으로 반영하기 때문에 주석 등에 의한 공시(disclosure)의 중요성이 설득력을 얻게 되었다.

전통적 패러다임에 대응하는 새로운 패러다임은 회계보고대상의 변화와 회계보고결과에 대한 인식의 변화에 의해 나타나게 되었다. 먼저 회계보고대상은 전통적인 패러다임의 안정적이고 정태적인 성격으로부터 자동화 및 기술화를 수반하는 동태적이고 불확실한 가치창조과정으로 바뀌었다. 새로운 회계보고대상은 제조간접비(overhead costs)의 증가, 수익과 비용의 적절한 대응의 곤란성, 무형자산의 가치창조에의 기여도 증가, 비재무정보(non-financial information)의 중요성 증가, 미래지향적 정보의 필요성 증가 및 적시성(timeliness)에 대한 요구증가 등으로 그 성격이 요약될 수 있다. 이러한 회계보고대상의 질적 변화에 전통적인 회계 패러다임이 적절히 대응하지 못하는 한계를 노출한 데다 회계보고결과에 대한 기존 인식에 변화를 야기하는 새로운 연구결과의 등장 등으로 새로운 회계 패러다임이 출현하게 되었다.

회계보고결과에 대한 기존의 일반적 인식은 효율적 시장가설을 기반으로 하는 자본시장의 효율성에 대한 잠정적 수용이었으나 몇몇 회계연구결과는 자본시장의 효율성이 과거에 우리가 믿었던 것만큼 효율적이지 않다는 것을 보여주고 있다. 이러한 자본시장의 효율성에 대한 인식의 변화는 회계기능에 대한 중대한 변화를 야기하였다. 즉 효율적 자본시장가설의 잠정적 수용으로 일시적으로 유보되었던 가치평가기능이 새로운 관심사로 떠오르게 되었다.

주가의 정보반영이 제한적이거나 그 반응에 일정기간이 소요된다는 인식하에서는 회계시스템이 관련 정보를 어떻게 측정하여 어디에다 공시하느냐에 따라 주가수준에 차별적 영향을 미칠 수 있다는 관점에서 회계의 역할이 보다 강조될 수 있다. 왜냐하면 주가형성과정 그 자체가 비효율적인 시장에서는 정보를 반영하는 데 여러 가지 한계가 있거나 시간이 걸리기 때문에 주가형성과정에 측정의 적합성이나 공시장소가 주가수준이나 그 결정속도에 영향을 미칠 수 있는 가능성이 열리기 때문이다. 즉 주가가 공시된 정보를 반영하는 데 여러 가지 한계가 노출됨에 따라 필요한 정보를 공시해 주는 것만으로는 부족하고, 그 측정상의 합리성 및 정확성이나 공시의 구체적 장소 선택이 새로운 회계이슈가 되고 이에 따라 회계처리 및 공시의 구체적 방법이나 장소에 따라 주가가 달라질 수 있는 가능성이 열림으로써 공시만능주의에서 후퇴하게 되었다. 이는 자본시장의 효율성이 제한되는 상황에서는 측정과 보고의 기초가 되는 특정 회계기준이 주가에 영향을 미칠 가능성을 제기한다. 따라서 기업가치에 공헌하는 자산은 빠짐없이 재무상태표에 인식하고, 인식된 자산은 될 수 있으면 공정가치에 의해 평가하는 것이 중요시됨에 따라 재무상태표의 중요성이 자본시장의 효율성이 수용되던 과거보다 높아지게 되었다.

3 정의와 측정의 구분이 궁극적으로 필요한 이유는 무엇인지 설명하라.

회계에 있어 정의(definition)는 회계의 기본기능 수행을 위해 회계인식의 범위를 정하는 역할을 한다. 인식이란 거래나 사건의 경제적 효과를 자산, 부채, 수익, 비용 등으로 재무제표에 숫자로 표시하는 것으로 인식기준이 충족되면 화폐단위 측정치가 적절한 계정과목으로 재무제표를 통해 보고된다. 인식은 거래와 사건의 경제적 효과를 최초로 기록하는 원시분개로 시작하여 동일한 항목에 대한 후속적인 변화를 기록하고, 제거를 통해 장부에서 사라진다. 개념체계에 따르면 어떠한 항목을 인식하기 위해서는 아래의 기준들이 모두 충족되어야 한다.

- 당해항목이 재무제표 기본요소의 정의를 충족시켜야 하고,
- 당해항목과 관련된 미래경제적효익이 기업실체에 유입되거나 또는 유출될 가능성이 매우 높으며,
- 당해항목에 대한 측정속성이 있고, 이 측정속성이 신뢰성 있게 측정될 수 있어야 한다.

자산은 "과거 사건의 결과로 특정 회계실체가 통제하고 있는 현재의 경제적 자원"으로 정의되며 여기서 경제적 자원이란 경제적효익을 가져올 잠재력에 대한 권리를 의미한다. 그런데 이러한 자산의 정의를 살펴보면 자산으로서의 속성을 나타내는 가장 대표적인 특성은 "회계실체가 통제하고 있는 현재의 경제적 자원"이다. 그렇다면 자산이 '과거 사건의 결과'일 것을 요구하는 기본적 이유는 무엇인가? 환언하면 자산을 정의하는 데 있어 자산으로서의 기본적 속성을 가지고 있느냐가 본질적으로 중요하지 그들이 꼭 과거 사건의 결과이어야 하는 이유는 무엇인가? 이는 전술한 자산의 정의가 자산의 측정(measurement) 문제를 미리 염두에 둔 결과이기 때문이다. 즉 자산의 측정과정에서 불확실한 요소를 미리 배제할 목적으로 '과거 사건의 결과'일 것을 요구하고 있다. 왜냐하면 "과거 사건의 결과"에는 일반적으로 역사(적) 원가(historical cost)의 개념이 존재하므로 자산의 정의에 이러한 조건이 포함되면 측정상의 불확실성이 큰 항목은 자연히 배제되고 역사원가에 의한 평가가 가능한 항목들만 남게 될 것이기 때문이다. 따라서 이러한 자산의 정의는 측정문제로부터 자유로운 독립적인 정의가 아니라 다분히 측정상의 확실성 및 간편성을 고려한 편의적인 정의라고 볼 수 있다. 측정은 회계의 기능이지 결코 회계의 본질 그 자체는 아니다. 정의와 측정이 원칙적으로 서로 분리되어 고려되는 것이 바람직하다.

현실에서는 측정상의 불확실성이 자산이나 부채의 정의에 영향을 미쳐온 것이 사실이다. 그러나 표현충실성은 이러한 정의와 측정의 관계를 보다 독립적인 위치에 놓을 수 있는 개념으로 판단된다. 왜냐하면 표현충실성은 궁극적으로 '있는 그대로' 나타내주는 정보

속성이므로 투명성을 위한 기본전제이기도 하지만, 가치평가기능이나 계약기능 모두에게 요구되고 수용할 수 있는 속성이기 때문이다.

자산의 정의는 회계기능의 종류에 따라 달라질 수 있다. 가치평가기능에 따른 자산의 정의는 계약기능에 입각한 정의보다 광범위하고 유연(soft)할 수밖에 없다. 그러나 이렇듯 유연한 자산의 정의를 계약기능의 입장에서 수용하기는 어렵다. 따라서 계약기능의 자산 정의는 측정상의 편의성 및 검증가능성을 고려하여 보다 경직된(hard) 입장에 있게 된다. 예를 들면 무형자산이나 시가에 의한 평가에 대해 가치평가론자들이 보다 과감한 인식을 주장하는 반면 계약론자들이 소극적으로 대처하는 것은 이러한 속성과 무관하지 않다.

4 전통적 패러다임 및 새로운 패러다임의 중심요소는 각각 무엇인지 설명하라.

회계보고대상, 회계보고수단 및 회계보고결과의 이해 및 해석에서 전통적 패러다임과 새로운 패러다임은 차별적 특징을 보이고 있다. 아래의 〈표〉에서는 전통적 패러다임과 새로운 패러다임을 비교하여 보여준다.

〈표〉 전통적 패러다임 vs 새로운 패러다임

	회계보고대상	회계보고수단	회계보고결과
	거래, 사건, 현상	재무제표	주가결정
전통적 패러다임	안정적(static)	손익계산서 중심	EMH의 잠정적 수용공시의 역할인식
새로운 패러다임	역동적(dynamic)	재무상태표 중심	EMH의 재평가공시의 한계인식
새로운 패러다임의 특징	• 재무상태표 중심의 가치평가기능 강화 • 무형자산의 인식범위 확대 & 비재무정보의 중요성 증가 • 적시성 요구 확대 • 원가흐름가정의 유용성 감소 • 실지재고조사법보다 계속기록법의 사용 증가 • hard accounting과 soft accounting을 포괄하는 시스템		

5 회계기능의 종류에 따른 회계속성의 차이를 설명하라.

회계정보의 용도와 회계기능의 중심이 어디에 있느냐에 따라 재무제표를 둘러싼 회계속성에 적지 않은 차이가 나타나고 있다. 따라서 회계정보의 차별적 용도를 고려하지 않고 일반목적 재무제표를 통하여 모든 정보이용자의 욕구를 충족시키려는 전통회계모형의 한계는 쉽게 노출된다. 더불어 전통회계모형을 개선 발전시키려는 노력은 재무제표의 양식 변화와 더불어 인식기준의 신축적 운용 등으로 현실화될 수 있을 것으로 판단된다. 다음의 〈표〉는 회계기능별 회계속성을 비교한 것이다.

〈표〉 회계기능별 회계속성 비교

회계속성	가치평가기능	계약기능
핵심재무제표	재무상태표	손익계산서
중점 기능	relevance/decision usefulness	stewardship/accountability
중점 속성	표현충실성	검증가능성
정의 or 측정	정의>측정	정의<측정
시장효율성(EMH)	시장효율성 재평가 시장에서의 가치평가는 불완전	계약기능을 위한 회계의 역할은 시장효율성과 별도로 존재
주요 이용자	투자자(현재 또는 미래)	계약 당사자
재무제표의 연계성	순수잉여(clean surplus)	혼합잉여(dirty surplus)
자산평가	공정가치	역사적 원가
일반원칙	자산의 정의	수익의 인식/수익·비용 대응
시계(horizon)	미래지향적	과거지향적
회계이익의 범위	포괄이익(포괄주의)	당기순이익(당기업적주의)
기타포괄손익	기업가치평가에 기여	업적평가용으로는 부적절
회계이익의 용도	기업가치평가(equity valuation)에 사용	경영자의 업적평가(management performance evaluation)에 사용
회계이익의 질	현금흐름(주가)과 밀접한 정도	노력/업적과 밀접한 정도
정보비대칭	역선택(adverse selection)	도덕적 해이(moral hazard)

6 회계기능의 종류에 따라 이익의 질을 평가하는 기준이 달라야 한다는 말은 무슨 뜻인가?

회계이익의 범위도 가치평가와 업적평가 기능의 차원에서 별도로 고려되어야 한다. 업적평가지표로서의 회계이익은 일정기간 동안에 경영자의 노력이나 실적을 반영하는 지표를 의미하나, 가치평가지표로서의 회계이익은 기업의 경제적 이익이나 주주 부의 변화를 의미한다. 따라서 회계이익의 질도 회계정보의 용도에 따라 판단기준이 달라질 수 있는데, 가치평가기능에서는 현금흐름 또는 주가(변동)와의 관련성이 높으면 회계이익의 질이 높은 반면, 계약기능에서는 업적평가 대상자의 노력 및 실적과의 관련성이 높으면 회계이익의 질이 높은 것으로 볼 수 있다.

7 IFRS에서 후입선출법(LIFO)을 폐지한 배경을 설명하라.

후입선출법(last in first out : LIFO)은 물가상승시에 재고자산이 시가와 가장 동떨어진 원가로 측정되는 결과를 가져와 표현충실성에 문제가 있을 뿐만 아니라 가치평가 관점에서도 목적적합성에 문제가 있다. 이에 따라 공정가치를 선호하는 IFRS는 후입선출법을 폐지했다. IFRS의 기본입장은 재무상태표의 중시인데, 재무상태표의 중시란 구체적으로 무형자산 등의 인식을 확대하고, 인식된 자산과 부채를 될 수 있으면 공정가치로 평가하는 것이다. 따라서 물가상승시 후입선출법에 의한 재고자산은 시가와는 거리가 먼 과거원가로 표시됨에 따라 IFRS는 후입선출법을 폐지하였다.

8 바코드 및 RFID의 등장과 같은 정보기술발전이 재고자산평가에 미치는 영향을 설명하라.

바코드나 RFID의 등장은 재고관리에 획기적 변화를 야기하여 실지재고조사법보다 계속기록법의 상용화가 가속화된다. 바코드 시스템의 단점은 사람이 일일이 손으로 스캐너를 사용하여 읽어주는 작업을 해야 한다는 것이다. 따라서 바코드 시스템에서는 데이터의 자동수집이 어려워 재고관리에 많은 인력과 시간을 투자해야 하는 문제가 있다. 하지만 RFID 시스템을 도입하게 되면 전체적인 입출고 작업시간이 획기적으로 단축되고, 정확한 정보관리가 가능하게 된다. 즉 사람이 일일이 바코딩 작업을 하던 상황에서 박스 전체가 리더기를 통과하면 바로 정보가 분류되는 것이다. 이에 따라 수많은 매장에서 별도의 재고자산 실사가 필요 없을 정도로 정확한 재고관리가 이루어지게 된다. 또한 실시간(real-time) 매출기록과 매출원가의 산정 및 기록도 가능하게 된다.

9 IFRS의 특징을 설명하라.

IFRS의 특징은 첫째, 원칙중심의 회계를 지향하며, 둘째, 연결재무제표중심의 회계를 의미하고, 셋째, 공정가치평가를 확대하는 것이다. 이에 따라 IFRS의 기본입장은 연결재무제표를 기본 재무제표로 보면서 규정중심의 회계보다는 원칙중심의 회계, 손익계산서보다는 재무상태표의 중시, 원가보다는 공정가치에 의한 평가 확대, 당기순이익과 기타포괄손익의 동시강조 및 보고대상의 확대 등으로서 가치평가기능을 중시하는 입장이다. 우리나라도 "대차대조표에 나타난 자산과 부채의 가액만으로 기업실체의 가치를 직접평가할 수 있는 것은 아니지만, 대차대조표는 다른 재무제표와 함께 기업가치의 평가에 유용한 정보를 제공해야 한다"라고 규정함으로써 가치평가기능을 중시하는 입장에 있는 것으로 보인다. 또한 화폐가치 안정의 가정이 회계의 기본가정에서 사라진 것은 투자자, 그중에서도 보통주주의 관점에서 바라보는 가치평가기능이 득세함에 따른 시가평가의 확대 움직임과 무관하지 않은 것으로 보인다.

10 공정가치(fair value)란 무엇인지 설명하라.

공정가치란 합리적인 판단과 거래의사를 보유한 사람들이 활성화된 시장(active market)에서 결정하는 가격을 의미한다. 이에 따라 공정가치는 청산하거나, 사업규모를 중요하게 축소하거나 또는 불리한 조건으로 거래할 의도나 필요가 없는 상태인 계속기업가정을 전제로 한다. 따라서 공정가치는 강제된 거래, 비자발적인 청산 또는 재무적 어려움으로 인한 매도에서 수취하거나 지급하는 금액이 아니다. 예를 들면 부동산시장의 급매물로 인한 시세는 공정가치가 아니다.

11 IASB에서 유형자산 및 무형자산의 평가와 관련하여 원가모형 이외에 재평가모형을 도입하였다. 이와 관련하여 그 배경을 설명하라.

IFRS에서 유형자산 및 무형자산의 취득 후 원가모형(cost model)과 재평가모형(revaluation model) 중 하나를 선택하도록 한 것은 자산의 가치감소를 나타내는 데 있어 표현충실성의 한계를 드러낸 감가상각기법에만 의존하지 않고, 재평가를 통해 가치변동분을 인식하려는 노력이 반영된 것으로 보인다. 이는 공정가치에 의한 평가항목의 확대를 추구하는 IFRS의 모습이 반영된 또 다른 사례로 평가된다.

12 최근의 차입계약에서는 재무상태표가 과거와 같이 많이 사용되지 않고 있다. 그 주된 이유는 무엇인가?

Demerjian(2011)은 계약기능의 관점에서 재무상태표와 손익계산서의 부채계약에서의 사용빈도를 조사하였다. 분석결과에 따르면 1996년에는 전체 부채계약의 80% 이상의 계약에서 재무상태표 변수가 사용되었지만 2007년에는 불과 32%의 부채계약에서 재무상태표 변수가 사용되고 있다. 이는 이 기간 동안 전 세계적으로 불어닥친 가치평가기능의 득세와 무관해 보이지 않는다. 즉, 원가보다는 공정가치에 의한 평가확대와 무형자산의 인식확대 및 영업권과 내용연수가 정해지지 않은(indefinite life) 무형자산의 상각폐지 등으로 재무상태표에 인식된 자산의 환금성 및 담보력에 대한 불확실성 증가와 신뢰성 하락으로 더 이상 부채계약에서 과거와 같은 재무상태표의 역할을 기대하기 어렵게 되었기 때문이다. 가치평가기능에 집착하는 재무상태표의 소위 체질개선이 계약기능의 관점에서는 설득력 없는 메아리로 들리고 있음을 보여주는 결과로 판단된다. 다음의 [그림 1]은 재무상태표와 손익계산서의 차입계약에서의 이용빈도수 변화를 보여준다. 재무상태표의 급감추세와는 달리 손익계산서의 이용빈도수는 별다른 차이가 없음이 주목된다.

이러한 분석결과는 회계정보의 유용성도 회계기능의 종류에 따라 별도로 평가되어야 함을 시사함과 동시에 본서에서 강조하는 회계의 이중성(duality)에 따른 유용성 판단기준의 상충관계를 시사한다. 즉 가치평가기능을 강조하면 계약기능 정보력이 떨어지고, 계약

[그림 1] 부채계약에서 재무제표 이용빈도의 변화추이

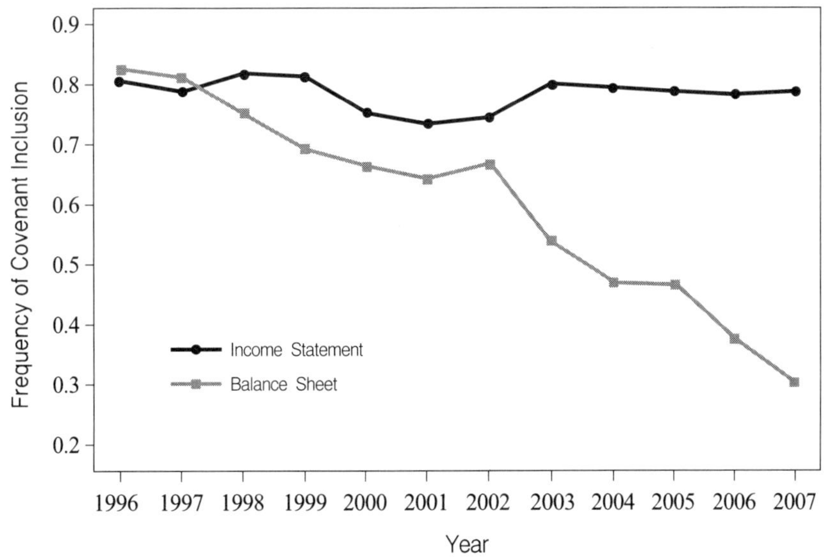

기능을 강조하면 가치평가기능 정보력이 떨어지게 된다.

그러나 전술한 주장과 달리 Loumioti(2011)에 따르면 미국의 경우 담보부 대출의 11%에서 무형자산이 담보로 제공되고 있으며 최근에 이 비율이 급증하였다. 즉 1997년에 6%에 불과하던 비율이 2005년에는 14%로 급증하였다. 이 연구에서는 영업권, R&D 및 광고비는 무형자산의 범주에 포함시키지 않았다. 한편, Skinner(2011)는 Demerjian(2011)의 결론에 무리 없이 도달하기에는 우리가 계약기능에 대해 아는 것이 실제로 별로 없다면서 추가적인 연구를 주문했다. 예를 들면 영업권을 제외한 장부가액보다는 영업권을 포함한 장부가액이 영업권의 비중이 높은 기업에서는 부채계약에 오히려 더 많이 사용된다든가, 금융위기 이후인 2008~2010년에는 재무상태표기준의 부채계약이 오히려 금융위기 이전보다 늘었다는 선행연구결과를 사례로 들었다.한편 Ball *et al.*(2015)은 IFRS 채택 이전과 이후를 비교하여 부채계약에서 회계정보이용의 빈도(frequency) 및 강도(intensity)를 분석한바, IFRS 채택 이후 회계정보의 활용빈도 및 강도가 모두 급격하게 낮아진 것으로 나타났다. 이와 같은 현상도 IFRS가 공정가치 활용을 크게 늘림에 따라 나타난 것으로 풀이된다. 다음의 [그림 2]는 이 연구결과를 보여준다. IFRS를 채택하지 않은 국가에서는 IFRS가 유럽에서 공식채택된 2005년을 중심으로 급격한 변화는 발견되지 않았지만, IFRS를 채택한 국가에서는 2005년을 중심으로 부채계약에서 회계변수이용의 빈도(frequency)와 강도(intensity)가 모두 급감하고 있음을 보여준다. 이러한 결과도 공정가치평가를 확대하는 IFRS의 도입으로 가치평가기능에는 긍정적인 영향이 기대되지만 부채계약에서의 유용성과 활용빈도는 급감하고 있음을 나타내는 것이다. 이러한 내용은 회계정보의 유용성도 회계기능의 종류에 따라 별도로 평가되어야 함을 시사함과 동시에 본서에서 강조하는 회계의 이중성

[그림 2] 부채계약에서 회계변수 사용의 변화추이

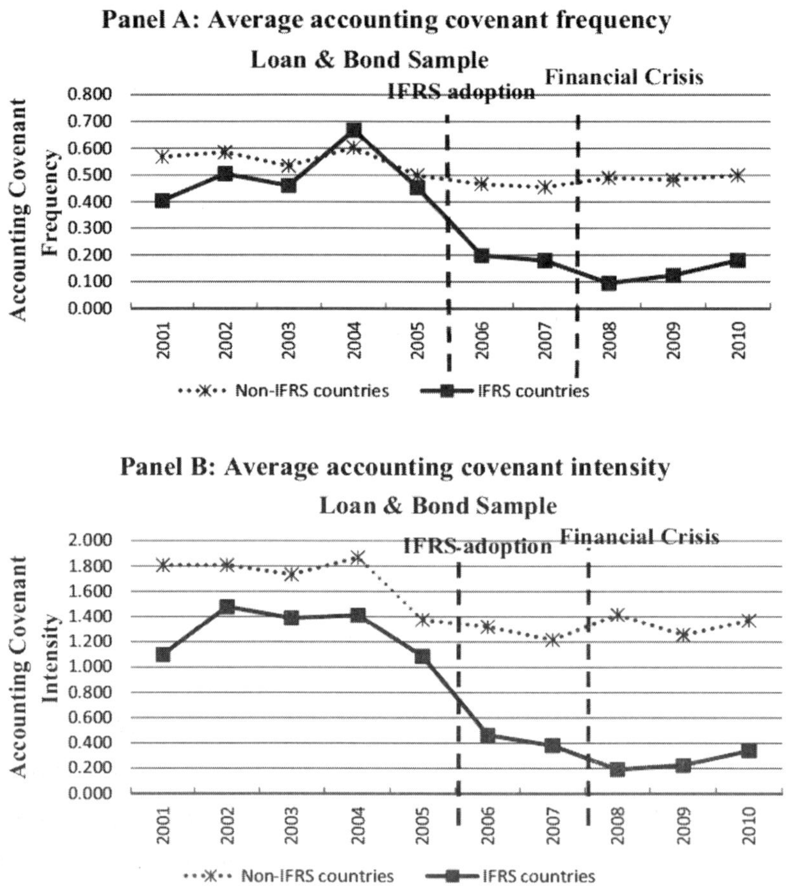

(duality)에 따른 유용성 판단기준의 상충관계(trade-off)를 시사한다. 즉 가치평가기능을 강조하면 계약기능 정보력이 떨어지고, 계약기능을 강조하면 가치평가기능 정보력이 떨어지게 된다.

PART

II

회계환경의 변화

CHAPTER

4 기업환경의 변화

1 제조환경변화의 특징을 설명하라.

기업의 제조 및 영업 활동과 환경은 최근 들어 큰 변화를 겪고 있으며 이러한 변화의 속도는 더욱 가속화될 것으로 전망된다. 특히 산업사회에서 지식정보사회로 전환되는 시기에 전통회계모형은 많은 도전을 받고 있으며 이를 극복하기 위한 지혜가 필요하다. 변화된 기업환경은 아래의 특징을 가지고 있다.

- 기업환경변화의 가속화
- 제품수명주기 및 경쟁우위 지속기간의 단축
- 새로운 기업, 산업 및 전문직의 출현
- 부가가치가 적은 서비스의 외부조달(outsourcing)
- 매우 복잡해져가는 상거래내용
- 고객만족에 대한 관심증대

이상의 특징이 시사하는 바는 가치창조과정에서 유형자산 또는 고정자산을 기반으로 하는 전통적인 제조·가공 분야의 비중은 줄어드는 반면, 무형자산적 요인의 비중이 점차 커지면서 수명 및 기술주기가 단축될 것으로 전망된다. 특히 기업의 제품개발은 공급자의 의도보다는 급변하는 소비자의 선호와 기호에 따라 좌우되며 정보통신기술의 발달로 소비자의 요구사항은 공급자에게 실시간으로 전달될 것이다.

2 제조간접비의 증가가 전통회계에 미친 영향을 설명하라.

전통적인 제품원가구조와 최근의 제품원가구조를 비교하면 큰 차이가 있다. 가장 두드러진 차이는 생산과정의 자동화가 진전됨에 따라 직접노무비의 비중은 감소하는 반면 간접비는 증가한다는 것이다. 자동화의 진전은 결국 직접노무비의 상대적 감소와 함께 제조간접비(overhead cost)의 상대적 증가를 초래하였다. 또한 자동화와 원가항목 구성비율을 직접 살펴본 연구결과가 제시하는 아래의 〈표〉에서도 자동화가 진전됨에 따라 제조간접비는 증가하고 직접노무비는 감소하는 추세를 보이고 있다.

〈표〉 자동화 정도와 원가구성비율(단위 : %)

자동화 정도	직접재료비	직접노무비	제조간접비	계
30% 미만	62	18	20	100
30%～70%	62	16	22	100
70% 이상	57	13	30	100

전통적 원가계산시스템은 직접노무비가 총제조원가에서 상당부분을 차지하던 시대에 소수의 표준화된 제품을 대량생산하는 환경에서, 직접노무비를 보다 철저히 통제하기 위한 목적에서 설계된 것으로, 오늘날의 제조환경변화를 적절히 반영하지 못하여 정확성 및 적시성 등의 문제점을 노출시키고 있다. 특히 전통원가회계시스템이 지니는 가장 근본적인 문제점은 그 중요성이 점점 커지는 제조간접비를 인과관계(causality)가 명확하지 않은 소수의 배부(allocation)기준, 예를 들면 직접노동시간, 기계시간, 재료비, 직접노무비 등의 조업도 기준에 의하여 제품에 부과함으로써 제품원가를 왜곡시키고 있다는 것으로, 이러한 현상은 생산시스템의 자동화가 진전될수록 더욱 심각해진다. 따라서 간접비의 배부기준으로 무엇을 선택·사용하는가가 중요한 문제가 되는데, 이러한 간접비의 배부문제는 제조업에만 국한된 것이 아니라 회계법인, 법무법인, 통신업체 등의 서비스업에서도 심각하다. 왜냐하면 제조업과 달리 서비스업의 경우 서비스별로 직접 추적하기가 어려운 항목들이 많기 때문이다.

이러한 문제점을 개선하기 위한 방안으로 제조간접비의 배부에 있어 획일적인 배부기준을 지양하면서, 다양하고 가치창조에 인과관계가 상대적으로 높은 배부기준을 채택하는 활동기준원가계산(activity-based costing : ABC)이 활용되고 있다. 그러나 ABC 자체도 배분으로부터 완전히 해방되는 것이 아니고 원가동인(cost drivers) 선정의 적절성과 수치의 신뢰성이 선행되어야 하므로 한계를 가지고 있다. 즉 원가배부기준으로 선택된 원가동인이 원가발생의 인과관계를 잘 나타내지 못하는 경우에는 제품원가의 계산이 왜곡될 가능성이 남아 있다.

3 무형자산 인식에 대한 입장을 회계기능의 종류에 따라 나누어 설명하라.

무형자산(intangible assets)의 경우 전통적인 회계모형에서 자산으로 재무상태표에 인식되는 경우는 매우 드물다. 이러한 현상에 대하여 가치평가에 관심이 많은 투자자는 무형자산도 재무상태표에 자산으로 인식되는 것이 바람직하다고 주장한다. 그러나 채권자의 입장에서는 무형자산이 기업에서 분리되어 독자적으로 팔릴 수 있는(separable and saleable) 성질이 아니라면 재무상태표에 자산으로 인식(recognition)하는 것은 곤란하다고 주장한다. 또는 이와 같은 무형자산을 분리해서 판매할 수 있다고 하여도 부채계약의 본질상 자산은 일반적으로 청산가치(liquidation value) 또는 담보가치의 개념으로 평가되는데, 예를 들면 고객의 충성도(customer loyalty) 등은 계속기업을 가정할 때 가치가 있는 것이지 청산단계에서는 별다른 가치가 없을 것이기 때문이다. 따라서 어떤 정보이용자의 정보수요를 상대적으로 우선시하느냐에 따라 회계보고대상의 선정(인식), 측정, 보고 및 공시상의 여러 단계에서 갈등의 원인이 된다. 최근 부채계약에서 재무상태표의 사용빈도가 급격히 하락한 것은 이러한 재무상태표에 대한 체질개선이 가치평가기능에는 유용하지만 계약기능에서는 그렇지 않다는 것을 보여주고 있다.

4 강효석 · 이원흠 · 조장연(2001, p. 453)에 따르면, 코스닥 벤처기업과 거래소 제조기업의 성장성 지표는 다음과 같다(1998, 1999 자료 이용).

	매출액성장률	PER	PBR
코스닥 벤처기업	35.1%	76배	34.1배
거래소 제조기업	1.3%	41배	1.1배

(1) 기업가치평가를 위한 회계정보(재무상태표, 손익계산서)의 역할이 벤처기업과 제조기업 사이에 차이가 있는지 언급하라.

벤처기업과 제조기업의 영업환경에는 많은 차이가 있다. 재무제표는 이러한 환경변화를 인식하여 이해관계자에게 유용한 정보를 제공해야 한다. 그러나 전통적 재무제표는 일반적으로 불확실성을 배제하는 과정에서 유용한 정보제공의 관점에서 한계를 보여왔다. 특히 재무상태표는 벤처기업 등의 수익창출요인을 제대로 반영하지 못하는 한계를 보이고 이러한 한계를 극복하고자 가치평가기능이 주목받게 되었다. 손익계산서도 수익의 인식과 비용의 대응이라는 전통적 메커니즘으로는 변화된 환경에 제대로 대응하지 못하는 한계를 보이고 있다.

이러한 환경에서 가치평가론자들은 무형자산의 적극적 인식과 순수잉여관계에 입각한 포괄이익의 개념에 따라 기업가치평가를 우선하는 사고를 갖게 되고 재무상태표를 손익계산서보다 더 중요한 재무제표로 인식하게 되었다. 이러한 사고는 제조기업보다 벤처기업

같은 업종에서 보다 심각하게 등장하게 되었다. Chen *et al.*(2002)에 따르면 첨단기업일수록, 손실의 빈도수가 높을수록, 신생기업일수록 이익의 공시와 더불어 재무상태표정보를 자발적으로 공시할 확률이 높다고 하였다. 이는 특정업종에서 손익계산서상의 이익정보가 기업가치를 나타내는 데 적합하지 않거나 한계가 있는 경우에 재무상태표가 손익계산서를 보완할 수 있기 때문이다.

한편, 첨단기업과 전통기업은 기업가치에 영향을 미치는 요인에 차이가 나타나고 있다. 예를 들면 미국의 경우 이동통신 산업분야에서 비재무적 정보가 재무적 정보보다 가치관련성이 높다고 하였다. 우리나라에서도 정보통신기업과 비금융제조기업의 주가결정요인을 비교분석한 결과 광고선전비와 연구개발비가 정보통신기업의 주가와는 유의한 관계가 있는 반면, 비금융제조기업의 주가와는 유의한 관계가 없는 것으로 나타났다. 이러한 내용은 업종에 따라 재무제표 역할이 다를 수 있음을 시사한다.

(2) PBR의 차이가 의미하는 바는 무엇인지 설명하라.

벤처기업과 제조기업의 PBR의 차이는 전통 재무상태표의 한계를 보여준다. 물론 본 예제의 시기(1999~2000년)에는 비합리적 시장가격에 따른 거품논쟁과 우려가 지배한 시절이었으나, 재무제표의 역할에 대한 시사점을 제공하기에는 충분하다. 벤처기업의 PBR이 제조기업의 그것보다 월등히 높은 것은 거품논쟁을 감안하더라도 부외자산(off-B/S assets)의 인식확대 필요성을 보여주는 것으로 판단된다. 즉 기업가치에 공헌하는 요인에 대한 인식요건의 완화 또는 인식자산에 대한 공정가치에 의한 평가를 통해 보다 표현충실성이 높은 정보를 제공해야 하는 필요성을 보여주고 있다.

5 전통회계모형의 한계를 재무회계분야와 원가회계분야로 나누어 약술하라.

재무회계분야에서는 가치관련성이 있는 무형자산 등이 회계인식의 대상이 되지 못함에 따른 한계를 언급한 반면, 원가회계에서는 제조간접비의 인위적 배분에 따른 원가왜곡(cost distortion)의 시각에서 문제점을 지적하였다.

〈표〉 전통회계모형의 한계

재무회계분야	원가관리회계분야
기업가치창조에 공헌하는 무형자산을 재무상태표에 인식하지 못하는 문제	제조간접비 임의배분에 따른 원가왜곡 문제

6 첨단업종에서 스톡옵션이 중요한 종업원 보상수단이 되는 배경을 설명하라.

스톡옵션은 주주와 경영자 또는 경영자와 종업원 사이의 대리인문제(agency problem)를 해결하는 수단이 된다. 주주와 경영자 사이의 대리인문제를 해결하기 위한 수단으로서 경영자에 대한 보수를 기업의 실적에 연계하는 제도가 활용되고 있는바, 회계실적에 연계하는 방법과 더불어 주가에 연계하는 스톡옵션은 현대 기업의 주요한 보상수단으로 자리매김하고 있다.

스톡옵션을 통하여 기업가치증진을 도모하는 경우 기업특성에 따라 차등적 성과가 있는 것으로 보인다. 즉, 첨단산업일수록, 연구개발 투자성향이 높을수록, 성장성이 높을수록, 위험수준이 높을수록, 전문경영자가 경영할수록 스톡옵션이 대리인비용을 감소시키고 기업가치를 증진시키는 효과가 큰 것으로 나타났다.

과거 미국에서는 스톡옵션을 손익계산서에 비용으로 처리하든, 관련 내용을 주석으로만 공시하든 회사가 선택할 수 있었다. 그러나 일부 기업(Coca-Cola, General Motors, General Electric 등)은 2003년부터 자발적으로 비용으로 처리하겠다고 발표하고 있으나 일부 첨단기업(high-tech)은 여전히 비용처리에 반대하고 있다. 이들의 반대이유는 주가하락과 자본조달비용의 상승으로 인한 경영압박 등의 재무적 요인 이외에 성장산업분야에서 유능한 인재를 확보하는 수단으로서의 스톡옵션의 순기능이 비용처리로 인해 중대한 제약을 받는다는 것이다. 즉 스톡옵션의 회계처리가 어떻게 이루어지는지에 따라 스톡옵션의 이용빈도가 결정될 수 있다는 의미이다. 실제로 2004년 이전에는 미국기업 중 스톡옵션의 비용처리가 의무화된다면 더 이상 스톡옵션제도를 유지하는 것이 어렵다는 기업이 많았다.

FASB가 기업의 입장을 두둔한 것은 기업과 의회 등으로부터의 압력 때문이었다. FASB는 일찍이 스톡옵션을 비용처리하는 방안을 제시하였으나 실리콘 밸리의 IT기업 등의 거센 반발에 부딪쳤다. 결국 FASB는 외압에 못 이겨 스톡옵션 관련사항을 주석공시로 허용하는 선에서 타협하였다. 그러나 FASB는 2004년 스톡옵션의 비용인식을 의무화하고, 공정가치로 보상원가를 측정하도록 하였다.

7 첨단업종 기업평가에서 기업수명주기상의 시차별 차이를 설명하라.

신경제의 환경에서 기업활동의 주요 요소로 떠오른 연구개발, 무형자산, 고객 및 이해관계자와의 관계 등은 거래개념(transaction based)에 기초한 전통회계모형에서는 일반적으로 회계인식의 대상이 되지 않는다. 따라서 이러한 첨단기업에 있어서는 회계수치와 기업가치의 관계가 왜곡되기 쉽다.

첨단기업의 경우 초기단계에서 발생하는 R&D 지출이 대부분 비용처리됨으로써 이익을 창출하는 것이 매우 어렵다. 따라서 R&D 지출이 발생하는 당기의 이익은 낮게 보고되고, 미래 기간의 이익은 높게 보고되는 결과를 가져온다. 이에 따라 자기자본이익률(return on equity : ROE)도 사업 초기에는 과소계상되다가, 사업 초기를 지나 성장단계, 즉 수익의 창출이 가시화되는 단계에서는 과대계상되기 쉽다. 왜냐하면 ROE는 자본대비 이익의 비율로서 초기에는 이익이 지나치게 과소계상되어 ROE가 과소계상되는 반면, 성장기에는 대부분의 무형자산이 배제된 자본이 실제자본보다 과소계상되어 ROE는 과대계상된다. 아래의 〈표〉는 이러한 내용을 요약하여 보여준다.

〈표〉 전통회계모형에 의한 첨단기업의 단계별 수익성평가

시간경과 / 회계지표	사업초기	사업의 성숙기
R&D	대부분 비용처리	비용처리의 누적으로 자본의 과소표시
ROE	과소계상	과대계상

전통회계모형을 따를 경우, 일반적으로 첨단기업은 사업의 초기단계에서는 수익력이 과소표시되어 자본조달비용이 필요 이상으로 높아지는 반면, 성숙단계에서는 수익력이 필요 이상으로 과대표시되어 시장평가에 혼란을 가져올 가능성이 있다. 또한 첨단업종일수록 사업 초기에 회계이익을 시현하는 것이 매우 어려워 자금조달이나 인재확보 등에 어려움을 겪고 있다. 이러한 현실을 반영하여 첨단업종에서 스톡옵션(stock option)이 경영자나 종업원의 보상수단으로 각광받는 이유가 있다.

CHAPTER

5 무형자산

1 무형자산 인식기준의 변화를 설명하라.

IFRS의 도입으로 전반적으로 무형자산의 인식이 확대되었다는 연구결과가 주류를 이루고 있다. 예를 들면 우리나라의 경우 과거 기업회계기준에서는 무형자산의 인식요건으로 미래경제적효익의 유입가능성이 “매우 높은” 경우로 되어 있었으나, K-IFRS 제1038호 “무형자산”에서는 “높은” 경우로 완화되어 무형자산 인식의 범위 및 가능성이 높아졌다. 강선민 등(2008)은 영국과 호주 기업의 경우 무형자산 인식기준의 완화와 영업권의 상각 폐지로 무형자산이 대폭 증가하였다고 보고하였다. EU와 같이 2005년에 IFRS를 도입한 호주의 경우 도입 이전에 비해 도입 이후 무형자산이 장부가액에서 차지하는 비중이 43%에서 65%로 급증하였다. 또한 10개국, 1,855개 EU기업을 조사한 Boulerne and Sahut(2010)에 따르면 IFRS 도입 이후 영업권을 포함한 무형자산은 평균 23% 증가하였다.

2 R&D의 회계처리와 관련하여

(1) 회계처리방법의 종류를 설명하라.

연구개발비(R&D cost)는 기술집약적 기업의 가치창조에 핵심적인 역할을 할 수 있는 활동이지만, 미국의 회계처리는 이를 무시하고 발생시에 모두 비용처리하도록 함으로써 관련 상황에 따라 서로 다른 회계처리가 불가능하다. 따라서 이는 제13장에서 후술하는 획일적 통일성의 예이다. 그러나 IFRS는 내부적으로 창출된 무형자산이 인식기준을 충족하는지를 평가하기 위해서 무형자산의 창출과정을 연구단계와 개발단계로 구분한다.

연구단계에서 발생한 모든 지출은 발생한 기간의 비용으로 인식한다. 개발단계에서 발생한 지출은 무형자산의 인식기준을 모두 충족할 경우에는 자산으로 인식하고, 그 외에는 발생한 기간의 비용으로 인식한다. 개발단계는 연구단계보다 훨씬 더 진전되어 있는 상태이기 때문에 프로젝트의 개발단계에서는 무형자산을 식별할 수 있으며, 그 무형자산이 미래경제적효익을 창출할 것임을 입증할 수 있다.

연구단계에서의 회계처리는 획일적 통일성의 사례이고, 개발단계에서의 회계처리는 범위별 통일성의 사례로 볼 수 있다. 따라서 연구개발과 관련한 회계처리는 미국의 기준이 획일적 통일성으로 간주되는 반면 IFRS의 규정은 범위별 통일성에 보다 가까운 것으로 평가된다.

(2) 회계처리방법에 따라 주가에 차이가 있는가?

연구개발비가 비용으로 처리되든 자산으로 처리되든 자본시장의 효율성이 확보된다면 기업가치(주가)에는 차이가 없다. 즉 시장은 회계처리 이전의 경제적 실질에 따라 합리적으로 반응하기 때문에 기대현금흐름에 차이가 없는 외관상의 회계처리 차이는 주가에 차이를 가져오지 못한다. 그러나 자본시장의 효율성이 후퇴한 상황에서는 연구개발비의 회계처리 차이가 기업가치(주가)에 영향을 미칠 수 있는 가능성이 열린다.

(3) 회계기능의 종류별로, 위의 결과가 회계에 미치는 영향에 차이가 있는가?

연구개발비가 가치창조에 기여하는 항목이라면 자산으로 인식하여 장부가액을 증대시켜주는 방법이 획일적으로 비용처리하는 것보다 바람직한 회계처리방법이 된다. 왜냐하면 연구개발비를 비용으로 처리하는 경우 장부가액은 과소계상되나 미래의 초과이익이 과대계상되어 회계수치를 이용하여 기업가치를 표시하는 데에는 아무 지장이 없지만 자산으로 처리된 상황보다 긴 예측기간(longer horizon)을 필요로 하는 초과이익의 비중이 커지므로 바람직한 방법이 아니라는 주장이다. 이러한 상황에서 일정조건을 충족하면 연구개발비를 자산으로 인식하는 범위별 통일성은 설득력을 갖게 된다. 정혜영 등(2003)은 우리나라에서 자산화된 개발비 정보는 물론 비용처리된 경상개발비 정보 역시 R&D 비중이 높은 산업에서 자산성이 관찰된다고 보고하고 이러한 분석결과는 자산화 논쟁이 일고 있는 미국 같은 나라에 유용한 참고가 될 것으로 전망된다.

3 무형자산으로 처리할 수 있는 가상자산의 범위와 회계처리방법을 설명하라.

가상자산은 분산원장기술(Distributed Ledger Technology : DLT)을 기반으로 디지털 형태로 존재하며, 거래, 가치저장, 자본조달 등의 목적으로 사용된다. 가상자산은 무형자산으로 분류되기 위해 다음의 조건을 충족해야 한다.

① 보안을 위해 암호화되어 분산원장에 기록되어야 한다.

② 관할기관이나 다른 당사자에 의해 발행되지 않아야 한다.
③ 보유자와 타 당사자 간에 계약을 발생시키지 않는 자산이어야 한다.
④ 가상자산이 무형자산으로 분류되기 위해서는 자산에서 발생하는 미래경제적효익이 기업에 유입될 가능성이 높아야 하며, 취득원가를 신뢰성 있게 측정할 수 있어야 한다.

가상자산의 회계처리는 다음과 같은 방식으로 이루어진다.

먼저, 가상자산은 최초 취득원가를 기준으로 측정된다. 다음으로 후속측정이 이루어진다. 후속측정은 원가모형과 재평가모형으로 구별된다. 원가모형은 취득원가에서 감가상각 및 손상차손누계액을 차감한 금액으로 평가한다. 재평가모형은 활성화된 시장의 공정가치를 기준으로 재평가한다.

추가적으로, FASB의 ASU 2023-08에 따르면, 가상자산은 공정가치로 평가되어야 하며, 공정가치 변동은 매 보고기간 손익에 반영된다. 이는 기존 원가 기반 측정을 보완하여 평가투명성을 높이고, 투자자에게 신뢰성 있는 정보를 제공한다.

4 현대자동차의 베르나(Verna) 보증서에는 다음과 같은 문구가 있다.

> "보증기간은 신차출고일로부터 적용되며 기간 또는 주행거리 중 먼저 도래한 것을 보증기간의 만료로 간주합니다"

구 분	보증수리기간
차체 및 일반부품	2년, 40,000km
엔진 및 동력계통	3년, 60,000km
냉, 난방장치	1년

(1) 위의 보증수리기간이 의미하는 바를 전통적 감가상각의 표현충실성과 관련지어 설명하라.

전통적으로 감가상각은 원가의 배분과정이지 자산의 재평가과정은 아닌 것으로 정의되어 왔다. 그러나 기술환경의 변화 및 공정가치평가를 통한 가치평가기능의 강화 등으로 이러한 전통적인 감가상각의 정의는 심각한 도전을 받고 있다. 자산의 경제적 가치감소 요인을 표시하면 아래와 같다.

$$\text{가치감소} = f(\text{시간경과, 사용량, 기술발전, 의도적 진부화, 선호 변화, } \cdots)$$

그런데 전통적인 감가상각방법, 예를 들면 정액법, 정률법, 연수합계법 및 이중체감법은 가치감소를 오로지 시간경과의 함수로 인식하고 있는 반면 생산량비례법은 오로지 사용량의 함수로 인식하고 있다. 따라서 이러한 감가상각방법은 자산가치감소의 일정부분만을 인식하는 데다 가치감소요인에 대한 복합적 고려를 하지 못하는 한계가 있다. 실제로 가치감소요인 중 시간경과와 사용량에 의한 물리적 가치감소의 비중은 줄어들고 기술발전이나 소비자의 선호도 변화 등에 의한 기능적 가치감소의 비중은 늘어나는 현실이지만, 그나마 시간경과와 사용량을 동시에 고려하는 방법(예를 들면 시간과 거리에 따라 택시요금이 결정되는 것과 같다)도 개발되지 않고 있다. 전통적 감가상각은 기간이나 사용량에 따른 상각을 의미하나 본 사례는 사용량과 시간의 변수 중에서 먼저 도래한 시점에 무상서비스의 종료를 알린다.

(2) 감가상각기법에서는 기간이나 주행거리 중 하나만을 고려하는 것이 보통인 데 비해 자동차메이커가 기간과 주행거리를 동시에 고려하는 이유는 무엇인가?

개별기업에 있어 감가상각비보다는 자동차메이커에 있어 무상서비스 비용이 보다 더 중요하기 때문이다. 즉 표현충실성의 부족이 미치는 영향은 개별기업의 감가상각비나 감가상각누계액보다 자동차메이커의 무상서비스 비용이 더 크다는 것이다. 예를 들어 개별기업은 정액법에 의한 감가상각을 하는 경우 주행거리를 고려하지 않지만, 자동차메이커는 A/S 정책으로 주행거리를 고려해야 한다. 또한 개별기업은 사용량비례법에 따라 감가상각을 하는 경우, 시간경과를 고려하지 않지만, 자동차메이커는 A/S 정책으로 시간도 고려해야 한다.

(3) 자동차보유자는 부품별 감가상각을 하지 않는 것이 일반적이나 자동차메이커는 A/S 정책으로 이러한 부품별 감가상각의 개념을 도입하는 이유는 무엇인가?

개별기업의 경우 부품별 감가상각을 하지 않는 것은 부품별 감가상각이 타당할 만큼의 중요성이 없기 때문이다. 그러나 자동차메이커는 부품별 내구력과 중요도에 따라 무상보증서비스의 대상별로 조건에 차이를 두는 것이 당연하고 매우 중요하다.

(4) 원가모형에서 감가상각으로 포착되지 않는 유·무형자산의 경제적효익의 감소에 대한 회계인식은 어떻게 이루어지는가? K-IFRS에 있는 구체적인 사례를 들어 설명하라.

IFRS에서 유형 및 무형 자산의 취득 후 원가모형(cost model)과 재평가모형(revaluation model) 중 하나를 선택하도록 한 것은 자산의 가치감소를 나타내는 데 있어 표현충실성의 한계를 드러낸 감가상각기법에만 의존하지 않고, 재평가를 통해 가치변동분을 인식하려는 노력이 반영된 것으로 보인다. 이는 공정가치에 의한 평가항목의 확대를 추구하는 IFRS의 모습이 반영된 또 다른 사례로 평가된다. 다만 원가모형에서는 원가에 의한 인식을 기초로 하여 감가상각을 진행하고 회수가능액이 장부가액에 못 미치는 경우에는 손상차손을 인식한다. 다만 손상차손이 회복되어도 당해자산의 손상차손이 인식되지 않았을 경우의 감가상각 후 장부가액까지만 손상차손환입(당기수익)을 인정하는 제한이 있다. 이는 원가모형의 기조인 취득원가를 상회할 수 없다는 원칙에 따른 것이다.

5 기업의 brand 가치를 소개한 Business Week(2001.8.6)에는 다음과 같은 문구가 있다.

> "Nothing contained in the valuations should be relied upon as a promise or representation as to the future prospects of the brands or companies"

(1) 이러한 단서조항이 회계에서 시사하는 바는 무엇인가?

무형자산이 자산성을 갖고 있더라도 자산으로 인식되지 못하는 중요한 이유는 그 측정상의 불확실성 때문이다. 무형의 가치가 외부로부터 구입된다면 자산으로 인식된다. 그러나 내부창출 무형자산(internally-generated intangible asset)의 경우에는 다음과 같은 이유 때문에 자산으로 인식되지 못하는 경우가 많다.

1. 가치창조가능성 여부

내부에서 창출됐다는 이유만으로 무형자산이 인식되지 않는 것은 아니다. 그보다는 투입가치의 실현여부가 매우 불확실하다는 점이다. 이는 유형자산의 내부제작과는 다르다. 즉 원가의 발생에 따른 기대효익의 실현가능성 자체가 매우 낮거나 불확실하다. 따라서 투입원가와 기대효익의 인과관계(causal link)의 성립가능성 자체가 불확실한 경우가 많다.

2. 투입원가와 기대효익의 시차성

투입원가와 기대효익의 인과관계(causal link)의 성립가능성 자체가 불확실하다는 점 이외에 그 성립이 가능하다 하여도 상당한 시차를 두고 나타나는 것이 일반적이다. 이는 기술적 가능성(technical feasibility)으로부터 상품화 이행(commercial implementation)에 적지 않은 시차와 추가원가의 투입이 요구된다는 점을 의미한다.

이상의 요인을 종합하면 현행 회계기준하에서는 무형자산의 미래 가능한 효익(future benefits) 자체를 측정하여 자산으로 인식하는 것이 현실적으로 어렵다는 점을 의미한다. 따라서 현행 회계모형의 측정방식으로는 무형자산의 잠재력을 계량화하기 어렵다. 이러한 한계를 극복하기 위한 방법으로 예를 들면 ASOBAT(1966, AAA, p. 65)에서는 재고자산을 $1,040,800± 200,000로(95% 신뢰수준에서) 표시하는 예를 제시하면서 회계정보는 각각의 용도에 따라 사용목적이 다를 수 있으므로 평가의 다양성(multiple valuations)을 통한 다차원적인 회계(multi-dimensional aspects of accounting)의 개념을 도입할 필요성을 언급하고 있다. 구간(range)에 의한 측정 · 보고는 점 추정에 비해 검증가능성을 약화시키지만 표현충실성이나 목적적합성을 증가시켜 가치평가기능의 관점에서 회계정보의 유용성을 증가시킬 가능성이 있다. 즉 무형자산의 자산성을 중시할 것인가 아니면 측정상의 확실성을 중시할 것인가에 따라 회계처리의 지침이 달라지게 되는데, 궁극적으로 어떤 방법에 의한 회계정보가 더 유용한 것인지는 쉽게 판단할 수 없다. 다만 가치평가기능을 중시하는 투자자는 무형자산으로서의 속성을 갖는 항목을 자산으로 과감히 인식하거나, 시가평가에 의한 정보를 확대하자고 주장한다. 이는 가치관련성(value relevance)을 갖는 회계정보의 인식의 확대로 요약된다.

자산에서 유입되는 미래경제적효익을 확보할 수 있고 그 효익에 대한 제3자의 접근을 제한할 수 있다면 기업이 자산을 통제하고 있는 것이다. 무형자산의 미래경제적효익에 대한 통제능력은 일반적으로 법원에서 강제할 수 있는 법적 권리에서 나오며, 법적 권리가 없는 경우에는 통제를 증명하기 어렵다. 그러나 다른 방법으로도 미래경제적효익을 통제할 수 있기 때문에 권리의 법적 집행가능성이 통제의 필요조건은 아니다.

시장에 대한 지식과 기술적 지식에서도 미래경제적효익이 발생할 수 있다. 이러한 지식이 저작권, 계약상의 제약이나 법에 의한 종업원의 기밀유지의무 등과 같은 법적 권리에 의하여 보호된다면, 기업은 그러한 지식에서 얻을 수 있는 미래경제적효익을 통제하고 있는 것이다.

기업은 숙련된 종업원으로 구성된 팀을 보유할 수 있고, 교육훈련을 통하여 습득된 미래경제적효익을 가져다줄 수 있는 종업원의 기술향상을 식별할 수 있다. 기업은 또한 그러한 숙련된 기술을 계속하여 이용할 수 있을 것으로 기대할 수 있다. 그러나 기업은 숙련된 종업원이나 교육훈련으로부터 발생하는 미래경제적효익에 대해서는 일반적으로 무형자산의 정의를 충족하기에는 충분한 통제를 가지고 있지 않다. 이와 유사하게 특정 경영능력이나 기술적 재능도 그것을 사용하여 미래경제적효익을 확보하는 것이 법적 권리에 의하여 보호되지 않거나 무형자산 정의의 기타 요건을 충족하지 않는다면 일반적으로 무형자산의 정의를 충족할 수 없다.

기업은 고객구성이나 시장점유율에 근거하여 고객관계와 고객충성도를 잘 유지함으로써 고객이 계속하여 거래할 것이라고 기대할 수 있다. 그러나 그러한 고객관계나 고객충성도를 지속할 수 있는 법적 권리나 그것을 통제할 기타 방법이 없다면 일반적으로 고객관계나 고객충성도에서 창출될 미래경제적효익에 대해서는 그러한 항목(예 : 고객구성, 시장점유율, 고객관계와 고객충성도)이 무형자산의 정의를 충족하기에는 기업이 충분한 통제를 가지고 있지 않다. 그러나 고객관계를 보호할 법적 권리가 없는 경우에도, 동일하거나 유사한, 비계약적 고객관계를 교환하는 거래(사업결합과정에서 발생한 것이 아닌)는 고객관계로부터 기대되는 미래경제적효익을 통제할 수 있다는 증거를 제공한다. 그러한 교환거래는 고객관계가 분리가능하다는 증거를 제공하므로 그러한 고객관계는 무형자산의 정의를 충족한다.

(2) 유형자산과 무형자산 사이에 이러한 단서조항이 차별적으로 적용될 수 있는 이유는 무엇인가?

내부에서 창출됐다는 이유만으로 무형자산이 인식되지 않는 것은 아니다. 그보다는 투입가치의 실현여부가 매우 불확실하다는 점이다. 이는 유형자산의 내부제작과는 다르다. 즉 원가의 발생에 따른 기대효익의 실현가능성 자체가 매우 낮거나 불확실하다. 따라서 투입원가와 기대효익의 인과관계(causal link)의 성립가능성 자체가 불확실한 경우가 많다. 유형자산에는 위의 단서조항 같은 것이 없지만 무형자산에는 일반적이다.

6 전통적인 감가상각이 갖는 문제에는 어떤 것이 있는가?

전통적으로 감가상각은 원가의 배분과정이지 자산의 재평가과정은 아닌 것으로 정의되어 왔다. 그러나 기술환경의 변화 및 공정가치평가를 통한 가치평가기능의 강화 등으로 이러한 전통적인 감가상각의 정의는 심각한 도전을 받고 있다. 자산의 경제적 가치감소 요인을 표시하면 아래와 같다.

$$\text{가치감소} = f(\text{시간경과, 사용량, 기술발전, 의도적 진부화, 선호 변화, } \cdots)$$

그런데 전통적인 감가상각방법, 예를 들면 정액법, 정률법, 연수합계법 및 이중체감법은 가치감소를 오로지 시간경과의 함수로 인식하고 있는 반면 생산량비례법은 오로지 사용량의 함수로 인식하고 있다. 따라서 이러한 감가상각방법은 자산가치감소의 일정부분만을 인식하는 데다 가치감소요인에 대한 복합적 고려를 하지 못하는 한계가 있다. 실제로 가치감소요인 중 시간경과와 사용량에 의한 물리적 가치감소의 비중은 줄어들고 기술발전이나 소비자의 선호도 변화 등에 의한 기능적 가치감소의 비중은 늘어나는 현실이지만, 그나마 시간경과와 사용량을 동시에 고려하는 방법(예를 들면 시간과 거리에 따라 택시요금이 결정되는 것과 같다)도 개발되지 않고 있다.

7 원가모형과 재평가모형을 비교하여 설명하라. 또한 (1) 손상차손의 환입이 평가유형별로 어떤 차이가 있는지 설명하고, (2) 영업권의 손상차손 회계처리가 다른 자산의 그것과 구별되는 점은 무엇인가?

(1) 원가모형은 원가에 의한 인식을 기초로 하여 감가상각을 진행하고 회수가능액이 장부가액에 못 미치는 경우에는 손상차손을 인식한다. 다만 손상차손이 회복되어도 당해자산의 손상차손이 인식되지 않았을 경우의 감가상각 후 장부가액까지만 손상차손환입(당기수익)을 인정하는 제한이 있다. 이는 원가모형의 기조인 취득원가를 상회할 수 없다는 원칙에 따른 것이다. 재평가모형은 재평가일의 공정가치를 기준으로 평가한다. 이때의 감가상각은 먼저 자산을 재평가액으로 조정하고, 그에 상응하는 감가상각을 전진적으로 처리한다. 재평가모형은 공정가치에 의한 평가를 기조로 하기 때문에 앞서 원가모형과 달리 재평가손실회복에 대한 제한이 없다.

(2) 영업권은 다른 자산과 달리 상각을 하지 않고 손상차손을 직접 평가한다. 또한 영업권의 손상차손은 환입하지 않는다.

8 유・무형자산의 재평가와 기타포괄손익-공정가치측정(FVOCI)금융자산의 재평가와 관련하여,

(1) 공통점과 차이점을 서술하라.

유・무형자산은 재평가가 옵션인 데 비해 기타포괄손익-공정가치측정(FVOCI)금융자산의 재평가는 기말에 필수적으로 해야 한다. 또한 유・무형자산의 재평가이익은 기타포괄손익인 데 비해 재평가손실은 당기손실이다. 그러므로 재평가이익과 재평가손실이 모두 기타포괄손익으로 처리되는 기타포괄손익-공정가치측정(FVOCI)금융자산의 경우와 다르다. 한편, 유・무형자산의 재평가잉여금은 재분류의 대상이 아닌 데 비해 기타포괄손익-공정가치측정(FVOCI)금융자산 중에서 채권의 경우에는 재분류가 가능하지만 지분증권(주식)의 경우에는 재분류의 대상이 아니다.

〈표〉 유・무형자산의 재평가 vs 기타포괄손익-공정가치측정(FVOCI)금융자산의 재평가

	유・무형자산의 재평가	FVOCI의 재평가
차이점	• 재평가이익은 기타포괄손익, 재평가손실은 당기손익 • 재평가잉여금은 재분류대상이 아님 • 반드시 결산일에 수행해야 하는 것은 아님	• 재평가이익과 재평가손실 모두 기타포괄손익 • 채권의 경우 재평가손익 모두 재분류대상이지만, 주식의 경우에는 재분류대상이 아님 • 결산일에 수행

(2) 유・무형자산의 재평가를 보수주의적 규정이라고 볼 수 있는가? 볼 수 있다면 그 이유를, 볼 수 없다면 그 이유를 서술하라.

유・무형자산의 재평가에서 재평가이익은 기타포괄손익인 데 비해 재평가손실은 당기손실로 처리하는 것은 보수주의적 회계처리라고 볼 수도 있다. 그러나 재평가이익으로 나타나는 재평가잉여금은 재분류의 대상이 아니므로 나중에 실현이 되어도 당기손익에 가산되지 않는다. 즉 재평가이익(재평가잉여금)은 영원히 손익계산서에 나타나지 않는다. 따라서 이는 보수주의가 아니다. 보수주의란 불확실성에 대비하기 위해 또는 경영자의 낙관적 태도를 견제하기 위해 수익의 실현을 확실해질 때까지 늦추자는 것이지 실현된 수익까지 무시하자는 것은 아니기 때문이다. 따라서 재평가잉여금이 재분류대상이 아닌 것은 보수주의적 회계처리가 아니라 회계이익의 범위와 관련된 문제이다(이는 재고자산의 평가손실과는 다르다. 즉 재고자산의 평가손실은 인식하지만 평가이익은 인식하지 않는다 하여도 재고자산이 팔리면 실현손익은 모두 당기손익으로 인식되기 때문이다). 환언하면 IFRS에서 유・무형자산의 재평가이익을 당기손익에 포함시키지 않고 기타포괄이익에 처리하는 것은 이 부분이 기업가치평가(equity valuation)에는 필요한 정보이기 때문에 총포괄이익에는 포함되지만, 경영자의 실적평가(management performance evaluation)와는 관련이 없다고 보아서 당기손익에서는 배제하는 것이다. 그런데 이는 사용자(주주)의 관점일 뿐 경영자의 입장은 다를 수 있다.

왜냐하면 경영자의 입장에서는 재평가이익은 실현이 되어도 실적지표(이익)에서 빠지지만 재평가손실은 실현되기도 전에 실적지표에 포함되기 때문이다. 따라서 이러한 회계규정에 경영자는 불만이 있을 수 있다.

9 Celtic과 Everton의 무형자산 회계처리를 비교하여 설명하라.

인적자원회계(human resource accounting)는 무형자산과 관련이 깊은 분야이다. 인적자원의 회계처리가 이슈가 되는 사례는 프로스포츠 구단을 들 수 있다. 예를 들면 프로축구단의 실질적인 자산은 보유선수인데, 우수선수를 자기구단에 등록시키기 위해 이적료(transfer fee)를 지급하는 경우, 이의 회계처리가 문제가 될 수 있다. 영국의 경우 1997년에 도입된 FRS(Financial Reporting Standard) 10, "Accounting for Goodwill and Intangible Assets"이 제정되기 전에는 지급이적료의 회계처리를 선택할 수 있었다. 즉 R&D와 유사하게 지급이적료도 자산 또는 비용으로 선택해서 처리할 수 있었다. 그러나 지금은 FRS 10에 따라 지급이적료는 무형자산으로 처리해야 한다. 왜냐하면 지급이적료는 외부에서 구입한(purchased) 무형자산으로 볼 수 있기 때문이다. 아래의 〈표 1〉은 프로축구단에서 선수의 영입과 유지에 필요한 다양한 지출항목을 표시한 것이다.

〈표 1〉 프로축구단의 선수 영입/유지관련 지출항목

항 목	설 명
transfer fee	이적료
agent's fee	선수이적업무를 대행하는 대리인 수당
contingent appearance fee	계약에 명시된 숫자 이상의 게임에 출전시 수당
signing on fee	전속계약금
loyalty bonus	일정기간까지 팀에 남아 있을 때 지급하는 보너스

차두리, 기성용 선수가 뛰었던 Scottish Premier League의 Celtic은 재무제표를 IFRS에 따라 작성하는 몇 안 되는 프로축구팀이다. 왜냐하면 Celtic의 주식은 London Stock Exchange에 상장되어 있어 IFRS에 의한 재무제표 작성이 요구되기 때문이다. 반면, English Premier League의 Everton은 비상장기업으로 재무제표 작성시 IFRS를 반드시 적용할 필요가 없다. 다음의 〈표 2〉는 Celtic과 Everton의 재무상태표상의 무형자산을 비교표시한 것이다.

Celtic과 Everton의 선수가치에 관한 무형자산의 비교는 IFRS에 의한 인적자원회계분야에서의 변화를 시사하고 있다. 첫째, UK GAAP를 따르는 Everton은 이적료와 대리인수당은 무형자산으로 인식하고 contingent appearance fee, signing on fee 및 loyalty bonus는 당기비용으로 처리하는 데 비해, IFRS를 따르는 Celtic은 이들을 포함하는 모든 직접비용을 무형자산으로 인식하여 UK GAAP보다 선수가치에 대한 무형자산의 인식범위가 확대되는 경향을 보인다. 둘째, IFRS에서는 인식된 무형자산의 상각 이외에도 손상차손의 판단을 위해 UK

〈표 2〉 Celtic vs Everton 무형자산 회계처리 비교

	Celtic	Everton
적용기준	IFRS	UK GAAP
무형자산의 범위	선수영입과 유지에 필요한 모든 직접비용. 즉 앞의 〈표 1〉의 모든 항목이 인식가능	transfer fee와 agent's fee를 포함하는 선수등록비용. 그러나 contingent appearance fee, signing on fee, loyalty bonus는 무형자산이 아니라 비용으로 처리
무형자산의 상각	선수계약기간에 걸쳐 상각	선수계약기간에 걸쳐 상각
무형자산의 손상차손	재무상태표일에 아래의 요인을 고려하여 손상차손 결정 • 감독의 다음 시즌 선수기용 의지 • 선수의 지난 시즌 업적 • 선수에 대한 타구단의 관심과 이적료 지급가능성 • 축구산업의 업종전망 • 선수의 향후 계획과 장래 의지 • 선수의 포지션 수용능력 • 선수의 계약만료일	없음

GAAP에서는 찾아볼 수 없는 보다 자세하고 실질적인 요인이 고려되고 있음을 보여준다. 즉 전술한 대로 지급이적료, 대리인수당, 전속계약금, 출전수당 및 loyalty bonus 등으로 이루어진 선수가치에 따른 무형자산의 실질가치를 부상이나 기여도 등과 같은 과거업적지표뿐만 아니라 향후 선수전망과 업종전망 등의 미래 불확실성 요인 등과 비교하여 매년 점검하고 손상차손의 인식이 필요하면 이를 인식해야 한다.

10 최근 들어 영업권의 상각(goodwill amortization)이 부활의 조짐을 보이고 있는 상황을 설명하라.

본문에서 영업권의 회계처리가 과거의 "상각 및 손상차손(amortization and impairment)" 접근법에서 현재의 "오로지 손상차손(impairment-only)" 접근법으로 바뀌게 된 배경을 언급하였다. 이는 2001년부터 FASB가 주도하고 IASB가 동의하여 영업권의 상각을 금지하고 오로지 손상차손만을 도입함으로써 무형자산에 대한 공정가치개념의 평가를 확대하는 추세에 따른 것이다. 그러나 기업결합시점에서 영업권을 공정가치로 측정하고, 손상차손검사를 매년 실시하는 것은 쉬운 일이 아니다. 더욱이 상당수의 이해관계자와 회계정보이용자는 현재의 규정이 야기하는 비용(cost), 시간소비(time consuming), 복잡성(complexity) 및 주관성(subjectivity)에 대해서는 불만을 드러내는 반면, 의사결정유용성에 대해서는 그 불만을 잠재울 만큼 높지 않다는 대체적인 합의에 이르렀다.

1. FASB의 움직임

이에 따라 FASB는 비상장기업(private company)에 대해 2014년 1월에 영업권의 손상차손검사 대신에 10년 내의 정액법(straight-line basis) 상각을 허용하였다. 또한 종전에 매년 실시하도록 요구하던 손상차손검사를 결정적 사건(triggering event)이 있을 때에만 실시하도록 요구하고 더욱이 이 경우에도 필요 이상으로 복잡하다고 여겨진 종전의 보고단위차원(reporting-unit level)[1] 대신에 기업전체차원(entity level)에서 손상차손검사를 할 수 있도록 허용하였다.

또한 FASB는 2014년 12월에 종전 기업결합회계에서 영업권과 별도로 인식해야 했던 아래의 무형자산은 아예 인식하지 않을 수 있는 선택권도 추가로 인정하였다. 이는 무형자산의 일부를 영업권에 포함시켜 인식하는 것을 허용하는 것으로서 향후 영업권과 무형자산의 회계처리에 미칠 영향이 주목된다.

- 고객관련 무형자산(customer-related intangible assets)
- 비경쟁적 협약(noncompetition agreements)

한편 위의 대안(alternative)을 선택하는 기업은 반드시 영업권을 상각(amortize)하도록 하였다. 이러한 움직임은 2001년 이후 FASB가 주도했던 영업권에 대한 "상각 대신 손상평가"라는 원칙을 사실상 포기한 것으로 해석된다. 이러한 결정은 공정가치에 의한 무형자산 및 영업권의 평가 및 후속적인 손상차손검사가 의사결정유용성에 기여하는 바가 기대보다 크지 않은 데다 관련비용 및 복잡성만 늘어난 것 같다는 회계정보 이해관계자집단의 불만과 집단민원에 FASB가 동의함으로써 옛날 방식으로의 복귀(returning to old regime)로 보인다.

이상의 조치는 비록 비상장기업에 대한 조치이기는 하지만 FASB의 움직임이 앞으로 상장기업이나 비영리조직까지 확대될 가능성이 높은 것으로 전망되고 있다. 왜냐하면 2013년 11월 25일 FASB는 상당수의 상장기업(public company) 및 비영리조직(not-for-profit organization)에서도 영업권의 손상차손검사에 따른 비용과 복잡성에 대한 불만이 상당함을 인정하여 이를 토의현안(agenda)에 포함시켰고, 2016년 5월 12일에는 첫 번째 단계로 손상차손검사를 간단하게 하는 exposure draft를 공표한 후 2017년 1월에는 Accounting Standards Update No. 2017-04를 통해 가상의 인수합병에서 결정되는 공정가치 대신 현재의 장부금액을 손상차손검사의 기준금액으로 이용할 수 있도록 하여 손상차손검사를 대폭 단순화시켰기 때문이다.

2. IASB의 움직임

IASB도 이 문제를 2013년에 "Post-implementation review of IFRS 3"라는 프로젝트에서 다루고 있으나 FASB와는 달리 현재의 "상각 대신 오로지 손상차손모형(no amortization, impairment only)"의 골격을 유지하면서 손상차손의 번거로운 절차만을 단순화하려는 의견

---

1) K-IFRS에서 말하는 현금창출단위(cash-generating unit : CGU)와 유사하다.

이 있는 것으로 판단된다. 그러나 유럽회계에서 만만치 않은 영향력을 행사하는 것으로 알려진 유럽재무보고자문회의(European Financial Reporting Advisory Group : EFRAG)가 주도하고 일본과 이탈리아의 회계기준제정기구가 참여한 프로젝트보고서(2014년 7월 발간)에서는 영업권의 상각을 복원할 것을 제안(reintroduction of goodwill amortization would be appropriate)하고 있다. 더욱이 이 보고서에 대한 Feedback Statement(2015년 2월 발간)에서도 응답자의 절대다수가 영업권상각의 복원을 지지하고 있다. 아래의 [그림]은 본 이슈에 대한 응답자의 인식분포와 후속조치를 보여주고 있다. 응답자의 여론은 압도적으로 상각의 재도입을 희망하고 있다. 그러나 IASB는 공식적으로 8 : 6의 박빙의 투표결과로 상각(amortization)을 도입하지는 않기로 결정한 반면 FASB는 2019년 7월 11일 의견조회를 공식적으로 제기하여 이 문제와 관련하여 IASB와 FASB가 서로 다른 길을 가게 될지 주목된다.

[그림] 영업권회계처리에 대한 응답자 의견분포[2)]

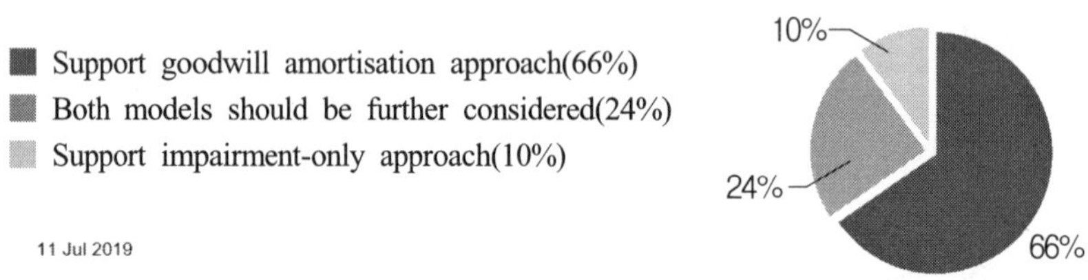

11 Jul 2019

The US standard-setter FASB has issued an invitation to comment 'Identifiable Intangible Assets and Subsequent Accounting for Goodwill', which notes that the FASB has been considering whether to change the subsequent accounting for goodwill for cost-benefit reasons. US GAAP currently requires a goodwill impairment model.

The IASB has also been discussing restoring amortisation of goodwill. In December 2017, the Board decided tentatively not to reintroduce amortisation and to focus on improving the impairment model instead. It confirmed this decision at its June 2019 meeting. However, the paper was the most heavily debated paper during the session as improving the impairment model has turned out to be very difficult, and the final decision was very close. The Board finally decided by a vote of 8 to 6 to confirm its preliminary view not to reintroduce amortisation and to retain an impairment-only model.

The FASB's invitation to comment offers a comprehensive analysis of the subsequent accounting for goodwill as well as a comparison with the IASB approach and the approach of the Japanese standard-setter ASBJ.

3. KASB의 움직임

한편 우리나라에서도 K-IFRS와 달리 일반기업회계기준에서는 영업권에 대하여 20년 이내에 정액법에 의하여 상각하도록 하고 있다. 특히 2014년 6월에는 영업권에 대한 손상차손 규정을 아예 삭제하여 상각에 의한 장부금액의 감소만을 인정하였다.

2) Feedback Statement, Responses to the Discussion Paper "Should Goodwill Still Not be Amortised? Accounting and Disclosure for Goodwill", February, 2015.

CHAPTER

6 인터넷과 회계

1 인터넷이 회계에 미치는 영향 중 긍정적인 면과 부정적인 면을 나누어 설명하라.

[그림] 인쇄물 재무보고와 인터넷 재무보고의 비교

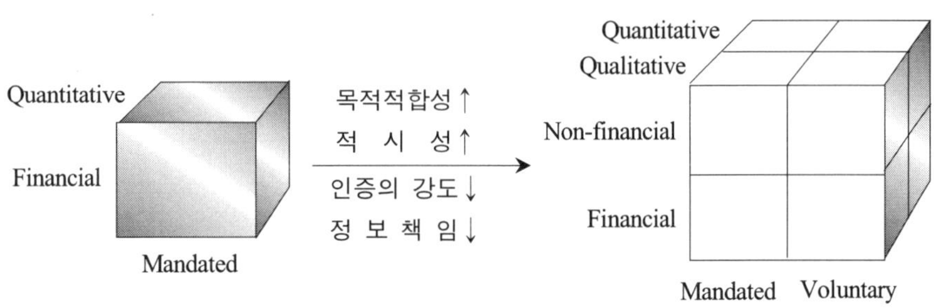

인쇄물 재무보고 인터넷 재무보고

위 [그림]의 의미는 인터넷 재무보고는 전통적인 인쇄물 재무보고가 중시하는 양적·재무적·의무적 보고항목 이외에 질적·비재무적·자발적 보고항목으로의 영역확장이 가능하다는 것이며, 이때 적시성과 목적적합성을 확보할 수 있는 반면에 감사인에 의한 인증의 강도나 정보책임에서는 문제를 야기할 수 있어 신뢰성은 떨어질 수 있다는 것이다. 따라서 인터넷은 회계영역에 긍정적인 영향뿐만 아니라 보안문제나 객관성문제 같은 도전과제도 던져주고 있다. 보안문제란 인터넷을 통해 공시되는 정보는 반드시 회사의 승인을 받은 후 공시되어야 하고 공시된 내용이 함부로 바뀌는 일이 없어야 한다는 것이며, 객관성문제란 인터넷을 통한 정보의 공시가 아직은 본격적인 규제의 대상이 아니다 보니 기업에 유리한 정보만이 공시되는 경향이 있으므로 인터넷을 통한 정보제공이 신뢰성 있는 정보채널이 되도록 규제가 필요하다는 것이다.

2 인터넷이 자본시장에서 정보확산에 기여하는 사례를 설명하라.

미국의 SEC는 분기별 보고서(Form 10-Q)와 연차보고서(Form 10-K)의 제출기한을 축소하여 2005 회계연도부터 연차보고서는 회계연도 종료 후 90일에서 60일로, 분기보고서는 분기 종료 후 45일에서 35일로 축소하였다. 또한 연차보고서는 SEC 제출 후 즉시 회사 홈페이지에 공시하도록 하였다. 이로써 인터넷을 통한 회계정보의 제공이 본격적으로 규제의 영역에 추가되어 공시내용의 신뢰성 확보문제 등에 대한 후속조치가 주목받게 되었다.

한편, Drake *et al.*(2012)은 인터넷검색기능을 통한 투자자의 정보요구와 관련한 연구를 진행하였으며, 아래의 [그림 1]은 표본기업의 분기이익공시일의 Google 검색수준을 평상시와 비교하여 보여준다. [그림 2]는 Lawrence *et al.*(2016)에서 사용된 표본기업의 분기이익공시일의 Yahoo Finance 검색수준을 평상시와 비교하여 보여준다. 두 그림 모두 분기이익공시일을 중심으로 검색빈도가 급격히 상승하고 있음을 보여주고 있다. 이러한 모습에 비추어 볼 때 인터넷이 회계정보의 검색과 전파를 위해 중요한 역할을 하는 것으로 판단된다.

[그림 1] 분기이익공시일 주변의 Google 검색수준

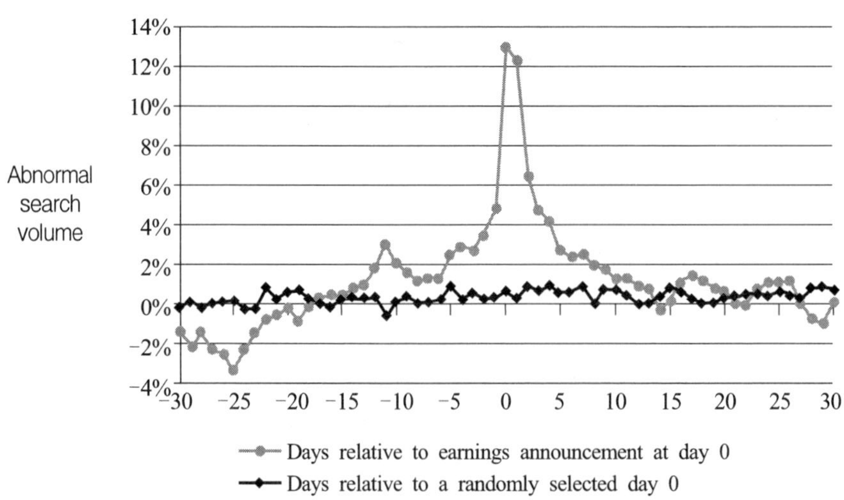

• 위 그림은 표본기업의 분기이익공시일(0) −30일부터 +30일까지의 검색수준의 변동을 보여준다. 그림에서 아래쪽의 굵은 선은 평상시의 모습을 반영한다.

[그림 2] 분기이익공시일 주변의 Yahoo Finance 검색수준

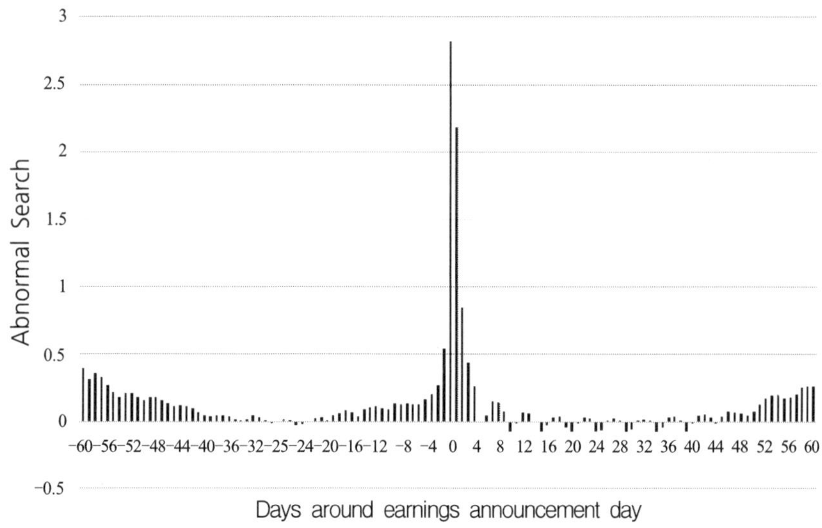

• 위 그림은 표본기업의 분기이익공시일(0) −60일부터 +60일까지의 검색수준의 변동을 보여준다.

Drake *et al.*(2012)의 연구결과에 따르면 분기이익공시일 이전에 정보검색이 활발한 기업일수록 분기이익공시시점의 주가와 거래량 반응은 낮은 것으로 나타났다. 이는 비록 회계정보의 취득을 위해 Google 검색기능을 이용하는 투자자의 대부분은 "기관투자자"라기보다는 "개미투자자(retail investors)"일 것으로 추측되지만 이러한 공시시점 이전의 정보검색기능이 분기별 회계이익공시의 정보효과(information content)를 상당부분 선점(preempt)하여 공시당일의 정보효과가 축소되는 것으로 해석된다. 이는 인터넷을 통한 회계정보의 신속하고 광범위한 전파가 자본시장의 효율성 증진에 기여하는 측면으로 판단된다. 한편 Lawrence *et al.*(2016)의 연구결과에 따르면 Google보다는 Yahoo Finance가 회계이익에 대한 반응과 주식수익률에 대한 설명력이 높은 것으로 나타나 인터넷 검색 사이트의 종류에 따라 정보전파능력 및 정보효과에 일정한 차이가 있는 것으로 나타났다.

3 비재무적 정보의 중요성과 관련하여,

(1) 비재무적 정보가 중요하게 된 계기는 무엇인가?

현대 기업환경의 특색은 다양한 가치창조활동으로 인해 비재무정보의 중요성이 커지고 있다는 점이다. 특히 비재무정보는 가치평가기능의 관점에서 더 절실히 요구된다. 왜냐하면 새로운 환경에서 활동하는 현대 기업의 중요한 가치창조동인(value drivers)의 상당수가 비재무적이거나 무형적이기 때문에 재무제표에 반영되지 못하기 때문이다. 따라서 전통회계

모형의 확장을 통해 비재무정보의 공시를 촉진하는 방향으로 개선이 요구된다.

비재무자료에는 실물자료(real data)가 있다. 실물자료는 화폐가치에 의한 평가가 이루어지지 않는 자료로서 기업의 생산능력, 제품의 구성, 종업원 및 임원의 수와 구성, 기술수준, 시장점유율, 시청률, 주문수량, 홈페이지 방문자수 등과 같은 여러 가지 양적 · 질적 자료를 들 수 있다.

그러나 이러한 비재무적 지표의 가치창조 기여도 측정에는 한계가 있는데, 그들의 상호연관성이 매우 높은 것이 보통이어서 각각의 영향력을 독립적으로 측정하기 곤란하고 때로는 잘못된 추론을 할 확률이 높기 때문에 주의가 필요하고 규제기관의 입장에서는 검증가능성의 확보를 위해 통제를 계속 유지하려는 경향이 있다.

(2) 재무제표에 인식되지 않은 비재무적 정보에 대한 대안으로 공시가 주장되고 있다. 당신은 이에 동의하는가? 동의하면 그 이유를, 반대하면 그 이유를 언급하라.

공시라는 것이 언제나 규제의 결과로만 나타나는 것은 아니다. 일부 기업이나 경영자는 다른 기업과의 차별을 위하여 또는 경영자의 능력이나 정직성을 알리기 위하여 적극적인 공시를 하기도 하는데, 이는 강제적인 규제와는 상관없이 나타날 수 있다. 즉 시장에서 평가대상자는 시장참여자가 역선택(adverse selection)의 오류를 범하지 않도록 자발적으로 정보를 공개할 유인을 가질 수 있다. 자발적 공시와 관련한 회계이슈는 경영자가 과연 어떤 동기에서 자발적 공시를 하느냐이다. 가치평가기능의 관점에서는 가치평가에 도움을 주는 정보를 제공하고자 하는 공적 동기(public motive)를 중심으로 살펴보는 반면, 계약기능의 관점에서는 사적 동기(private motive)를 중심으로 살펴본다.

Chen *et al*.(2002)은 분기별 이익을 공시할 때 재무상태표를 자발적으로 공시한 기업을 분석한 결과, 첨단기업일수록, 손실의 빈도수가 높을수록, 신생기업일수록 이익의 공시와 더불어 재무상태표정보를 자발적으로 공시할 확률이 높다고 하였다. 이는 특정업종에서 손익계산서상의 이익정보가 기업가치를 나타내는 데 적합하지 않거나 한계가 있는 경우에 재무상태표가 손익계산서를 보완할 수 있기 때문이다. 이때 경영자의 자발적 공시의 동기는 공적 동기와 사적 동기를 포괄하는 것으로 볼 수 있다.

자발적 공시의 대상으로는 다음과 같은 항목을 들 수 있다.

- 경영자료 및 경영자의 경영자료 분석
- 예측정보
- 경영자와 주주에 대한 정보
- 무형자산에 대한 정보

4 XBRL의 등장과 관련하여,

(1) XBRL의 구성요소를 설명하라.

XML(eXtensible Markup Language)에 기반한 XBRL은 모든 기업정보에 그 내용과 특징을 표시하는 이름표(tag)를 붙이는 것이 기본개념이다. XBRL은 XML 이름표를 이용해 기업정보의 유통을 표준화하고 정보의 분류·검색·활용에 획기적인 개선을 이룬 것으로, 정보의 호환성·공유성이 가장 큰 특징이다. XBRL은 크게 Tag, Taxonomy, Instance문서로 구성되어 있다.

- Tag : 공시대상 항목의 표준화된 정의를 알려주는 바코드의 역할을 하기 위해 "<"와 ">"가 첨부됨
- Taxonomy : 특정 회계기준, 산업, 기업의 정보공시를 위한 태그의 사전
- Instance문서 : 데이터의 분석이 가능한 재무제표 등과 같은 구조화된 문서

(2) XBRL의 장점을 설명하라.

① 비용절감 : 정보의 호환과 공유에 의한 정보교환비용의 절감이 가능하다. 기존의 재무보고는 보고서가 필요할 때마다 마치 처음 보고서를 작성하는 것처럼 정보를 입력하고 검색·추출하는 과정을 반복한다. 그러나 XBRL을 이용하여 정보유통을 표준화하면 자료의 재입력과 탐색비용은 획기적으로 감소한다.

② 투명성 제고 : XBRL은 광범위한 회계정보이용자로 하여금 기업정보에 접근하고 분석하는 것을 가능하게 함으로써 투명한 회계정보의 생성을 유도하고 정보민주화(information democracy)에 기여한다. 특히 XBRL은 기업과 외부정보이용자 간의 정보교류에 대한 투명성뿐만 아니라 기업내부에서의 정보제공자와 정보이용자 간의 정보교류에 대한 투명성을 제고할 수 있다.

③ 적시성 제고 : IT의 발전에 힘입어 정보의 실시간 처리 및 보고(real time information processing & reporting)가 가능해져 이용자들에게 기업정보를 적시에 제공함으로써 의사결정의 질을 향상시킬 수 있다.

(3) XBRL이 의미하지 않는 것은 무엇인가?

① XBRL은 회계기준이 아니다. 또한 XBRL 도입을 위해 기존의 회계기준을 변경할 필요도 없다. XBRL은 회계기준을 포함한 기업정보를 표현하는 방법의 하나이기 때문이다.

② XBRL은 상세화된 공통의 계정과목이 아니다. 각 산업별, 기업별로 똑같은 계정과목을 적용하자는 것이 아니라, 똑같은 포맷으로 데이터를 나타내자는 것이다.

③ XBRL은 기업회계의 표준번역기(GAAP Translator)가 아니다. XBRL은 하나의 기업회계표준(Generally Accepted Accounting Principles : GAAP)에서 다른 기업회계표준

으로 변경하는 데 필요한 상세정보를 모두 표시해 주지는 않는다.

④ XBRL은 특정 기업이나 기관의 사유물이 아니다. XBRL은 라이선스가 없고, 공공에게 공개된 기술이므로 어떤 소프트웨어에서도 널리 사용될 수 있다.

5 XBRL Taxonomy의 구성내용을 설명하라.

XBRL에서 모든 재무정보데이터는 그 데이터 하나하나를 알아볼 수 있도록 하기 위한 Tag(“<” 와 “>”)가 첨부된다. 이러한 Tag로 데이터 하나하나가 각각의 아이템으로 구별된다. XBRL 데이터는 크게 Taxonomy문서와 Instance문서로 분류된다. Instance문서는 회계정보를 기술한 XML문서이며, Instance문서의 계정과목명이나 각 정보의 표시순서, 처리순서는 Taxonomy문서에서 정의된다.

Taxonomy문서는 다시 XML 스키마(Schema)와 LinkBase로 나뉜다. XML 스키마는 Instance에서 사용하는 요소, 속성 등을 정의한다. 즉 계정과목 등이 정의될 뿐만 아니라 그 들간의 관계를 설명한다. 이러한 Taxonomy문서에는 실제 데이터값은 포함되지 않으며, 실제 데이터값은 Instance문서에 나타난다. 즉, Taxonomy문서가 요소간 개념관계를 보여주는 반면 Instance문서는 데이터값을 보여준다. 따라서 매년 재무제표를 작성할 때 개념의 의미는 변하지 않고 데이터값만 변한다면 Instance문서만 다시 작성하면 되고 Taxonomy문서는 회계기준이 변하지 않는 한 이전 것을 그대로 사용할 수 있다.

XBRL Taxonomy는 XML 스키마를 확장하여 비즈니스 보고서의 표준분류체계로 채택되었다. 즉 XBRL Taxonomy는 XML 스키마에 비즈니스 보고서와 관련된 새로운 요소들을 정의하고 그 요소들에 사람들이 인식할 수 있는 상호관계를 나타내는 5개의 LinkBase를 추가한 것이다. 5개의 LinkBase는 레이블(Label), 참조(Reference), 프레젠테이션(Presentation), 계산(Calculation), 정의(Definition)이다. 아래의 〈표〉는 XBRL Taxonomy의 구조 및 구성내용을 나타낸다.

〈표〉 XBRL Taxonomy

XBRL Taxonomy	스키마(Schema)	계정과목명 및 데이터 속성 등을 표현하는 정보
	링크베이스(LinkBase)	스키마에 나타나는 계정과목 등의 정보에 대한 정의, 순서, 계산식 및 근거조항 등에 대한 정보

다음의 [그림]은 2011 Korean IFRS Taxonomy의 IAS 2(재고자산)를 예시한 것이다.

[그림] IFRS Taxonomy-재고자산 (IAS 2)

IAS 2		
[826380] 재고자산		
재고자산	text block	IAS 2-Disclosure
재고자산을 측정하는 데 적용된 회계정책에 대한 기술	text	IAS 2 36a
재고자산의 단위원가 결정방법	text	IAS 2 23, IAS 2 36a
순공정가치로 보고하는 재고자산	×	IAS 2 36c
재고자산평가손실	×	IAS 2 36e
재고자산평가손실환입	×	IAS 2 36f
재고자산평가손실환입을 초래한 상황	text	IAS 2 36g
당기에 비용으로 인식한 재고자산의 원가	×	IAS 2 36d
담보제공 재고자산	×	IAS 2 36h


```
<?xml version="1.0" encoding="UTF-8" ?>
- <link:linkbase xmlns:link="http://www.xbrl.org/2003/linkbase" xmlns:gen="http://xbrl.org/2008/generic"
  xmlns:xlink="http://www.w3.org/1999/xlink" xmlns:label="http://xbrl.org/2008/label"
  xmlns:xsi="http://www.w3.org/2001/XMLSchema-instance" xsi:schemaLocation="http://www.xbrl.org/2003/linkbase
  http://www.xbrl.org/2003/xbrl-linkbase-2003-12-31.xsd http://xbrl.org/2008/label http://www.xbrl.org/2008/generic-
  label.xsd http://xbrl.org/2008/generic http://www.xbrl.org/2008/generic-link.xsd http://www.w3.org/1999/xlink
  http://www.xbrl.org/2003/xlink-2003-12-31.xsd">
  <link:roleRef roleURI="http://www.xbrl.org/2008/role/link" xlink:href="http://www.xbrl.org/2008/generic-link.xsd#standard-
    link-role" xlink:type="simple" />
  <link:roleRef roleURI="http://www.xbrl.org/2008/role/label" xlink:href="http://www.xbrl.org/2008/generic-
    label.xsd#standard-label" xlink:type="simple" />
  <link:arcroleRef arcroleURI="http://xbrl.org/arcrole/2008/element-label" xlink:href="http://www.xbrl.org/2008/generic-
    label.xsd#element-label" xlink:type="simple" />
- <gen:link xlink:role="http://www.xbrl.org/2008/role/link" xlink:type="extended">
    <link:loc xlink:href="rol_ias_2_2011-03-25.xsd#ias_2_2011-03-25_role-826380" xlink:label="loc" xlink:type="locator" />
    <label:label xlink:label="loc_2" xlink:role="http://www.xbrl.org/2008/role/label" xlink:type="resource" xml:lang="ko">[826380]
      주석 - 재고자산</label:label>
    <gen:arc xlink:arcrole="http://xbrl.org/arcrole/2008/element-label" xlink:from="loc" xlink:to="loc_2" xlink:type="arc" />
  </gen:link>
</link:linkbase>
```


6 현재의 DART 시스템과 XBRL을 비교하여 설명하라.

우리나라에서는 인터넷의 보급과 함께 HTML(Hyper Text Markup Language) 기반으로 개발된 DART 시스템을 통한 공시 의무화가 2001년부터 실시되었다. 이는 공시 관련 패러다임을 완전히 전환하게 된 계기로서, 기존의 지면을 통해 이루어지던 공시방식에서 인터넷 기반 공시방식으로 변경되면서 정보이용자의 접근성(accessibility)이 획기적으로 개선되었다.

그러나 기존의 웹(Web) 문서들은 HTML 기반으로 구성되었기 때문에 모든 문서를 찾아낸 후 이 중에서 원래 찾고자 했던 문서에 가장 근접한 정보를 확인 및 압축하는 방식으로 정보를 수집하였다. 따라서 HTML 기반 검색시스템에서는 필요 정보를 획득하기 위해 여러 단계를 거쳐야 하며, 검색된 정보들의 정보원천이 상이할 경우 검색에 소요되는 시간과 노력이 증가한다는 단점이 있었다. 따라서 기업들이 HTML 기반 DART 시스템을 통해 공시를 하는 경우 공시내용은 모두 텍스트(text)로 처리되기 때문에 필요 정보를 발췌하거나 혹은 수량적 정보를 원하는 형태로 가공하는 데 한계가 존재했다.

반면 XBRL은 차세대 인터넷 언어인 XML에 기반을 둔 전산체계이므로, XBRL을 효율적으로 활용하면 HTML이 가진 한계를 극복할 수 있다. 즉, XBRL Taxonomy를 기반으로 한 정보에는 그 내용을 설명하는 고유 태그(Tag)가 붙게 되는데, 태그(Tag)로 마크된 정보가 한번 컴퓨터에서 인식되면, 향후에 동일 정보를 다시 입력해야 할 경우 추가적인 작업 없이도 자동으로 인식된다. 따라서 XBRL을 재무제표에 적용하면 재무자료의 중복적인 생성 없이 원하는 정보의 형태로 가공하여 자유롭게 사용할 수 있으므로 정보에 대한 접근가능성이 더욱 높아지게 된다. 즉, XBRL을 도입하면, 정보를 작성하기 위해 동일한 정보를 반복적으로 입력해야 하는 일이 줄어들고, 정보의 호환성이 높아져 정보교환비용이 절감된다. 또한 정보제공자인 기업이 동일한 재무제표 정보를 여러 관련 기관에 제출하기 위해 재입력하는 경우 오류발생 가능성이 존재하였으나, XBRL 시스템에서는 오류발생 가능성은 사라져 궁극적으로 재무보고의 효율성이 높아짐은 물론 이 정보를 통한 의사결정의 질 역시 향상시킬 수 있다.

한국도 2011년에 XBRL로 공시서류를 제출하도록 의무화했지만 주석사항을 제외하고 본문에만 적용한 데다 계정과목에 대한 혼선이 많아 정보로 활용하기가 어려운 형편이다. 따라서 사실상 문서파일인 PDF보다 조금 더 발전된 수준이라는 것이다. 그런데 2011년에 IFRS 도입에 관심이 쏠리면서 감독당국도 XBRL 준수 여부를 제대로 살피지 못했다. 이 때문에 한국신용평가와 한국기업평가 등 신용평가사와 와이즈에프엔과 에프엔가이드 등 금융정보회사들은 공시된 상장사 재무정보를 분석하기 위해 수십 명의 인력을 투입해 별도 DB에 수치를 재입력하는 작업을 해왔다.

모뉴엘 등 일부 기업들의 분식회계가 드러나면서 금융당국 내에서는 선진국처럼 XBRL을 전면 도입해야 한다는 목소리가 커졌다. 한국공인회계사회 관계자는 "XBRL이 제대로 안착됐더라면 모뉴엘처럼 비정상적인 매출구조를 가진 회사들은 일찌감치 부실징후가 포착돼 수조원대 금융권 여신 피해를 막을 수 있었을 것"이라고 지적했다. 금감원과 한국공인회계사회는 현재 XBRL 보고 대상에 빠져 있는 주석사항에 대해서도 선진국처럼 포함시킬 방침이다.

한국공인회계사회 관계자는 "공시보고서를 서면 제출하는 방식에서 2000년 DART를 통해 공시의 전산화가 이뤄졌다면 XBRL은 여기서 한 단계 더 도약해 공시된 정보를 실시간으로 가공분석하고 활용 배포하는 실질적 전산화 단계"라고 설명했다. 다음의 [그림]은 전자공시의 발전단계를 보여준다.

[그림] 전자공시의 발전단계

	1단계 : 수작업 (~2000년)	2단계 : 형식적 전산화 (DART : XML 기반)	3단계 : 실질적 자동화 (XBRL 기반 시스템)
재무제표 작성 제출 · 전달	수작업(타이핑) ▼ 종이문서(책자) ▼ 서면제출 (또는 팩스)	엑셀 또는 기타 회계프로그램 ▼ HTML, XML(전자문서) ▼ DART 전산제출(인터넷)	엑셀 또는 기타 회계프로그램 ▼ XBRL(전자문서) ▼ DART 전산제출(인터넷) XBRL문서로 변환
DB화 및 분석	• 별도 DB화 불가능	• DB구축을 위하여 별도 수작업 필요 • 일부 정보제공업체만 제한적으로 DB화 가능 • 표준화 미비로 체계적 분석 불가능	• 자동적으로 DB구축 가능 • 표준화된 식별코드 부여로 특정 데이터 검색 등 다양 한 분석 가능 → 기업간 비교분석, 2차 가공 가능

XBRL의 정의 및 필요성[1]

Ⅰ. XBRL이란 무엇인가?

(1) XBRL의 정의

- eXtensible Business Reporting Language ➠ XML의 개량 및 보완
- 회계 · 재무정보의 생성, 배포, 활용에 대한 IT상의 표준
- 쌍방향(interactive) 정보교환/지능적(intelligent) 데이터 제공
- 다양한 재무보고 시스템에 응용가능 ➠ 회계 · 재무정보의 "바코드"

1) 회계법인 품질관리실장 확대회의 발표자료, 2015.12.3.

■ XBRL(재무정보의 바코드)의 유용성

○ 재무제표 전체뿐만 아니라 개별 계정과목 및 수치에 대한 표준코드 부여 및 자동 DB화

○ 공통된 표준코드 부여로 전 세계적으로 통용*

* 예 : IFRS에 따른 재무제표를 SEC에 제출시 XBRL 재무제표로 제출 요구

재무제표상 각각의 계정과목 수치 및 항목에 대하여 <u>표준화된 식별코드(tag)</u>를 부여 ⇒ <u>자동적으로</u> DB화하여 개별항목에 대한 검색 및 분석을 가능하게 함

(2) HTML/XML과 XBRL의 차이

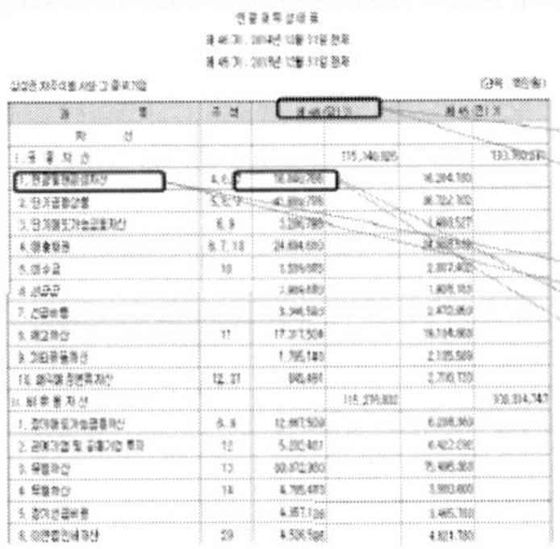

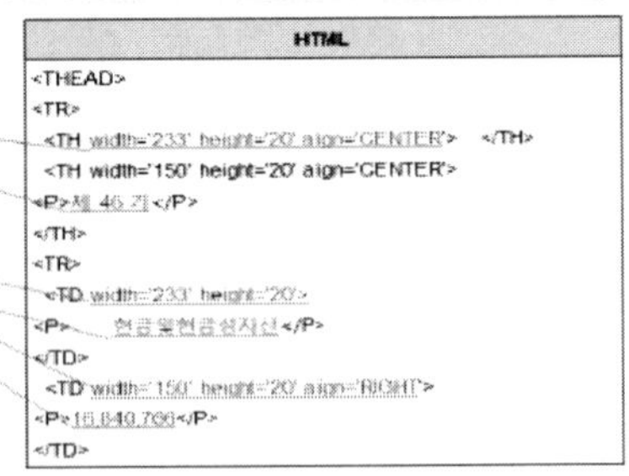

- 문자의 위치 · 크기 등과 같은 **표시** 속성만 지정
- 자동 DB 구축 불가능
- 수작업 분석 → 신속하고 체계적인 분석 불가

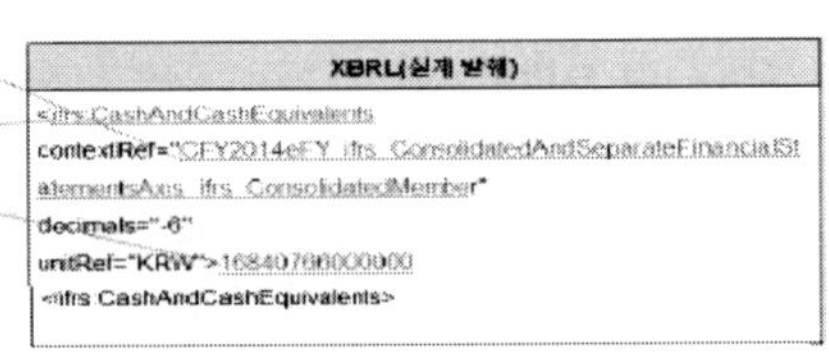

- 개별 수치 및 항목에 대하여 <u>표준화된 식별코드(Tag)</u> 부여 → 자동 DB 구축가능
- 개별 숫자의 의미 · 상호관계 등을 인식하여, 신속하고 체계적인 분석가능
- DB화에 따른 다양한 재무분석 프로그램 개발 용이

Ⅱ. XBRL의 필요성

■ XBRL 시스템의 장점
○ 특정기업 재무제표의 개별항목별 또는 업종별·기업간 재무제표 자동 검색 및 분석가능

• 감독기구 : 감독·감리대상 기업 선정의 효율화
예) 전년 대비 부채비율 증가율 상위 기업
부채비율 업종 대비 2배 이상인 기업
업종별 EBITDA 상위 기업
• 개인투자자 등 : 재무정보를 활용한 가치투자분석
예) 2×01년 유통업에 속한 기업의 자산총액, 매출액, 감가상각비, 이자비용 검색
PER, PBR, 각종 재무비율의 활용

⇩

XBRL 시스템을 통한 DB화 구축

⇩

• 특정 재무정보 제공업체의 재무정보 제공 독점화 방지
• 불특정 다수 이용자의 다양한 재무분석 및 보고서 생산가능

■ 재무정보의 자동 DB화 가능으로 재무정보 신뢰성 제고
○ HTML/XML하에서는 재무정보의 자동 DB 불가능
※ HTML/XML하의 재무정보 DB 수작업 현황

• 재무정보 제공업체(상장협, KIS 등)마저도 20～30명 정도의 인력이 일 년 내내 수작업으로 입력
• 수작업 입력시 오류발생 가능성 높아 재무정보의 신뢰성 저하 원인

■ 자동 DB화에 따른 데이터 생성 및 분석 비용의 획기적 절감
○ 재무수치 하나하나에 대한 표준화된 코드 부여
○ 산업별 재무정보, 기업간 재무정보 비교 및 2차 분석 자료 제공가능

■ 불특정 다수 이용자의 실질적인 재무정보 활용 제고로 인한 회계투명성 제고
○ HTML/XML 기반의 재무정보는 DB화가 불가능하므로 DART에 공시되어도 일반 이용자들이 분석하기 어려움
○ XBRL 재무정보를 통하여 일반 이용자도 손쉽게 고품질의 재무정보 분석가능

⇨ 회계·재무수치 하나하나에 대하여 표준화된 식별코드를 부여하여, 다양한 맞춤형 재무분석 및 보고서 산출가능

Ⅲ. XBRL 본격시행을 위하여 필요한 사항

(1) XBRL 재무제표(주석 포함)의 실질적 제출 의무화

■ (현황) XBRL 재무제표는 본문만 필수 제출사항이며 주석은 선택사항으로 규정함으로써 대부분 미제출

■ (문제점) IFRS하에서는 재무정보의 핵심내용이 주석에 기재되므로 정보의 유용성이 현저히 저하

■(개선방안) XBRL 재무제표 본문뿐만 아니라 주석 정보도 필수적으로 제출하도록 관련 규정 정비 필요

※ 외감법 시행령 및 해외 사례

• 개정 외감법 시행령에서는 재무제표 본문만 아니라 주석도 함께 제출하도록 명시적으로 규정 • 미국 · 일본의 경우 XBRL 재무제표 본문과 주석 모두 필수 제출사항

(2) 기업이 수용가능한 XBRL taxonomy의 보완 · 개선

■(현황) XBRL taxonomy의 확장을 허용함에 따라 개별기업은 원칙 없이 무제한으로 계정과목 확장

■(문제점) 회사가 작성한 재무제표상 표준 DART taxonomy의 계정과목과의 연계 및 자동 DB 구축 불가능

■(개선방안) 기업이 수용가능한 표준 XBRL taxonomy를 최대한 사용하도록 권고 또는 규정화

○기업이 실제 확장 사용하고 있는 taxonomy 중 표준 taxonomy에 포함시킬 수 있는 항목 최대한 포함

7 경영자의 자발적 공시 동기를 구분하여 설명하라.

공시라는 것이 언제나 규제의 결과로만 나타나는 것은 아니다. 일부 기업이나 경영자는 다른 기업과의 차별을 위하여 또는 경영자의 능력이나 정직성을 알리기 위하여 적극적인 공시를 하기도 하는데, 이는 강제적인 규제와는 상관없이 나타날 수 있다. 즉 시장에서 평가대상자는 시장참여자가 역선택(adverse selection)의 오류를 범하지 않도록 자발적으로 정보를 공개할 유인을 가질 수 있다. 이때의 평가대상자는 기업, 경영자 또는 노동자가 될 수 있다. 자발적 공시와 관련한 회계이슈는 경영자가 과연 어떤 동기에서 자발적 공시를 하느냐이다. 가치평가기능의 관점에서는 가치평가에 도움을 주는 정보를 제공하고자 하는 공적 동기(public motive)를 중심으로 살펴보는 반면, 계약기능의 관점에서는 사적 동기(private motive)를 중심으로 살펴본다.

자발적 공시의 대상으로 다음과 같은 항목을 들 수 있다. 이들 자료는 다시 매출 관련 자료, 제품 관련 자료, 영업 관련 자료 및 재무실적 관련 자료로 구분되나 업종별 편차는 존재하고 있다.

• 경영자료 및 경영자의 경영자료 분석
• 예측정보
• 경영자와 주주에 대한 정보
• 무형자산에 대한 정보

Chen *et al.*(2002)은 분기별 이익을 공시할 때 재무상태표를 자발적으로 공시한 기업을 분석한 결과, 첨단기업일수록, 손실의 빈도수가 높을수록, 신생기업일수록 이익의 공시와

더불어 재무상태표정보를 자발적으로 공시할 확률이 높다고 하였다. 이는 특정업종에서 손익계산서상의 이익정보가 기업가치를 나타내는 데 적합하지 않거나 한계가 있는 경우에 재무상태표가 손익계산서를 보완할 수 있기 때문이다. 이때 경영자의 자발적 공시의 동기는 공적 동기와 사적 동기를 포괄하는 것으로 볼 수 있다.

8 실물자료(real data)의 정보성을 설명하라.

현대 기업환경의 특색은 다양한 가치창조활동으로 인해 비재무정보의 중요성이 커지고 있다는 점이다. 특히 비재무정보는 가치평가기능의 관점에서 더 절실히 요구된다. 왜냐하면 새로운 환경에서 활동하는 현대 기업의 중요한 가치창조동인(value drivers)의 상당수가 비재무적이거나 무형적이기 때문에 재무제표에 반영되지 못하기 때문이다. 따라서 전통회계모형의 확장을 통해 비재무정보의 공시를 촉진하는 방향으로 개선이 요구된다.

비회계자료에는 실물자료(real data)가 있다. 실물자료는 화폐가치에 의한 평가가 이루어지지 않는 자료로서 기업의 생산능력, 제품의 구성, 종업원 및 임원의 수와 구성, 기술수준, 시장점유율, 시청률, 주문수량, 홈페이지 방문자수 등과 같은 여러 가지 양적·질적 자료를 들 수 있다. 그러나 이러한 비재무적 지표의 가치창조 기여도 측정에는 한계가 있는데, 그들의 상호연관성이 매우 높은 것이 보통이어서 각각의 영향력을 독립적으로 측정하기 곤란하고 때로는 잘못된 추론을 할 확률이 높기 때문에 주의가 필요하고 규제기관의 입장에서는 검증가능성의 확보를 위해 통제를 계속 유지하려는 경향이 있다.

9 기업의 자본을 실물자본과 비실물자본으로 구분하라.

현대 기업이 발전하기 위해서는 다양한 종류의 자원을 적절히 활용하고 그들의 관계를 효과적으로 유지해야 한다. 다음의 자본의 종류는 전통적인 실물자본뿐만 아니라 비재무적 자본도 포함되어 있는데, 재무, 제조 및 자연 자본은 실물자본에 속하는 경우이고, 인간, 지적 및 사회 자본은 비재무적 자본에 속하는 경우이다.

- 재무자본(financial capital) : 자본금, 투자금, 차입금
- 제조자본(manufactured capital) : 설비자산뿐만 아니라 도로, 항만, 교량 등의 infrastructure
- 자연자본(natural capital) : 물, 토지, 광물, 산림 및 생물적 다양성(biodiversity)과 건전한 생태계(eco-system health)
- 인간자본(human capital) : 인권의식, 소통능력, 충성심, 성취동기
- 지적자본(intellectual capital) : 특허권, 저작권, 소프트웨어, 상표가치, 명성
- 사회자본(social capital) : 공통의 가치, 고객과 사업 파트너로부터의 신뢰, 사회적 활동 허가

10 경영자 토의 & 분석과 관련하여 이의 필요성과 한계를 언급하라.

공시와 관련하여 경영자 토의 & 분석(management's discussion & analysis)은 재무제표를 해석하는 데 도움을 주기 위한 서술적 자료를 제공하는 것이다. 따라서 대부분의 경영자 토의 & 분석 자료는 기존에 공시된 내용이기도 하지만, 경우에 따라서는 경영자의 관점에서 제시되는 내부자료적 성격을 띠기도 하며 미래 전망에 관한 내용이 담겨 있는 경우도 있다. 이러한 정보는 투자자가 합리적인 의사결정을 하는 데 도움을 줄 수 있다.

IASB는 경영자 논의(management commentary)가 정보유용성에 기여하려면 다음의 세 가지 성격을 갖추어야 한다고 하였다.

- 경영자의 관점에서 바라본 해당기업의 업적, 위치 및 발전에 관한 내용을 토의하고 분석할 것
- 재무제표에 담긴 정보를 보충하고 보완할 것. 재무제표상의 수치에 대한 추가정보 제공 및 재무제표에 없는 정보 제공
- 미래지향적일 것. 경영자의 관점에서 해당기업이 취할 방향을 논의할 것. 경영자는 해당기업의 실적과 위치에 영향을 미치는 미래지향적 정보를 언급해야 하며, 특히 과거에 공시된 미래지향적 정보가 사후에 어느 정도 사실관계로 밝혀졌는지 언급해야 한다.

한편, 경영자 논의의 유용성을 실질적으로 확보하기 위해서는 첫째, 주석에서 언급된 내용을 중복해서 언급하는 것은 피해야 하며, 둘째, 판에 박힌 상투적 표현이나 전형적인 문구(boilerplate)에 지나치게 의존하는 형식은 피해야 한다.

PART

III

가치평가기능

제 7 장　효율적 시장가설(EMH)

제 8 장　정보적 관점과 평가적 관점

CHAPTER

7 효율적 시장가설(EMH)

1 자본시장이 완전히 효율적이거나 완전히 비효율적일 때 회계기능 중 가치평가기능은 필요 없다. 그 이유를 설명하라.

회계가 효율적 자원배분에 기여하려면 주가나 채권가격에 회계정보가 적정하게 반영되어 경제적 자원이 기업실적에 따라 배분되어야 한다. 이때 자원배분은 효율적이 되며 경제가치가 극대화될 수 있다. 이러한 상황에서 준강형 효율적 시장가설이 회계에 시사하는 것은 필요한 정보는 모두 공시되어야 주가에 반영된다는 것이다. 즉 준강형 효율적 시장가설은 무엇보다도 공시(disclosure)의 중요성을 나타내고 있으며, 이는 공시의 형식적 측면인 측정방법 및 공시장소의 선택보다는 공시여부 그 자체가 더 중요하다는 것이다. 지금까지의 선행연구를 종합하면 자본시장의 효율성은 어느 정도까지는 존재한다는 것인데, 문제는 얼마만큼의 효율성이 존재하는가이다. 다음의 〈표〉에서는 자본시장효율성의 다양한 스펙트럼을 보여주고 있다.

자본시장이 완전하게 효율적이라면 회계가 설 자리는 없다. 왜냐하면 이때 기업가치가 궁금한 사람은 그 순간의 주가를 보면 될 것이기 때문이다. 또한 시장이 완벽하게 비효율적일 때도 회계의 역할은 기대할 수 없다. 왜냐하면 회계정보에 주가는 전혀 반응하지 않을 것이기 때문에 자원배분에 기여하려는 회계의 목적이 원천적으로 차단당하기 때문이다.

회계기능이 존재한다는 것은 시장이 효율적이지 않다는 역설적인 반증이 되는데, 문제는 시장의 효율성을 검증하는 것도 중요하지만 완벽하지 않은 효율성하에서 회계가 추구해야 하는 것은 무엇이며 회계기능이 변화하는 환경에서 어떤 모습을 보이는 것이 바람직한가를 살펴볼 필요가 있다.

Coca-Cola의 상표나 Walt Disney사의 Mickey Mouse 등은 해당기업의 재무상태표에 자

〈표〉 자본시장의 효율성 종류와 회계적 의미 비교

약 형	실제상황	준강형	강 형
주가는 과거 주가에 담긴 정보를 반영	주가는 공시된 정보에 대하여도 효율성을 보이지 못함	주가는 공시된 정보에 대하여는 완전한 효율성을 보임	주가는 모든 정보에 대해 완전한 효율성을 보임. 이때 주가=내재가치
회계정보의 유용성은 극히 제한적	공시만능주의에서 후퇴하여 회계처리방법과 공시장소의 차이가 주가에 차이를 가져옴	공시만능주의가 득세하여 공시가 필연적으로 확대됨	가치평가기능이 필요 없음. 왜냐하면 주가에는 이미 모든 정보가 반영되어 있음
	시장효율성에 대한 믿음이 약화되면서 가치평가에 대한 관심 증가. 따라서 재무상태표의 상대적 중요성 증가	가치평가 자체는 유보함. 다만 주가변동에 영향을 미치는 이익변동에 대한 관심 증대. 따라서 손익계산서가 더 중요	

산으로 인식되어 있지 않다. 1998년 자료에 따르면 코카콜라의 장부가액은 $84억이나 시장가치는 $1,650억으로서 그 차이의 상당부분을 상표가치가 차지하고 있다. 미국은 상표가치의 인식에 있어 매우 보수적이어서 코카콜라의 브랜드가치는 재무상태표에 나타나지 않는다. 그러나 영국과 호주에서는 상표의 가치를 자산으로 인식하는 것이 허용되고 있다(Palepu *et al.*, 2000, pp. 4~7).

이러한 허점(?)은 재무상태표의 장부가액이 궁극적으로 기업가치의 중심이 되어야 한다는 가치평가기능의 관점에서 보면 결코 장기적으로 방치될 수 없는 현상이다. 그런데 이러한 현상은 기업의 인수합병으로 즉각 해결될 수도 있다. 왜냐하면 이들 기업이 인수합병의 대상이 되어 인수가격이 형성된다면 이들 인수가격에는 분명 이러한 막대한 자산가치를 가진 상표나 캐릭터의 가치가 반영될 것이기 때문이다.

그렇다면 인수합병이 없기 때문에 이러한 현행 회계의 맹점이 지속되는가? 아니다. 과거의 효율적 자본시장에서 우리는 코카콜라나 디즈니사의 주가가 이미 이들 무형자산의 가치를 반영하고 있는 것으로 믿었다. 즉 현재주가는 모든 정보를 반영한 균형가격의 종점(destination)이라고 믿었다. 따라서 투자자는 이들 무형자산의 가치를 굳이 평가하려고 하지 않는다. 이들 투자자의 관심사는 균형가격의 변동(change)에 영향을 미치는 회계이익의 변동이 된다. 즉 기업의 영업활동을 통한 이익결정과정이 중요한 정보가 된다. 그러나 자본시장이 우리가 과거에 생각한 것만큼 효율적이지 않은 경우, 주가는 모든 정보가 반영된 균형가격이 아니기 때문에 기업가치에는 반영되지만 장부가액에는 반영되지 않는 이들 무형자산을 재무상태표에 인식한다면 주가수준에 영향을 미치거나, 주가가 이들 정보를 반영하는 속도에 영향을 미칠 것으로 기대되어 앞서 효율적 시장가설이 수용되던 시절에 유보되었던 가치평가기능이 더 이상 방치될 수 없다.

2 가치평가기능과 계약기능 중 자본시장의 효율성과 직접적인 관련이 있는 기능은 무엇인지 설명하라.

EMH가 수용되지 않을 때 회계정책은 절차에 의한 규제(regulation by procedures)의 성격을 띠게 된다. 이는 준강형 효율성이 수용될 때 가치평가 자체는 시장에 위임한 채 주가변동에 영향을 미치는 회계이익의 변동에 지대한 관심을 보였던 것과는 달리, 주가 그 자체(level)에 영향을 미치는 정보를 될 수 있으면 재무제표 본문에 그것도 역사적 원가보다는 공정가치로 평가하여 인식(recognition)하는 것이 중요하다고 판단하는 정책상의 전환을 의미한다. 왜냐하면 준강형 효율성이 후퇴한 상황에서는 공시된 회계정보에 대해서도 측정방법이 무엇이냐에 따라 주가에 미치는 영향이 달라지기 때문이다. 즉 과거와 같이 “공시할 것인가, 말 것인가?”가 아니라 “어떻게 측정하여 어디에 공시해야 하는가?”로 바뀌었다. 이러한 관점에서 주가형성과정은 종점(destination)이 아니라 과정(journey)이고, 회계기능은 주식의 진정한 가치를 측정하는 데 도움이 되는 정보를 제공한다는 측면에 치중해야 하며, 가격결정의 동태적 과정(dynamics of market price discovery)을 이해하는 데 중점을 두어야 한다. 이를 평가적 관점(measurement perspective)이라 부른다. 아래의 〈표〉는 자본시장의 효율성과 회계규제의 종류를 요약하여 보여준다.

〈표〉 자본시장의 효율성과 회계규제의 종류

<table>
<tr><th>자본시장의 효율성</th><th>가치평가기능</th><th>계약기능</th></tr>
<tr><td>준강형
효율성 수용</td><td>공시에 의한 규제의 개념에 따라 “공시할 것인가, 말 것인가?”가 중요한 규제수단으로 등장</td><td rowspan="2">EMH의 수용여부에 관계없이 계약기능은 독자적 기능 수행</td></tr>
<tr><td>준강형
효율성 후퇴</td><td>절차에 의한 규제의 개념에 따라 “어떻게 측정하여 어디에 공시해야 하는가?”가 중요한 규제수단으로 등장</td></tr>
</table>

3 기술적 분석과 기본적 분석은 각각 어떤 형태의 자본시장의 효율성을 부정하는 것인가?

다음의 〈표〉에서는 재무분석기법과 시장효율성의 관계를 보여준다. 기술적 분석이란 과거의 주가자료를 이용하여 미래의 주가변동을 예측하려는 투자분석방법으로서 기간별 주식수익률간에 일정한 상관관계가 있음을 기본가정으로 삼고 있다. 다시 말하면 이 분석방법은 시장은 약형 효율성도 보이지 못하고, 과거 주가의 움직임에 관한 정보 중에서 자본시장에 의하여 무시되고 있는 정보가 있다고 가정하는 것이다. 따라서 기술적 분석방법에서는 기본적 분석과는 대조적으로 투자의사결정에 재무 및 회계 정보가 거의 역할을 하지 못한다(정혜영 등, 1993, p. 79). 기술적 분석은 약형 효율성과 배치되고, 기본적 분석은 준강형 효율성과 배치된다. 이 말의 의미는 기술적 분석에 집착하는 사람들은 시장이 약형 효율성도 보이지 않는다고 믿는 사람들이고, 기본적 분석에 집착하는 사람들은 시장이 준강형 효율성을 보이지 않는다고 믿는 사람들이다. Ou and Penman(1989a, b)의 연구에서는

〈표〉 재무분석기법과 시장효율성의 관계

분석기법의 종류	의 의	EMH와의 관계
기술적 분석	과거의 주가자료를 이용하여 미래의 주가변동을 예측	약형 효율성이 작동하면 아무 소용없음
기본적 분석	공시된 재무자료를 바탕으로 내재가치를 추정하여 투자전략에 활용	준강형 효율성이 작동하면 아무 소용없음

총자산수익률, 매출총이익률 및 유동자산변화율 등과 같은 전통적인 재무제표자료 또는 PER을 이용하여 내년도 이익이 증가할 것인지 또는 감소할 것인지 예측하고자 하였다. 저자들은 상당부분의 표본에서 내년도 이익의 변동을 정확히 예측할 수 있었다. 그런데 중요한 점은 이 예측치에 근거하여 투자할 경우 초과이익(abnormal return)을 얻을 수 있다는 것이다. 이는 자본시장이 우리가 믿고 있었던 준강형 효율성보다 덜 효율적이라는 증거를 제시하는 것으로 평가되어 기본적 분석(fundamental analysis)의 유용성을 시사하고 회계기능 중 가치평가기능이 주목받는 계기를 마련하였다.

4 공시에 의한 규제와 절차에 의한 규제를 비교하여 설명하라.

회계정보의 두 가지 기능 중 가치평가기능은 자본시장의 효율성과 밀접한 관련을 가지고 있으나 계약기능은 상대적으로 관련성이 적다. 그 이유는 자본시장의 존재유무 또는 효율성 논쟁에 관계없이 계약기능은 오래전부터 존재해 왔으나, 가치평가기능은 자본시장의 효율성 논쟁, 특히 준강형 효율성으로부터의 후퇴와 직접적인 관련이 있기 때문이다.

준강형 효율성이 수용되는 상황에서의 가치평가기능과 관련된 회계이슈는 측정보다는 공시 그 자체에 집중하게 된다. 왜냐하면 준강형 효율성에서 주가는 공시된 정보를 이미 반영한 상태이기 때문에 "공시할 것인가, 말 것인가?"가 회계이슈의 중심에 서게 된다.

회계가 자원배분의 효율성에 공헌할 수 있으려면 주가에 영향을 미쳐야 하는데, 준강형 효율성하에서 특정정보를 "공시하는 경우"와 "공시하지 않은 경우"의 주가가 달라질 수 있기 때문이다. 이러한 상황에서는 측정의 정밀성보다는 관련 정보의 공시 그 자체가 더 중요하다. 왜냐하면 공시된 정보에 대한 합리적이고 정밀한 처리능력은 시장이 갖고 있는 것으로 믿기 때문에 관련 정보를 숨기지 말고 알려주는 것이 회계정책의 핵심이 된다.

이에 따라 EMH에서의 회계정책은 공시에 의한 규제(regulation by disclosure)의 성격을 띠게 된다. 이때 주가는 기업가치를 이미 반영하고 있기 때문에 회계의 역할에서 가치평가 그 자체보다는 가치변동에 관심을 가지고 회계기능을 통해 가치변화에 가장 결정적인 역할을 하는 정보는 회계이익이라는 판단에서 회계이익을 중시하는 손익계산서 중심의 회계관을 정립하게 되었다. 따라서 EMH에서는 주가 그 자체보다 주가의 변동과 관련된 주식수익률에 더 많은 관심을 갖고, 자본시장연구를 통하여 회계학은 과거의 진실한 이익측정에 관한 규범적인 논의를 벗어나 정보적 관점(information perspective)으로 연구의 초점이

전환되었다.

그러나 준강형 효율성이 수용되지 않는다면 이는 주가가 공시된 정보에 대해서도 합리적으로 반영하지 않는다는 것이다. 주가가 회계정보를 반영하는 속도가 순간적이지 않거나, 그 반영행태에 편의(bias)가 있다면 회계정책상 중요한 시사점을 가진다. 즉, 시장은 공시된 정보에 대해서도 완전한 처리능력이 없으므로 정밀한 회계처리를 통한 보다 예측 가능하고 목적적합한 정보를 제공함으로써 주가에 영향을 미칠 수 있는 가능성이 열린 것이다.

EMH가 수용되지 않을 때 회계정책은 절차에 의한 규제(regulation by procedures)의 성격을 띠게 된다. 이는 준강형 효율성이 수용될 때 가치평가 자체는 시장에 위임한 채 주가변동에 영향을 미치는 회계이익의 변동에 지대한 관심을 보였던 것과는 달리, 주가 그 자체(level)에 영향을 미치는 정보를 될 수 있으면 재무제표 본문에 그것도 역사적 원가보다는 공정가치로 평가하여 인식(recognition)하는 것이 중요하다고 판단하는 정책상의 전환을 의미한다. 왜냐하면 준강형 효율성이 후퇴한 상황에서는 공시된 회계정보에 대해서도 측정방법이 무엇이냐에 따라 주가에 미치는 영향이 달라지기 때문이다. 즉 과거와 같이 "공시할 것인가, 말 것인가?"가 아니라 "어떻게 측정하여 어디에 공시해야 하는가?"로 바뀌었다. 이러한 관점에서 주가형성과정은 종점(destination)이 아니라 과정(journey)이고, 회계기능은 주식의 진정한 가치를 측정하는 데 도움이 되는 정보를 제공한다는 측면에 치중해야 하며, 가격결정의 동태적 과정(dynamics of market price discovery)을 이해하는 데 중점을 두어야 한다. 이를 평가적 관점(measurement perspective)이라 부른다.

5 어떤 사람이 "회계의 목적은 기업의 가치를 평가하는 것이다"라고 말했다. 당신은 이 말에 동의하는가? 동의한다면 그 이유는? 동의하지 않는다면 그 이유는 무엇인가?

가치평가기능이란 기본적으로 투자자, 그중에서도 보통주주의 관점에서 이들을 회계보고의 최종 대상으로 보고 회계의 기본목적이 기업가치 내지는 가치측정치와 관련 있는 회계수치(accounting amounts)를 제공해야 한다는 것이다. 자본시장에 있어 회계정보는 거래되는 주식과 채권의 가격에 영향을 준다. 물론 주가는 자본시장에 공식적이든 비공식적이든 주어지는 모든 정보에 의하여 변동할 수 있지만, 회계는 기업의 미래손익을 예측하는 데 유용한 체계적인 재무적 정보를 자본시장에 제공함으로써 사회의 자본이 효율적으로 배분될 수 있는 증권의 가격형성에 공헌하는 것이다.

이러한 관점에서 보면 재무상태표상의 장부가액이나 손익계산서상의 회계이익은 주식가치 또는 그 변동과 높은 관련성을 가져야 하고, 규제기관에서는 기업가치와 높은 관련성을 가지는 항목을 회계보고의 대상으로 삼는 회계기준을 제정해야 한다는 것이다. 특히 최근의 경험적 회계연구에서 회계수치가 주식의 시가총액과 통계적으로 유의한 관련성을 가지면 가치관련성(value relevance)이 있는 것으로 해석되는 경우도 투자자를 염두에 둔 가치평가기능의 관점에서 가능한 일이다.

물론 회계의 목적이 기업의 가치, 그 자체를 직접 평가하는 것은 아니다. 기업의 가치를 직접 평가하는 것은 기본적 분석(fundamental analysis)의 영역이다. 일반목적재무보고서는 보고기업의 가치를 보여주기 위해 고안된 것이 아니다. 그러나 그것은 현재 및 잠재적 투자자, 대여자 및 기타 채권자가 보고기업의 가치를 추정하는 데 도움이 되는 정보를 제공한다.

6 인식(recognition)과 공시(disclosure)의 관계에 대하여

(1) 인식과 공시의 차이점을 설명하라.

인식은 재무제표 본문에 계정과목을 통해 숫자로 반영하는 것이므로 측정과 평가가 필요하나 주석을 통해 주로 이루어지는 공시는 측정과 평가가 언제나 필요한 것은 아니다. 인식은 기술적으로 분개를 통해 실현된다. 따라서 분개할 수 없다면 인식할 수 없는 것이다.

(2) 자본시장의 효율성 정도에 따른 인식과 공시의 관계변화를 설명하라.

자본시장의 효율성이 작동하는 환경에서는 공시와 인식의 차이가 없다. 이러한 환경에서는 공시가 회계처리의 불완전성이나 회계기준의 부족함을 메워줄 수 있는 유용한 대체물(substitute)로 인식되어 다음과 같은 사고가 가능하다.

Bad accounting + Good Disclosure = Good Accounting

위 내용은 공시만능주의를 시사한다. 즉 재무제표나 장부상의 인식에서 문제나 한계(bad accounting)가 있더라도 충실한 공시가 이루어지면 별다른 문제가 없을 것이라는 것이다. 그러나 이러한 시각에서는 과잉공시(disclosure overload)를 유발하여 회계정보의 유용성이 훼손될 우려가 있다.

자본시장의 효율성이 담보되지 않으면 공시의 유효성은 한계가 있다. 전술한 바와 같이 자본시장의 효율성에 대한 의문이 제기되면서 공시와 인식에 차이가 없다는 사고는 퇴색하고 있다. 따라서 공시는 제아무리 정밀하더라도 정의, 인식, 측정으로 이어지는 회계과정의 일부를 대신할 수 없다(Disclosure is not a substitute for recognition in financial statements). IFRS도 부적절한 회계정책은 이에 대하여 공시나 주석 또는 보충 자료를 통해 설명하더라도 정당화될 수 없다고 명시함으로써 공시만능주의를 부인하고 있다.

7 EMH의 회계적 의미를 공시와 관련지어 설명하라.

회계가 효율적 자원배분에 기여하려면 주가나 채권가격에 회계정보가 적정하게 반영되어 자금이 기업실적에 따라 배분되어야 한다. 이때 자원배분은 효율적이 되며 경제가치가 극대화될 수 있다.

이러한 상황에서 준강형 효율적 시장가설이 회계에 시사하는 것은 필요한 정보는 모두 공시되어야 주가에 반영된다는 것이다. 즉 준강형 효율적 시장가설은 무엇보다도 공시(disclosure)의 중요성을 나타내고 있으며, 공시의 형식, 측정방법 및 장소보다는 공시여부 그 자체가 더 중요하다는 것이다. 지금까지의 선행연구를 종합하면 자본시장의 효율성은 어느 정도까지는 존재한다는 것인데, 문제는 얼마만큼의 효율성이 존재하는가이다.

8 자본시장효율성의 조건을 설명하라.

자본시장의 효율성은 다음과 같은 조건에서 가능하다. 첫째, 증권거래시 거래비용이 없고, 둘째, 모든 정보는 비용 없이 이용가능하며, 셋째, 모든 정보이용자가 특정정보의 의미에 대해 동일한 의미를 부여한다. 이러한 조건은 모두 현실감이 떨어지는 조건을 나타낸다. 따라서 가설이란 말이 암시하듯 EMH는 현실세계의 모습을 나타내기보다는 이상적인 조건을 의미하는 것으로 해석하는 것이 바람직하다.

EMH가 성립하기 위해서는 시장참여자의 합리성(rationality)과 차익거래(arbitrage)의 무제한성이 전제되어야 한다. 시장참여자의 합리성은 베이즈 정리에 입각한 기대효용의 극대화를 통해 표출된다. 또한 일시적인 요인에 의해 설사 가격결정오류(mispricing)가 나타난다 하여도 차익거래를 통해 가격결정오류는 조만간 사라지게 되어 시장효율성이 확보된다.

차익거래란 가격결정오류를 활용하는 과정으로서, 낮은 가격의 자산은 매입하고 높은 가격의 자산은 (공)매도하는 것이다. 효율적 시장의 직관적 근거는 비합리적 투자자가 만들어낸 사소하고 일시적인 가격결정오류의 기회를 현명한 투자자가 재빠르게 이용함으로써 가격결정오류가 사소하고 일시적 현상에 지나지 않는다는 것이다. 그러나 행태주의자들은 가격결정오류가 개선되기 전에 오히려 악화될 수 있기 때문에 영리한 투자자들도 가격결정오류를 이용하려면 반드시 추가적 위험을 부담해야만 한다고 주장한다. 따라서 추가적 위험 때문에 영리한 투자자들의 공격적 거래가 제한될 것이며 그 결과 가격결정오류의 일부가 감소될 수는 있지만 전부가 제거되지는 않는다. 행태주의자들은 이런 현상을 차익거래의 한계(limits of arbitrage)라고 부른다.

차익거래의 개념은 시장효율성 지지자와 행태재무론 지지자 사이의 논쟁의 핵심이다. 시장효율성 지지자는 차익거래 때문에 가격의 비효율성은 사소하고 일시적인 것이라고 주장한다. 그러나 행태재무론 지지자는 차익거래에 제약이 있으므로 시장가격이 내재가치로부터 상당히 장기간 큰 폭으로 벗어날 가능성이 있다고 주장한다. 다음의 〈표〉는 EMH의 기본가정을 보여준다.

〈표〉 EMH의 기본가정

가정의 종류	의 미
Structural Knowledge (구조화된 지식)	투자자는 완전한 정보를 가진 것으로 가정된다. 따라서 어떤 사건이 주가에 미치는 영향을 판단하는 데 있어 불확실성이 영향을 미치지 않는다.
Rational Information Processing (합리적 정보처리)	투자자는 심리적 편의(biases) 없이, 즉 과대 또는 과소 반응 없이 베이지안(Bayesian) 방식에 따라 정보를 처리할 것으로 기대된다.
No Limits to Arbitrage (무제한적 차익거래)	설사 비합리적 투자자들이 가격결정오류(mispricing)를 일시적으로 일으킨다 하여도 합리적 투자자들이 개입하여 즉시 제거(arbitrage away)한다.

9 자본시장의 효율성이 역설적으로 결정된다는 것은 무슨 의미인가?

자본시장효율성과 관련하여 흥미로운 점은 실제 자본시장의 효율성은 역설적인 방법(paradoxical in nature)으로 결정된다는 것이다. 예를 들면, 자본시장이 효율적이라고 믿는 사람이 많으면 많을수록 실제 자본시장의 효율성은 떨어지게 되고, 그 반면에 자본시장이 비효율적이라고 믿는 사람이 많으면 많을수록 실제 자본시장의 효율성은 높아지게 된다.

다시 말해 자본시장이 비효율적이라고 믿는 투자자는 기술적 분석(technical analysis), 기본적 분석 및 기타 정보수집력을 총동원하여 저평가된 주식(underpriced stocks)에 먼저 투자하여 남들이 누리지 못하는 초과이익을 얻으려고 노력할 것이고 이러한 투자자가 많으면 많을수록 실제 주식시장의 효율성은 증가하여 초과이익을 얻는 것은 어렵거나 불가능하게 될 것이다. 반면에 자본시장이 효율적이라고 믿는 투자자는 초과이익을 얻기 위한 노력을 기울이지 않을 것이고(왜냐하면 그러한 노력을 기울여 봐야 초과이익 자체가 없거나 이미 늦었다고 생각하기에) 이러한 투자자가 많으면 많을수록 자본시장의 효율성은 떨어져 초과이익을 위한 노력을 기울이는 투자자의 수익률은 자본시장이 비효율적이라고 믿는 사람이 많은 경우(모든 투자자가 초과이익을 위해 노력하는 경우)보다 크게 나타날 것이다.

이와 관련하여 자본시장의 분석가나 투자자문역이 많은 것이 시장이 비효율적이라는 반증이 되기도 된다. 만약 어떤 지역에 야생 호랑이가 살고 있다면 그 지역에 호랑이의 생존에 필요한 먹잇감이 살고 있다는 반증이 된다는 것이다.

10 연구개발비의 자산화 또는 비용화, 스톡옵션의 비용처리 또는 주석공시 등의 회계논쟁이 등장하게 된 배경을 자본시장의 효율성과 관련하여 설명하라.

전통적으로 수용되던 준강형 효율성이 퇴색함에 따라 나타나는 회계이슈의 예로 연구개발비와 스톡옵션의 회계처리를 들 수 있다. 연구개발비가 자산처리되든 비용처리되든 관련 내용의 공시가 충분히 이루어진다면 주가에 미치는 영향은 동일해야 한다는 것이 준강형 효율성의 주장이다. 또한 스톡옵션이 손익계산서에 비용처리되든 관련 내용이 주석에 공시되든 주가에 미치는 영향은 동일한 것이 준강형 효율성이 시사하는 바이다. 그러나 최근의 회계이슈에서 이 두 가지 문제는 첨예한 대립을 보이고 있다. 이는 과거의 준강형 효율성에 대한 우리의 믿음이 지나치다는 인식에 따라 관련 내용의 공시만으로는 부족하고(공시만능주의에서 후퇴) 재무제표 본문에 관련 내용이 어떻게 측정되어 인식되는지에 따라 주가형성에 차별적 영향을 미칠 수 있다는 점을 강조한 것이다.

11 EMH의 대안을 EMH의 조건(가정)과 관련지어 설명하라.

EMH에 대한 대안(alternative)으로 불완전 현시가설(incomplete revelation hypothesis : IRH)을 들 수 있다. IRH에서는 EMH와 달리 정보비용의 중요성을 강조한다. EMH에서는 정보수집 및 처리 비용은 무시할 만하고, 정보의 경제적 의미가 제한 없이 모두 주가에 반영되는 것으로 가정한다. 그러나 현실에서는 정보의 식별, 수집 및 처리에 상당한 비용과 시간이 투입되는 것이 보통이다. 따라서 IRH에서는 정보비용이 높을수록 그 정보가 가격에 반영되는 것이 비효율적이라고 가정한다. 즉 그 정보의 반영에 시간이 많이 소요되거나 정확하지 않게 반영될 가능성이 높다는 것이다. IRH에 따르면 다음과 같은 회계현상의 설명이 가능하다.

- 투자자들이 공시자료에 근거하여 mispriced stock을 추적하는 현상
- 경영자가 나쁜 소식을 주석에 공시함으로써 주가하락을 방지하는 현상

첫 번째 이슈는 IRH에서는 아무리 공시된 자료(public data)라 하여도 그 자료의 경제적 의미가 가격에 반영되는 데 시간과 노력이 소요됨으로써 정보처리비용이 발생하는데, 정보처리비용이 적게 드는 정보에 대해 시장은 보다 효율적으로(보다 빨리, 보다 정확하게) 반응한다는 것이다. 따라서 EMH에서 가정하는 무시할 만한 정보처리비용은 현실에서는 결코 무시할 만한 수준이 아니고 오히려 가격결정 패턴에 결정적인 역할을 하는 변수가 된다. 특히 주석에 나열된 수많은 자료의 경제적 의미를 정확히 해독할 수 있는 투자자는 EMH에서 기대하는 것보다 많지 않다는 점을 고려하면 초과이익을 염두에 두는 투자자가 mispriced stock을 추적하는 것은 당연한 경제행위로 설명된다.

두 번째 이슈는 규제기관의 입장에서 공시장소의 선택을 규제수단으로 사용할 수 있다는 의미이다. EMH에서는 공시여부가 중요하지, 공시장소(재무제표 본문이냐 주석이냐)는 문제가 되지 않았으나 IRH에서는 공시장소의 차이가 주가차이를 가져온다. 즉 스톡옵션이 손익계산서상에 비용처리된 경우와 단순히 관련 내용이 주석으로 공시된 경우는 그 정보가 가격에 반영되기 위한 후속적인 처리시간과 비용에 차이가 있기 때문에 두 경우에 정보의 반영 속도와 정확성에 차이가 있다는 것이다. 예를 들면 스톡옵션과 관련한 회계처리에는 다음과 같은 종류가 있을 수 있다.

① 재무제표 본문 인식
② 주석에 관련 내용 공시

①과 ②는 자본시장이 효율적이라면 차이가 없다. 그러나 자본시장이 준강형 효율성에서 후퇴한다면 ①과 ② 사이에 차이가 있다. 따라서 첨단기업의 경영자는 스톡옵션 정보를 공시하지 않는 것을 기본적으로 원하지만 공시해야 한다면 재무제표 본문보다는 주석에 공시하는 것을 원한다. 이를 공시장소의 선택(venue choice)이라 부른다.

12 Ball and Brown(1968)의 회계적 의미를 설명하라.

Ball and Brown(1968)은 회계이익의 발표에 있어 비기대이익과 비기대수익률의 관계를 검증하였다. 비기대이익(unexpected earnings)은 금년도 주당순이익(EPS)과 전년도 EPS의 차이로 계산되며, 비기대수익률은 시장모형에 의한 비정상수익률을 월간 단위의 복리로 재투자하여 얻은 결과이다.

연구결과에 따르면 비기대이익과 비기대수익률이 관계가 없다는 가설은 통계적으로 기각됨으로써 회계이익은 미래현금흐름에 대한 정보를 포함하고 그 정보는 주가에 반영된다는 결론을 얻을 수 있다. 이 연구에서는 회계이익 발표 12개월 전부터 발표 후 6개월간 주가변동을 보여주는데, 주가반응의 대부분은 회계이익이 공표되기 전에 이미 나타나고 있음을 알 수 있다. 이는 회계이익의 공식발표 이전에 이미 관련 정보가 시장에 흘러들어 주가반응을 야기한 것으로 보인다. 이러한 연구결과는 회계이익이 주가변동을 야기하는 정보를 담고 있으며 자본시장이 관련 정보에 대해 효율적으로 반응한다는 결론을 가능하게 하고 있다.

Ball and Brown(1968)의 연구는 최초의 자본시장 회계연구(market-based accounting research)이며, 이 연구 이후 회계연구의 접근방법에는 근본적인 변화가 있었다. 즉, 그 이전까지 규범적 관점에서 진행되던 진실이익 측정문제에서 정보적 접근법으로 연구방향이 전환되었다. 정보적 접근법(informational perspective)은 자본시장에 기초한 연구방법과 같은 의미로 사용되나, 회계정보와 주가(또는 기업가치)의 연결고리를 강조하는 의미로 사용된다.

Ball and Brown(1968)의 연구는 자본시장에서 회계정보의 역할을 규명한 최초의 경험적 연구(empirical research)로서, 연간 회계이익이 공시되는 달을 포함하여 그 이전 12개월과 이후 6개월 간의 주가수익률을 분석하였다. 분석결과에 따르면 회계이익이 증가한 기업들은 과거 12개월간의 누적초과수익률이 +5.6%인 반면, 회계이익이 감소한 기업들은 과거 12개월간의 누적초과수익률이 −11.3%를 기록하였다. 이러한 결과는 회계이익의 변동과 주가변동 사이에는 양(+)의 상관관계가 존재한다는 것을 입증하는 것이며, 회계이익은 기업의 가치를 평가하는 데 유용한 정보로 사용되었다는 것을 의미한다. 그런데 주가변동의 대부분은 연간 회계이익이 공시되는 시점 이전에 이미 발생되었는데, 이는 자본시장이 효율적이어서 관련 정보는 이익공표시까지 지연되지 않고 발생즉시 주가에 반영되기 때문이다.

그러나 앞서 언급된 대로 자본시장의 효율성에 대한 의문과 이에 대한 반증이 대두되고, 주가 그 자체의 측정에 대한 관심이 증가하면서 단순히 가치의 변동(change)에 대한 정보적 관점의 시각에서부터 평가적 관점에 의한 가치관련성(value relevance) 연구에 대한 관심이 증대되었다.

13 인간의 합리성(rationality)에 대한 인식변화와 행태재무론의 전개과정을 약술하라.

자본시장의 효율성은 인간의 합리성(rationality)에 대한 가정에 기초하고 있다. 그런데 규범이론에서 제시하는 인간의 무제한적 합리성에 대한 가정에 의문을 제기한 역사는 오래다. 즉, Herbert Simon의 제한적 합리성(bounded rationality)이나, Kahneman and Tversky의 prospect theory를 거쳐, Thaler는 이를 quasi rational economics로 명명하고 있다. 예를 들면 매몰비용(sunk costs)에 계속 미련을 갖는다든가, 기회비용(opportunity cost)을 인식하지 못하는 인간의 행동이나 판단은 기존의 기대효용이론과 같은 규범이론으로는 모두 다 설명하기 곤란하다.

아래의 사례는 ₩10,000이라는 매몰비용(금전적 손실)에 대한 사람들의 서로 다른 반응을 심적 회계(mental accounting)라고 불리는 현상을 통해 설명한 것이다. 여기서의 상황은 당신이 입장료 ₩10,000인 영화를 관람하려고 한다. 그런데 극장에 들어가기 전에 아래의 〈표〉와 같은 상황에 맞닥뜨렸다고 가정해 보자. 각 상황에서 사람들의 반응이 사뭇 다르다.

〈표〉 매몰비용에 대한 상이한 반응

상 황	다시 입장권을 구입하겠는가?
₩10,000의 지폐를 잃어버린 경우	• YES : 88%, • NO : 12%
₩10,000의 입장권을 잃어버린 경우	• YES : 46%, • NO : 54%

심적 회계에서는 이러한 현상을 다음과 같이 설명한다. 사람들은 마음속에 일정한 과목(계정, account)을 설정하고 있다. 예를 들면 위 사례에 적용가능한 "오락비계정"이다. 입장권을 잃어버린 것은 ₩10,000을 예상한 오락비계정에서 ₩20,000의 지출을 하게 되는 것이기 때문에 매우 부담스러운 상황이다. 반면에 현찰을 잃어버린 것은 아직 오락비계정으로 분류되기 전이기 때문에 대부분의 사람들은 거리낌 없이 다시 입장권을 사려고 한다.

인간은 과연 극도로 합리적인가? 이 질문은 경제학과 경영학에 걸쳐 더없이 중요하다. 그 대답이 '예스'라면? 즉 '인간이 아인슈타인처럼 사고(思考)하고 IBM 컴퓨터처럼 기억하며, 간디처럼 의지력을 발휘한다면?' 일은 간단하다. 그런 '호모 이코노미쿠스(경제적 인간)'에게 선택을 맡기면 시장은 행복한 최적점을 찾아 균형을 이룰 것이기 때문이다. 기업 CEO들도 마케팅 전문가에게 비싼 연봉을 줄 필요가 없다. 싸고 품질 좋은 물건만 만들어 공급하면, 극도로 현명한 소비자들이 알아서 구매할 테니 말이다. 하지만 인간은 그렇게 '아인슈타인+컴퓨터+간디'의 행동주체가 아니라는 사실을, 경제학과 마케팅 연구는 심리학의 수혈(輸血)을 통해 지속적으로 발견하고 있다. 사실 인간이 합리적이라면 최근 같은 글로벌 금융위기도 애당초 발생하지 않았을 것이다. 이런 연구흐름의 대표적 산물이 행동경제학(Behavioral Economics)이다. 2002년에는 심리학자 대니얼 카너먼(Kahneman) 교수가 행동경제학 이론으로 노벨경제학상을 수상하면서 그 맹위를 떨쳤다. 행동경제학적 접근을 마케팅과 구매욕 분석에 중점을 두고 더 치열하게 발전시킨 것이 신경마케팅 이론이다. 신경마케팅(Neuromarketing)이란 뇌 과학과 마케팅을 결합한 신종 학문으로, 소비자의 구매와 소비 행태를 뇌(腦) 과학과 신경심리학으로 풀어내는 것이다. 세계 주요 기업들이 경제위기에 따른 극심한 판매부진으로 골머리를 앓으면서, 마케팅 기법의 '대안(代案)'으로 주목받고 있는 최첨단 이론이기도 하다.

독일의 한스-게오르크 호이젤(Hans-Georg Hausel) 박사는 이 신경마케팅 분야의 세계적 대가이다. 그의 이론의 핵심은 "소비자의 구매결정은 거의 언제나 뇌에서 무의식적으로, 감정적으로 내려진다"는 것이다. 따라서 마케팅이 성공하려면 소비자의 뇌 속을 들여다봐야 한다는 것이다.

행태재무론(behavioral finance)은 행동경제학(behavioral economics)과 더불어 전통재무론의 현실적 문제에 대처하기 위하여 인지심리학의 성과를 도입하여 개량된 접근방식이다. 전통재무론에서는 인간은 합리적(rational)이고 시장은 효율적(efficient)이라고 전제한다. 먼저, 의사결정주체의 합리성은 두 가지를 내포한다. 첫째, 의사결정주체가 새로운 정보를 받아들이면 기존의 믿음을 올바르게 즉각 수정한다는 것이고, 둘째, 의사결정주체가 기대효용이론에 입각한 선택을 한다는 것이다. 한편, 효율적 시장가설(efficient market hypothesis)은 이용가능한 모든 정보가 가격에 즉각적으로 정확하게 반영되며 이에 따라 가격은 항상 해당자산의 내재가치에 대한 최적 추정치가 된다고 가정한다. 그러나 이러한 가정들이 현실에서는 다르게 나타나는 사례들이 광범위하게 발견되었다. 이러한 전통재무론의 현실적 문제점들에 대한 유력한 대안의 하나로 제시된 접근법이 행태재무론이다.

전통재무론과 비교하여 행태재무론은 연구대상 자체를 새롭게 찾는 것이 아니라 인간에 대한 가정, 시각, 사고방식 등을 포함하여 대안적 방식으로 접근하는 것이다. 즉, 의사결정주체가 충분히 합리적이지 않고 이에 따라 시장도 효율적이지 않은 현실을 반영한 대안적 이론체계이다. 여기서 말하는 합리성의 부정은 완벽한 비합리성까지 가리키지는 않고 적어도 완벽한 합리성은 아니며 제한된 합리성을 의미한다. Simon이 강조한 제한된 합리성(bounded rationality)이란 인간이 의사결정을 할 때, 인지능력의 제한, 보유정보의 제한, 시간의 제한 등으로 완전한 합리성을 발휘하지 못하는 것이다.

행태재무론은 전통재무론이 현실을 충분히 반영하지 못하고 있음을 비판하여 실증분석결과에 근거한 대안 이론으로 제시되어 왔다. 행태재무론은 행동경제학과 더불어 아직 역사가 30년 남짓하며, 대표적 학자인 Kahneman이 2002년에 노벨경제학상을 받으며 세상의 주목을 받은 지는 겨우 10여년이 돼가는 셈이다. 그만큼 아직 성장단계에 있으며, 방법론 등 여러 면에서 충분한 체계가 잡히지 않았고 그에 따라 여러 가지 문제점에 대한 비판도 받으면서 한계를 내포하고 있는 것도 사실이다. 그럼에도 행태재무론과 행동경제학은 실증적 연구를 중심으로 이미 상당한 실적을 축적한 것도 사실이다. 따라서 학문적으로는 물론 실무에서도 적극적인 응용이 요구된다고 할 수 있다.

14 자본시장의 이상현상(anomalies)의 생성과 소멸을 설명하라.

효율적 시장가설(EMH)의 논리와 배치되는 현상을 자본시장의 이상현상(market anomalies)이라고 부른다. 지금까지 알려진 이상현상 중 대표적인 것은 계절적 이상현상, 발생액 이상현상, 주가표류현상, 기업규모 가설 및 장부가액 대 시장가치 가설로 대표되는 '가치주'와 '성장주' 이상현상이 있다.

Sloan(1996)이 최초로 보고한 발생액 이상현상(accrual anomaly)이란 주가가 발생액과 영업활동 현금흐름의 지속성을 정확하게 반영하지 못하는 현상을 말한다. 즉, 투자자는 이익이 공시되면 발생액에 대해서는 과대평가를, 영업활동 현금흐름에 대해서는 과소평가를 하는 경향이 있다. 그 결과 공시 이후 발생액이 높은 포트폴리오는 음(−)의 초과수익률을, 발생액이 낮은 포트폴리오는 양(+)의 초과수익률을 경험하게 된다. 만약 시장이 발생액의 정보특성을 충분히 이해할 만큼 효율적이라면 이러한 일은 나타나지 않는다.

그러나 Sloan(1996)의 연구결과 공표 이후 이러한 발생액 이상현상을 이용하는 투자자가 많아짐에 따라 발생액 이상현상은 그 후 점차 감소하여 현재는 거의 사라진 모습을 보이고 있다. 이에 따라 발생액 이상현상은 발견 당시에는 지금까지 발견된 이상현상 중에서 가장 강건한(most robust) 것이었지만, 발견 이후 서서히 사라지기 시작하여, 현재는 이상현상이 더 이상 아닌 것으로 보인다.

주가표류현상(post earnings announcement drift)이란 이익이 발표된 시점 이후의 기간에서도 비기대이익과 비정상수익률(초과수익률) 간에 체계적인 관련성이 나타나는 현상을 의미한다. 즉 비기대이익이 양(+)이면 이익공시 이후에도 양의 초과수익률을 얻고, 반대로 비기대이익이 음(−)이면 음의 초과수익률을 얻게 되는 것이다. 이 현상은 Ball and Brown(1968)의 연구에서 처음으로 보고되었지만 그들의 주 관심은 회계이익의 정보유용성 여부(즉, 회계이익이 information content가 있는지의 여부)에 있었기 때문에 주가표류현상에 관련된 특별한 언급은 하지 않았다.

자본시장이 준강형 효율적(semi-strong form efficient)이라면 공시일 이후의 주가움직임은 공시된 이익정보와 상관관계가 없어야 하는데, 주가표류현상은 이 가정과 근본적으로 배치된다. 때문에 많은 연구자들이 이 현상에 의구심을 갖고 보다 개선된 방법으로 검증을 시도하였지만 주가표류현상은 지속적으로 관찰되었다. 1980~1990년대에도 관련된 논의들이 활발히 이루어졌으나, 자본자산가격결정모형(CAPM)의 부적절성 및 그 외의 다른 요인들로는 주가표류현상을 설명하지 못한다는 것을 보여줌으로써 시장의 비효율성 외에는 이 현상을 설명할 수 있는 가설이 없음을 확인하였다. 따라서 주가표류현상은 지금도 자본시장의 이상현상(market anomalies) 중 하나로 남아 있다. 그러나 Asthana(2003)는 IT기술의 발전이 주가표류현상을 줄이는 기능을 한다고 하였다. IT기술의 발전은 궁극적으로 거래비용은 줄여주고 정보효율성은 증진시킴으로써 주가표류현상을 감소시켜 자본시장의 효율성에 기여한다.

일반적으로 가치주(value stock)는 성장성과 주가수준이 상대적으로 낮은 반면, 성장주(growth stock)는 성장성과 주가수준이 상대적으로 높다. 가치주와 성장주 이상현상이란 가치주의 미래수익률이 성장주의 그것보다 높다는 것이다. 따라서 가치주는 매입(long)하고 성장주는 매도(short)하는 헤지포트폴리오를 구성하면 높은 수익률을 얻을 수 있다는 것이 가치주와 성장주의 구분에 따른 이상현상이다. 일찍이 Basu(1977, 1983)는 높은 E/P(earnings-to-price)를 갖는 기업의 수익률이 상대적으로 더 높다고 하였다. 이때 수익률이 높은 기업은 B/M(book-to-market value)도 높은 것으로 후속연구에서 밝혀졌다. 이후 Fama and French(1992, 1993)는 기업규모와 B/M이 CAPM에서 빠진 두 위험요소라고 하였다.

Yan and Zhao(2009)는 가치주와 성장주 이상현상을 주가표류현상과 결합하여 검증하였다. 그들은 비기대이익과 이익공표시의 초과수익률이 모두 양(+)인 기업은 매입(long)하고, 비기대이익과 이익공표시의 초과수익률이 모두 음(−)인 기업은 매도(short)하는 헤지포트폴리오를 구성하여 초과수익률을 계산하였다. 이때 가치주와 성장주를 구분하는 요인으로 book-to-market value ratio(B/M), earnings-to-price ratio(E/P), cash flow-to-price ratio(C/P) 및 sales growth(SG)의 네 가지를 채택하였다.

Yan and Zhao(2009, 2011)는 1984년부터 2008년까지 미국기업을 대상으로 비기대이익과 이익공표시의 초과수익률이 모두 양(+)인 기업 중에서도 가치주의 속성이 가장 높은 주식은 매입(long)하고, 비기대이익과 이익공표시의 초과수익률이 모두 음(−)인 기업 중에서도 성장주의 속성이 가장 높은 주식은 매도(short)하는 헤지포트폴리오를 구성하여 초과수익률을 계산하였다. 이는 비기대이익의 정보효과가 즉시 반영되는 것이 아니라 천천히 반영된다는 주가표류현상뿐만 아니라 가치주와 성장주의 이상현상까지 투자전략으로 채택한 것을 의미한다. 아래의 〈표〉에서는 헤지포트폴리오를 구성하는 가치주와 성장주의 각 변수 차이를 보여준다.

〈표〉 가치주와 성장주의 구분변수 차이

구분변수	가치주	성장주
B/M(Book-to-Market)	1.55	0.11
E/P(Earnings-to-Price)	0.32	−0.16
C/P(Cash flow-to-Price)	0.45	−0.10
SG(Sales Growth)	−0.10	2.55

다음의 [그림 1]은 헤지포트폴리오의 초과수익률을 보여준다. 그림에서 초과수익률은 이익공표 후 3달 동안(63영업일)의 초과수익률을 의미한다.

[그림 1] 헤지포트폴리오의 연도별 초과수익률

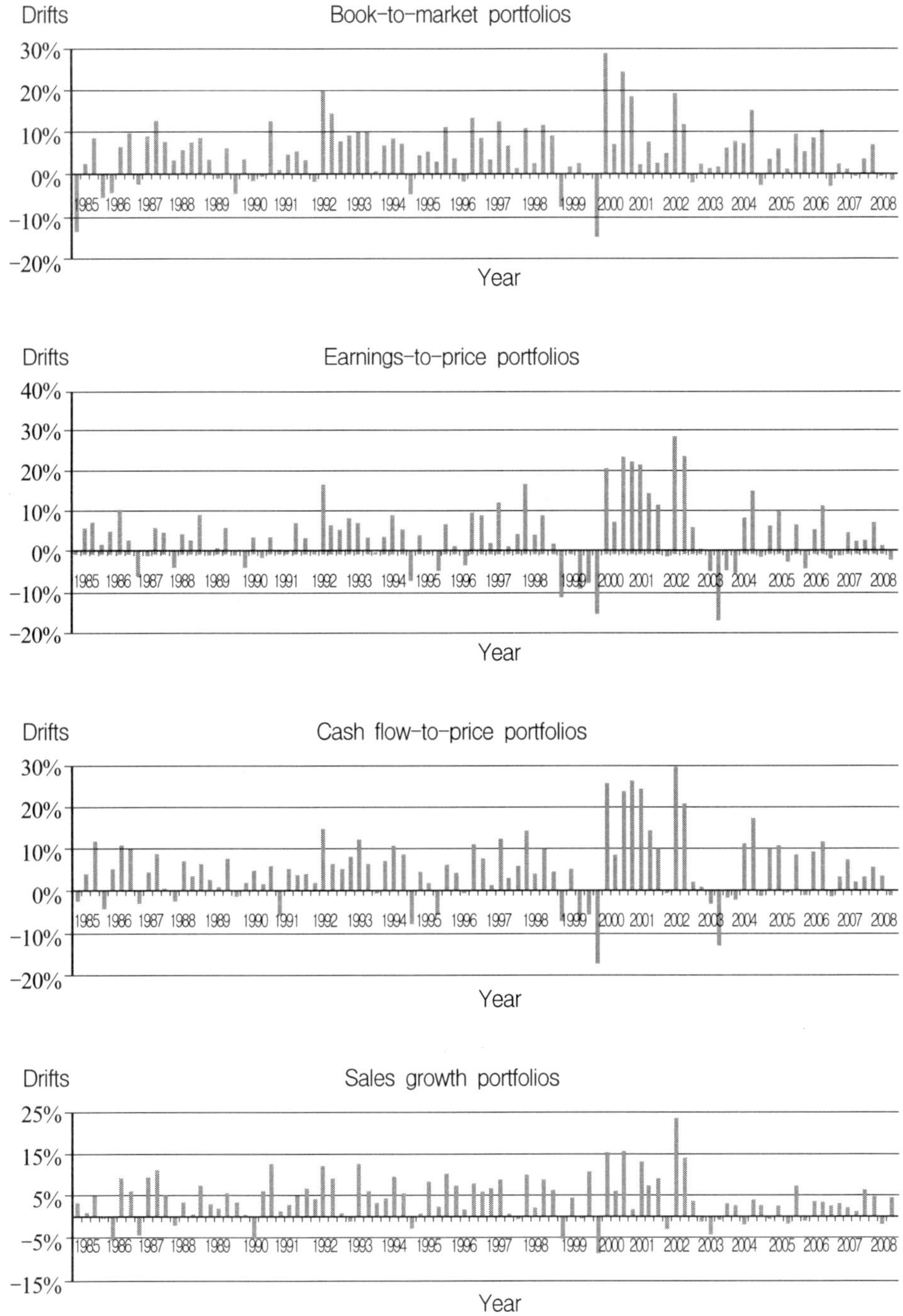

이 그림은 가치주와 성장주의 구분요인을 고려한 주가표류현상이 지금도 계속되고 있음을 보여준다. 즉 가치주와 성장주를 구분하는 네 가지 요인에 의한 헤지포트폴리오 모두

에서 연평균 초과수익률은 16~18%를 보여 비기대이익과 이익공표 후 3달간의 초과수익률은 체계적인 관련이 있는 것으로 나타나 주가표류현상은 지속되는 것으로 보인다. 그러나 초과수익률의 연도별 패턴에 분명한 변화도 감지된다. 즉 초과수익률은 2000년대 초반에 제일 높은 수준으로 나타나다가 그 후, 즉 최근에는 낮아지는 추세를 보이고 있다. 특히 매출증가(SG)와 관련한 헤지포트폴리오는 가장 눈에 띄는 모습을 보여 2003년 이후의 초과수익률은 과거에 비해 대폭 감소된 것으로 보인다.

Schwert(2003)는 이와 관련하여 자본시장의 이상현상, 그중에서도 특히 규모효과(size effect)와 가치주 및 성장주의 구분에 따른 이상현상을 의미하는 가치효과(value effect)는 이미 관련 연구논문이 공표되는 시점부터 사라지기 시작하였다고 하였다. 왜냐하면 관련 연구의 공표 이후 이를 이용하는 투자자와 투자전략의 등장으로 더 이상 이상현상이 나타나지 않았기 때문이다. 이는 학술연구가 자본시장의 효율성에 배치되는 이상현상을 발견하기도 하지만, 이를 사라지게 하기도 함으로써 궁극적으로 자본시장의 효율성에 기여하는 것이다.

규모효과(size effect)란 소규모기업의 투자수익률이 대규모기업의 투자수익률보다 높게 나타나는 것을 말한다. 이 현상은 1981년 미국시장에서 처음 보고된 이후, 다른 나라에서도 보고된 바 있으며 국내에서도 이의 존재는 꾸준히 확인되고 있다.

그러나 초기연구 이후에는 규모효과의 소멸이나 심지어 역전현상까지 보고되고 있다. 즉, Cochrane(1999)은 미국증권시장에서 규모효과가 사라지고 있음을 보고하였고, Dimson *et al.* (2002)은 전 세계 19개국에서 규모효과는 오히려 역전(reversal)되었다고 보고하였다. Jiang and Yamada(2011)는 1976년 6월부터 2009년 3월까지 일본증권시장을 대상으로 분석한 결과 일본에서도 규모효과가 역전되었음을 보이고, 이의 원인으로 기업규모에 따른 위험요소 등의 기본적 특성이 변화했다기보다는 외국 기관투자자들의 대규모기업의 선호에 따른 대형주의 가격상승을 그 이유로 제시했다.

다음의 [그림 2]는 일본증권시장에서의 기업규모에 따른 헤지포트폴리오(SMB)의 누적초과수익률과 외국 기관투자자의 비중을 보여준다. Panel A는 1976~1994년의 기간에는 규모효과가 나타나지만, 1995년부터 규모효과가 역전됨(즉, 소형주보다 오히려 대형주의 수익률이 더 높다)을 나타낸다. Panel A에서 그래프의 모습이 상승하는 국면에서는 SMB 포트폴리오의 수익률(소형주의 평균수익률－대형주의 평균수익률)이 플러스이고, 하강국면에서는 마이너스임을 의미한다. 따라서 1995년 이후에는 2003~2005년의 구간(그래프의 모습이 일시적으로 상승하는 국면)을 제외하고는 대형주의 수익률이 오히려 소형주의 그것을 능가하는 규모효과의 역전이 나타나고 있다. Panel B는 이 기간 동안의 외국 기관투자자의 비중을 나타낸다. 단순평균(EW)보다는 가치평균(VW)의 모습이 훨씬 높은 모습을 보임으로써 외국 기관투자자들은 소형주보다는 대형주를 선호하고 이러한 대형주에 대한 가격상승압력(price pressure)이 일본증권시장에서 규모효과의 역전에 기여한 것으로 나타났다.

전술한 자본시장의 이상현상을 종합하면 Banz(1981)의 규모효과가 이제는 오히려 역

[그림 2] 규모효과와 외국 기관투자자의 연도별 변화

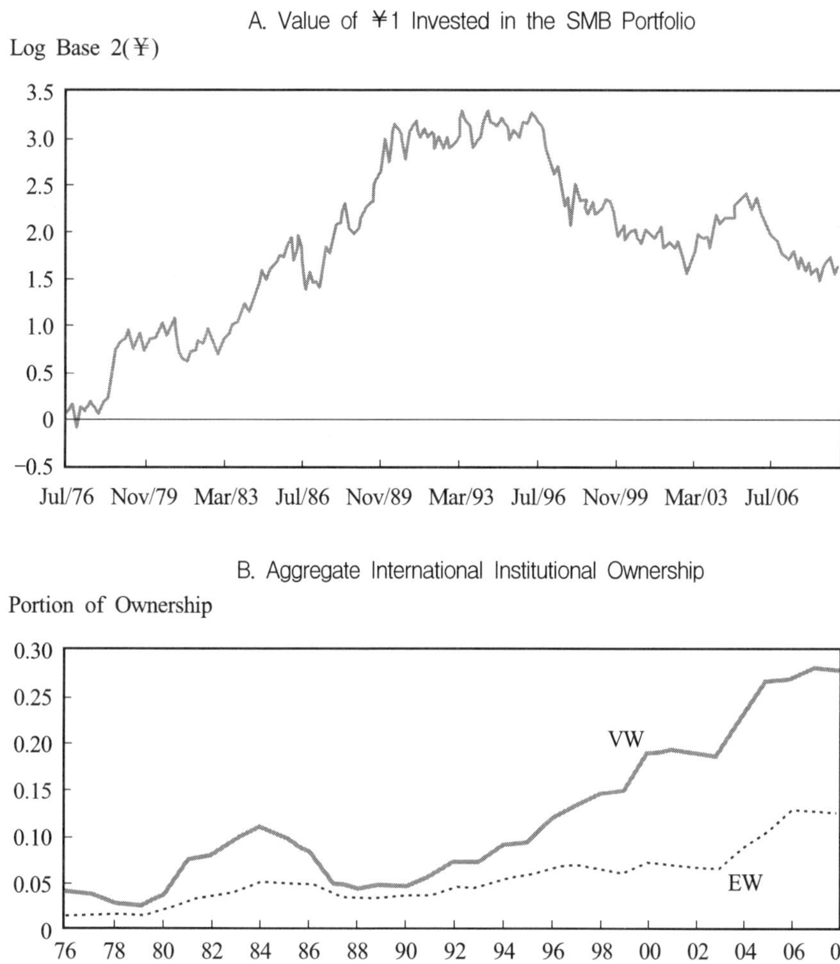

전되었고, Sloan(1996)이 최초로 보고한 발생액 이상현상이 이제는 소멸되었으며, 주가표류 현상 및 가치주와 성장주 이상현상도 소멸하거나 과거에 비해 현저히 감소하였다. 이는 자본시장의 이상현상도 투자자의 다양성, 투자자의 선호, 그들의 투자기법과 IT기술의 발전에 따라 얼마든지 변화할 수 있음을 강력히 시사한다. 또한 사라진 이상현상이 언젠가는 다시 나타날 수도 있을 것이다. 예를 들면 Green *et al*.(2011)은 발생액 이상현상이 사라지게 된 배경으로 이 현상을 이용하여 초과수익을 추구하는 헤지펀드의 등장을 지목하였으나, 발생액 이상현상에 입각한 투자전략으로 더 이상 큰 재미를 볼 수 없다고 판단해서 투자자들이 이러한 투자전략을 포기할 때 발생액 이상현상이 다시 등장할 것인가?라는 흥미로운 질문을 던지고 있다. 또한 Jiang and Yamada(2011)는 규모효과가 진정 소규모기업의 위험을 반영하는 합리적 요인이라면 외국 기관투자자의 대형주 선호가 수그러드는 시점에

다시 등장할 것으로 예측하고 있다.

CAPM 등에 의한 EMH의 검증과정에서 제기된 자본시장의 이상현상은 그동안 모형의 타당성, 인간의 합리성, 자본시장의 제도적 특성 및 거래비용 등과 관련하여 다양한 연구주제가 되어 왔고, 논리의 강건성(robustness)도 축적하여 왔다. 그러나 자본시장의 이상현상이 쇠퇴, 소멸, 역전되는 현실에서 이론적 논리의 구축 없이 empirical regularity에만 의존하는 모습을 보인다면 CAPM에 대한 대안으로서의 모습을 유지하기 어렵다고 판단된다.

Fama and French의 3요인 모형에서는 기업규모 및 가치주와 성장주를 구분하는 요인으로서 장부가액/시장가치(book-to-market : B/M) 비율이 기존의 CAPM에서 고려하는 유일한 변수인 체계적 위험(systematic risk : β)보다 주식수익률을 결정할 때 보다 중요한 것으로 나타나고 있다. 그러나 이에 대한 논리적 또는 이론적 근거는 아직까지 제시되지 않았다. 규모효과가 역전되고, 가치주와 성장주의 이상현상이 쇠퇴해가는 현실에서 3요인 모형이 CAPM에 대한 지속가능한 대안(sustainable alternative)으로의 모습을 앞으로도 계속 보일지는 조금 더 지켜볼 필요가 있는 것으로 판단된다.

Edmans *et al.*(2007)은 국가대항 축구경기의 승패가 주가에 미치는 영향을 조사한바, 승리는 별다른 영향이 없지만 패배는 해당국가의 주가에 부정적 영향을 미친다고 하였다. Kaplanski and Levy(2010)는 이를 발전시켜 역대 월드컵기간중의 뉴욕증권시장의 주가패턴을 분석하였다. 비록 미국에서 축구가 인기종목은 아니나 뉴욕시장에서 외국인의 비중이 상당하기 때문에 이를 분석하는 것은 의미가 있다. 분석결과에 따르면 역대 월드컵기간중 절대다수의 경우에 주가는 하락하였다. 이는 대회가 진행될수록 패배하는 국가가 늘어나기 때문인 것으로 추정된다. 이를 투자자가 이용한다면 상당한 초과이익을 기대할 수 있는 상황이 2006년 대회까지 매번 반복되었다. 그러나 이러한 연구결과가 공표되고 일부투자자들이 이를 인지한 직후에 열린 2010년 월드컵기간중의 주가패턴을 분석한 Kaplanski and Levy(2014)의 분석결과에 따르면 2010년 월드컵기간중의 뉴욕증권시장의 주가패턴은 이전 대회기간중의 모습과 매우 다른 주가패턴모습을 보여 이른바 월드컵 이상현상(World Cup anomaly)은 사라진 것으로 판단된다.

15 인간이 합리적이라는 의미는 구체적으로 무엇이며, 행태재무론의 시각을 설명하라.

다음의 [그림]은 자산가격결정이론(asset pricing theory)의 개념도를 나타내고 있다. 이 그림이 의미하는 것은 합리성(rationality)에 기반하는 전통적인 접근법과 이에 대항하는 행태재무적 접근법이 양대 축을 이루는 것을 보여준다. 이에 따르면 전통적인(neoclassical framework) 접근법에서는 의사결정자가 불확실한 부(wealth)의 분포에 대하여 von Neumann-Morgenstern의 선호(preference)를 보이며, 추론과정에서는 베이지안 기법(Bayesian techniques)을 사용한다. 이에 비해 행태재무적 접근법에서는 전통적인 접근법에서 사용된 von Neumann-Morgenstern theory 대신에 프로스펙트이론(prospect theory)이 사용되고 베이지안 기법 대신에 휴리스틱(heuristics)과 편향(biases)에 의한 방법이 사용된다. 편향이란 오류를

[그림] 자산가격결정이론의 개념도

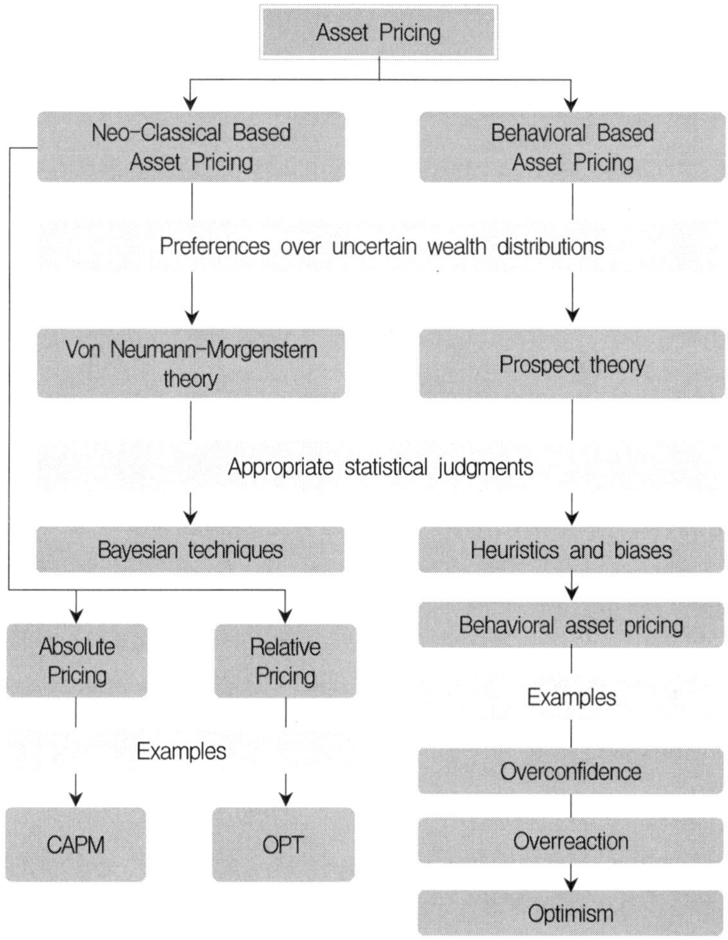

저지르려는 경향을 의미하며, 휴리스틱이란 의사결정을 내릴 때 사용하는 나름대로의 규칙을 의미한다. 이들 요인은 프로스펙트이론의 핵심요소인 틀짓기효과와 함께 행태재무론에서 의사결정에 영향을 미치는 대표적인 심리적 요인으로 꼽힌다. 틀짓기효과(framing effect)란 의사결정 상황이 설명되는 방식에 의해 어떤 사람의 의사결정이 영향을 받는 것을 의미한다.

따라서 인간이 합리적이라는 의미는 첫째, 기대효용이론에 따르며, 둘째 베이즈 정리(Bayesian theorem)에 따라 기존의 확률이 수정된다는 의미이다. 이에 대해 행태재무론에서는 기대효용이론 대신에 프로스펙트이론이 활용되고, 베이즈 정리 대신에 휴리스틱이나 편향이 작용한다.

베이즈 정리란 새로운 정보에 의해 확률이 바뀌는 과정을 보여준다. 이는 실험, 관찰, 경험 등을 통해 우리의 의사결정이 개선될 수 있음을 의미한다. 아래의 공식은 특정사건(O)하에서 가설이 사실일 확률인 사후확률(posterior probability) $P(H|O)$를 나타낸 것이다.

$$P(H|O) = P(H) \times P(O|H) / [P(H) \times P(O|H) + P(nonH) \times P(O|nonH)]$$

여기서, $P(H)$ =특정사건의 관찰 이전에 가설이 사실일 확률, 이를 사전확률이라 부른다(prior probability).
$P(O|H)$ =가설이 사실일 경우 특정사건이 나타날 확률
$P(nonH)$ =가설이 사실이 아닐 확률, 즉 $1-P(H)$
$P(O|nonH)$ =가설이 사실이 아니라도 특정사건이 나타날 확률

아래의 사례를 통해 베이즈 정리의 의미를 살펴보자.

40대 여성이 실제 유방암을 가지고 있을 확률은 1%이고 유방암을 가진 여성의 80%가 양성판정을 받는다고 한다. 그리고 유방암이 없는 여성도 양성판정을 받을 확률이 9.6%이다. 어떤 40대 여성이 양성판정을 받았을 때, 이 여성이 실제로 유방암을 가질 확률은?

40대 여성이 유방암에 실제로 걸릴 사건을 H라고 하면, $nonH$는 암이 아닐 확률이며, $P(H)=0.01$이고 $P(nonH)=0.99$이다. 유방암 환자 중 80%만 양성반응이 나오므로 양성반응이 나올 사건을 O라고 한다면 $P(O|H)=0.8$이다. 암이 아닌 경우에도 9.6%는 양성반응이 나오므로 $P(O|nonH)=0.096$이다. 즉 이것은 어떤 여성이 검진 결과 양성판정을 받았을 경우 실제로 그 여성이 유방암 환자일 확률, $P(H|O)$를 구하라는 문제이다.

$$P(H|O) = P(H) \times P(O|H) / [P(H) \times P(O|H) + P(nonH) \times P(O|nonH)]$$

$$\begin{aligned} P(\text{암}|\text{양성}) &= P(\text{암}) \times P(\text{양성}|\text{암}) / [P(\text{암}) \times P(\text{양성}|\text{암}) + P(non\,\text{암}) \times P(\text{양성}|non\,\text{암})] \\ &= 0.01 \times 0.8 / [0.01 \times 0.8 + 0.99 \times 0.096] \\ &= 0.008 / [0.008 + 0.09504] \\ &= 0.07764 \end{aligned}$$

위의 과정은 사전확률(1%)이 경험적 정보(양성반응)를 통해 사후확률(7.8%)로 변화하는 규범적 모습을 보여준다.

16 발생액 이상현상(accrual anomaly)의 원인과 이 현상의 지속성을 설명하라.

Sloan(1996)이 최초로 보고한 발생액 이상현상(accrual anomaly)이란 주가가 발생액과 영업활동 현금흐름의 지속성을 정확하게 반영하지 못하는 현상을 말한다. 즉, 투자자는 이익이 공시되면 발생액에 대해서는 과대평가를, 영업활동 현금흐름에 대해서는 과소평가를 하는 경향이 있다. 그 결과 공시 이후 발생액이 높은 포트폴리오는 음(−)의 초과수익률을, 발생액이 낮은 포트폴리오는 양(+)의 초과수익률을 경험하게 된다.[1)]

발생액 이상현상의 본질과 관련하여 지금까지 제기된 논쟁 중 중요한 것은 이러한 발생액 이상현상이 과연 CAPM이나 Fama-French 3요인 모형 등과 같은 표준화된 자본자산결

---

1) 발생액과 미래수익률이 음(−)의 관계를 갖는 현상을 accrual anomaly라고 부른다. 지금까지 발생액 이상현상에 대한 원인으로 제기된 가설은 earnings fixation hypothesis(mispricing), growth explanation, risk factor 및 limit of arbitrage 등이다(Shi and Zhang, 2012).

정모형에서 아직까지 식별되지 않은 위험요인(risk factor)에 대한 보상인지 아니면 단순한 시장의 비효율성으로 인한 가격결정오류(mispricing)인지에 대한 논쟁이다. 만약 발생액의 수준이 위험요인이라면 발생액이 낮은 기업의 높은 수익률은 위험요인에 대한 보상이라는 것이다.

발생액이 기존 자산가격결정모형에서 식별되지 않은 위험요인이고 발생액 이상현상이 이에 대한 보상이라면 시장은 효율적이라는 의미이며, 반대로 발생액 이상현상이 단순한 mispricing이라면 이는 시장이 효율적이지 않다는 의미이다. 이러한 각각의 상황에서 발생액 이상현상 자체의 지속성은 위험요인에 대한 보상일 경우에는 지속되어야 하고, 가격결정오류일 때에는 사라져야 한다. 또한 발생액 이상현상을 이용하는 헤지포트폴리오의 초과수익률은 두 경우 모두 사라져야 하는데, 이때 원인은 서로 다르다. 즉, 위험요인에 대한 보상인 경우에는 발생액 이상현상이 더 이상 이상현상이 아니라 균형가격이므로 초과수익으로 분류되지 않는다는 의미이며, 가격결정오류인 경우에는 발생액 이상현상 자체가 경쟁심화로 사라지기 때문이다. 아래의 〈표〉는 발생액 이상현상의 원인과 이에 따른 의미를 요약하고 있다.

〈표〉 발생액 이상현상의 원인 및 의미

원인 대표연구	발생액 이상현상의 지속여부	발생액 이상현상을 이용한 헤지포트폴리오 초과수익률의 존속여부
위험요인 (risk factor) Khan(2008)	발생액 이상현상 자체는 지속되어야 한다. 왜냐하면 이는 위험요인에 대한 적절한 보상이기 때문이다.	발생액을 추가적 위험요인(risk factor)으로 고려하는 자산가격결정모형에서는 발생액 이상현상은 더 이상 이상현상이 아니라 균형가격이기 때문에 헤지포트폴리오의 초과수익률은 사라져야 한다. 즉, 발생액 이상현상은 정상수익이므로 더 이상 초과수익으로 분류하면 안 된다.
가격결정오류 (mispricing) Hirshleifer *et al.* (2012)	발생액 이상현상 자체는 사라져야 한다. 왜냐하면 이 현상을 이용하는 투자자가 많아질수록 경쟁이 심해지기 때문이다.	발생액 이상현상을 이용하는 헤지포트폴리오의 초과수익률은 사라져야 한다. 왜냐하면 발생액 이상현상 자체가 경쟁심화로 사라지기 때문이다.

Sloan(1996)의 연구결과공표 이후 이러한 발생액 이상현상을 이용하는 투자자가 많아짐에 따라 발생액 이상현상은 그 후 점차 감소하여 현재는 거의 사라진 모습을 보이고 있다. 이에 따라 발생액 이상현상은 발견 당시에는 지금까지 발견된 이상현상 중에서 가장 강건한(most robust) 것이었지만, 발견 이후 서서히 사라지기 시작하여, 현재는 이상현상이 더 이상 아닌 것으로 보인다. 이러한 분석결과는 발생액 이상현상의 본질에 관련하여 매우 중요한 시사점을 갖는다. 왜냐하면 전술한 바와 같이 발생액 이상현상이 위험요인에 대한 보상이라면 발생액 이상현상은 세월의 흐름에 따라 사라지기보다는 균형가격으로서 유지되어야 하기 때문이다. 그러므로 발생액 이상현상이 사라졌다는 분석결과는 발생액 이상

현상의 본질이 투자자들의 가격결정오류(mispricing)였음을 반증하는 것으로 해석된다. 이에 따라 Hirshleifer *et al*.(2012)은 발생액 이상현상은 위험요인과 관련된 것이 아니라 시장과 투자자의 불완전성에 기인하는 가격결정오류와 관련된 것이라고 주장한다.

CHAPTER

8 정보적 관점과 평가적 관점

1 재무상태표와 손익계산서의 상대적 중요성이 어떻게 변화하였는지 설명하라.

20세기 직후에는 재무상태표의 주요 목적이 재무정보를 채권자에게 제공하는 것이었고, 그 당시 정보이용자는 대출의 안정성에 대한 지표를 중요시하지 않을 수 없었다. 따라서 청산가치(liquidation value)의 개념이 다른 어떤 평가개념보다 중요시되었고 보수주의가 재무보고에서 강조되었다. 이러한 전통에서 상법에서는 주주의 유한책임을 전제로 하는 주식회사에 대해 채권자보호의 시각에서 자본유지의 원칙이 매우 엄격하게 요구되고 있다.

그러나 자본시장의 발달로 직접금융의 비중이 높아지면서 투자자 중심의 회계관이 채권자 중심의 회계관을 지배하여 손익계산서의 중요성이 재무상태표를 능가하게 되었다. 그런 데다 자본시장의 효율성을 잠정적으로 수용하던 시절에는 기업가치평가 그 자체가 시장에 위임되어 기업가치 자체의 평가를 시도하기보다는 그 변동을 야기하는 요인 중에서 가장 대표적인 회계변수인 회계이익의 측정이 회계기능의 중심에 서게 되었다. 예를 들어 기업가치가 궁금하면 재무제표를 볼 것이 아니라 주식시장에서 형성되는 주가를 보라는 논리이다(Holthausen and Watts, 2001, p. 23). 이 경우에는 이익반응계수에 대한 관심이 커지게 된다. 왜냐하면 이러한 환경에서는 주가수준이 문제가 되는 것이 아니라 주가변동과 이익변동(그중에서도 비기대이익)의 관계가 중요한 관심사가 된다.

그러나 자본시장의 효율성에 대한 과거의 믿음에 대한 강도가 떨어지면서 가치평가기능을 시장에만 위임할 수 없다는 견해가 등장하고 회계가 더 이상 가치평가기능을 방치할 수 없다는 논리가 설득력을 얻게 되었다. 이에 회계정보를 이용하여 주가수준을 설명하고자 하는 연구가 등장하고 회계정보와 주가수준의 관계가 회계정보의 유용성을 판단하는 하나의 기준으로 등장하는 계기를 마련하였다. 이러한 환경에서는 재무상태표의 중요성이 다시 부각되었다. 왜냐하면 기업가치평가의 기본에 장부가액이 있게 되는데, 이는 과거의 손익계산서 우위의 시절에 재무상태표를 수익·비용 대응의 부산물로 생각하던 것과는 다른 것이다. 즉 재무상태표에 무엇을 어떻게 보고하느냐에 따라 주가수준에 직접적인 영향을 미쳐 자원배분의 효율성에 회계가 공헌할 가능성에 차이가 있기 때문이다.

과거의 손익계산서 중심의 회계관에서는 공시하느냐 마느냐가 주가에 영향을 미치는 요인이었으나, 재무상태표의 중요성이 다시 부각된 시점에서는 재무상태표에 무엇을 어떻게 보고하느냐에 따라 주가수준에 영향을 미칠 수 있다는 시각이다. 이상의 내용을 정리하면 아래의 〈표〉와 같다.

〈표〉 재무상태표와 손익계산서의 상대적 중요성의 역사적 변천

	재무상태표 우위	손익계산서 우위	다시 재무상태표 우위
시 기	SEC 출범 이전	자본시장의 활성화 시기	자본시장의 효율성 후퇴 인식
주요 이용자	은행, 채권자	투자자	투자자
재무상태표의 성격	채무자의 재산상태표시	손익계산서의 부산물 (사례 : 이연자산)	기업가치평가의 기초
주요 회계원칙	자산의 담보가치평가	수익인식 및 수익·비용 대응의 원칙	자산의 정의가 평가나 측정보다 우선
자산평가	청산가치	역사원가	시가
자본시장의 효율성		상대적으로 높음	상대적으로 낮음
회계기능	계약기능 중시	가치평가기능 유보	가치평가기능 중시
실증연구의 주제		이익반응계수	가치관련성

2 경험적 회계연구에서 동시검정의 사례를 설명하라.

회계연구가 회계 실무 및 이론 형성에 기여한 바는 간과할 수 없다. 그러나 회계연구가 가지는 여러 가지 한계 중 경험적 회계연구(empirical accounting research)에서 중요한 것은 동시검정에 따른 한계이다. 동시검정(joint test)이란 연구가설을 테스트하기 위한 수단으로 검정모형이 동원되는 경우, 검정모형의 타당성(validity)과 연구가설, 즉 연구의 대상이 되는 속성이 혼합효과(confounding effects)를 일으킬 가능성이 있는 상황을 의미한다. 경험적 회계연구에서 나타나는 동시검정의 사례는 아래의 〈표〉와 같다.

〈표〉 동시검정의 사례

연구주제	연구모형
자본시장의 효율성 검정	CAPM vs Fama-French 3요인 모형
발생의 질 추정	Jones 모형 vs Dechow & Dichev 모형
보수주의의 측정	Basu 모형 vs Ball & Shivakumar 모형

3 가치평가기능의 입장에서 "좋은" 회계처리를 구분하는 근거는 무엇인가?

본문의 식을 다시 한번 살펴보자.

$$P_t = BV_t + \frac{E(E_{t+1} - r \cdot BV_t)}{(1+r)} + \frac{E(E_{t+2} - r \cdot BV_{t+1})}{(1+r)^2} + \cdots$$
$$= BV_t + GW_t$$

여기서, GW_t = 미래초과이익의 현재가치의 합계

위의 모형이 정보공시에 대해 어떠한 시사점을 갖고 있는지는 자명하다. 첫째, 투자자들은 P_t를 알고자 하므로 BV_t 외에 이들에게 가장 유용한 정보는 GW_t의 크기를 직접 나타내는 정보이다. 둘째, 만일 이러한 정보의 제공이 어렵다면 GW_t의 추정에 직접 활용될 수 있는 정보가 투자자들에게 유용할 것이다. 예를 들면, 미래 이익(매출)에 관한 정보가 이에 해당한다. 셋째, 자산성이 있으나 비용처리되는 항목이 있다면 이를 적절히 공시하여 BV_t의 과소계상으로 인한 valuation error를 줄일 수 있게 하는 것이다.

이러한 관점에서 "좋은" 회계시스템은 될 수 있는 대로 짧은 예측시계에 걸쳐(over shorter horizon) 기업가치를 표시하는 것이다. 즉 어떤 기업가치평가모형이 보다 긴(longer) 시계를 필요로 한다면 보다 짧은(shorter) 시계에 걸쳐 기업가치를 표시하는 모형보다 "나쁜" 회계시스템이 된다. 따라서 위의 모형에서 기업가치에 관련 있는 항목을 BV_t에 직접 반영하거나 역사원가에 의한 평가를 공정가치에 의한 평가로 바꾸는 것은 장기적인 예측시계를 필요로 하는 초과이익의 할인으로 계산되는 부분(GW_t)의 비중을 줄이고 측정오차를 줄여 더 "좋은" 회계처리가 될 수 있다는 의미이다. R&D의 비용처리보다는 자산처리를 주장하는 이유는 이러한 관점에서 의의를 찾을 수 있다. 또한 IFRS가 자산 또는 부채의 평가에 있어 공정가치에 의한 평가를 확대하는 입장도 "바람직한 회계"의 관점에서 이해될 수 있다.

4 자본시장의 효율성과 관련하여 공시와 인식의 차이를 나타내는 사례를 소개하라.

Espahbodi *et al.*(2002)은 미국기업을 대상으로 스톡옵션비용이 손익계산서 본문에 인식될 때와 주석에 공시될 때의 시장반응이 다르다는 점을 제시하였다. Cotter and Zimmer(2003)는 호주의 부동산재평가제도를 이용하여 공시와 인식의 차이를 실증분석하였다. 분석결과에 따르면 재무제표에 인식된 정보는 주석에 공시된 정보보다 가치관련성이 높은 것으로 나타났으며 이러한 현상의 주된 원인은 인식된 정보가 공시된 정보보다 신뢰성이 높기 때문으로 나타났다. 따라서 인식과 공시의 정보효과에 차이가 있으며 이는 공시장소의 차이에 따라 시장의 반응이 다르다는 점을 나타낸다.

우리나라에서도 윤재원 · 최현돌(2005)은 주석에 공시된 대손충당금 부족액 정보와 재무제표 본문에 인식된 대손충당금 및 대손상각비 정보의 주가관련성에 차이가 있는가를

검증한 결과, 재무제표 본문에 인식되지 않은 대손충당금 부족설정액과 대손상각비 부족(과다)액에 대한 정보는 주가관련성이 없는 것으로 나타났다. 이상의 사례는 준강형 효율성에서 가정하는 것처럼 주석공시와 재무제표 본문인식에 차이가 없다는 주장을 부인하는 것으로 회계기준제정기구에 시사하는 바가 크다. 아래의 〈표〉에서는 재무제표 본문과 주석공시의 효과에 차이가 있음을 밝힌 선행연구를 정리하였다.

〈표〉 재무제표 본문과 주석공시의 차이

연구자	연구주제
Espahbodi *et al.*(2002)	스톡옵션비용
Cotter and Zimmer(2003)	부동산재평가차액
윤재원 · 최현돌(2005)	대손상각비 및 대손충당금

최근에 우리나라가 영업손익의 공시와 관련하여 K-IFRS를 개정한 것도 이 문제와 관련이 있다. 즉 IFRS는 영업손익에 대한 정의가 없고 공시요구도 하지 않아 우리나라는 2010년 11월 K-IFRS 개정을 통해 영업손익을 포괄손익계산서에 별도의 항목으로 구분 표시하거나 주석으로 공시하도록 의무화하였다. 그러나 기업의 영업손익의 계산방식이 자의적으로 이루어진다는 비판이 꾸준히 제기되어 2012년 10월 K-IFRS 제1001호 '재무제표 표시'를 개정하여 '일반기업회계기준'과 동일하게 수익(매출액)에서 매출원가 및 판매비와관리비를 차감하여 영업손익을 산출하도록 하고 이와 동시에 영업손익을 반드시 포괄손익계산서의 본문에 표시하도록 하였다. 이러한 K-IFRS의 개정도 재무제표 본문표시와 주석공시의 차이를 인식한 조치로 평가된다.

5 자본시장의 비합리성(거품)과 회계의 역할과 관련하여

(1) 회계가 거품을 조장한다고 볼 수 있는 사례를 언급하라.

Penman(2003)은 장부가액과 시장가치의 차이를 장부가액의 하자로 보기보다는 시장가치의 하자, 즉 비합리적 주가수준을 야기하는 거품의 역할로 보고 있다. 거품은 합리적 가치평가보다는 투기적 믿음(speculative beliefs)에 근거하는 것인데, 거품이 또 다른 거품을 야기하는 연쇄성(a pyramiding chain letter)의 속성을 가진다고 하였다. 그런데 거품을 야기하는 요인은 여러 가지를 지목할 수 있지만 GAAP도 거품생산의 연속성을 차단하는 기능을 하기보다는 거품생성을 방관하거나 오히려 조장하는 역할을 해온 것이 사실이다. 회계는 궁극적으로 기업 소유주인 보통주주를 위한 정보제공에 주력해야 하지만 이러한 기본 시각을 벗어난 경우가 흔하다. 예를 들면 이자, 세금 및 감가상각비 공제전 이익(earnings before interest, taxes, depreciation and amortization : EBITDA)의 개념은 보통주주의 시각을 벗어나 있다. EBITDA는 이자, 세금 및 감가상각비 등을 현금흐름과 관계없거나 주된 영업에서 발생한 것이 아니라는 이유로 이익에서 공제하지 않기 때문에 비용을 자본처리하도록 유도하고 증권회사나 투자자문회사는 pro-forma earnings(견적 이익)의 형식으로 실적추정치로서의 EBITDA의 개념을 강조함으로써 기업실적을 부풀리고 부채차입을 촉발하여 과잉자본을 유도한다. 따라서 PER이 50을 넘어도 이를 있을 수 있는 일로 받아들이는 투기적 믿음을 조장하고 있다. GAAP earnings로 계산하면 50이 넘는 PER도 EBITDA를 적용하면 PER이 대폭 축소됨을 보여주며 아직도 이 회사 주식은 투자할 만하다고 고객을 유인하는 부채질하는 행위를 일컫는다.

(2) 자본시장의 비합리성에 비추어 가치관련성 연구의 한계를 언급하라.

Holthausen and Watts(2001)는 시장의 합리성에 의문을 제기하는 증거가 있는 이상 기존의 가치관련성 연구는 내재적 한계가 있는 것이라고 비판하였다. 가치관련성 연구는 관심변수의 가치관련성을 주가와의 연관성으로 측정하는 것인데, 주가가 비합리적으로 형성되는 경우에는 한계가 있다. 왜냐하면 현실의 주가가 내재가치가 아닌 이상 현실의 주가와의 상관관계 여부 및 고저는 회계수치의 유용성 평가와 직접적인 관계가 없기 때문이다. 또한 Penman(2003)은 자본시장의 거품(bubble) 논쟁과 관련하여 기존 가치관련성 연구에서는 회계수치가 거품과 관련이 높아도 정보유용성이 있는 것으로 결론내릴 수 있다고 하였다. 이는 아래의 [그림]에서 두 원의 격차는 회계상의 문제(장부가액)일 수도 있지만 시장의 문제(시장가치)일 수도 있다는 의미이다.

(3) PBR을 축소할 수 있는 회계기능을 언급하라.

전통회계모형의 한계는 주로 기술집약적 신경제시대에 필요한 정보를 제대로 제공해 주지 못한다는 것이었다. 예를 들면 아래의 [그림]에서 장부가액과 시장가치의 차이(높은 PBR)의 원인을 주로 회계모형이 제공해 주는 장부가액의 하자(한계)로 인식한다는 것이다. 그

[그림] 장부가액과 시장가치의 괴리

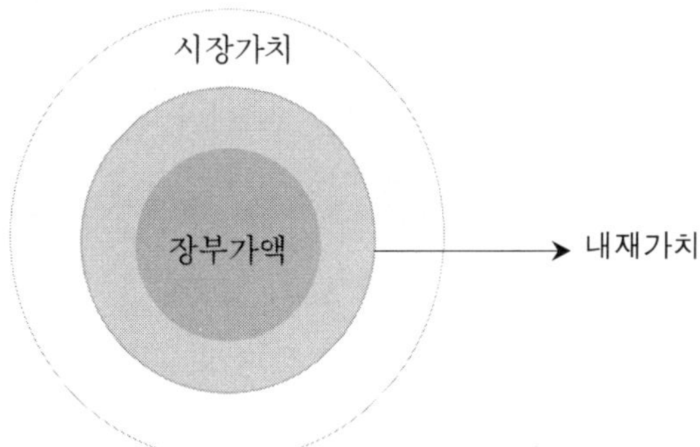

러나 관점을 바꿔보면 주가의 비합리성, 즉 자본시장의 비효율성이 장부가액과 시장가치 차이의 원인이 될 수도 있다. 장부가액과 기업가치에 차이가 나는 것은 여러 요인이 있을 수 있으나 회계적인 이슈와 관련된 것은 다음과 같다.

- 부외자산 또는 무형자산이 장부에 인식되지 않음
- 유형자산이나 금융상품이 시가로 평가되지 않음
- 보수적인 수익 인식 및 수익·비용 대응의 원칙 적용

6 Fama-French 3요인 모형의 회계적 의미를 언급하라.

CAPM과 Fama-French 3요인 모형에 대한 논란은 실증연구에서 나타나는 동시검정의 사례가 된다. 왜냐하면 어떤 모형이 진정한 기대수익률 모형이냐는 과제와 더불어 그러한 모형에 근거한 초과수익률을 가지고 자본시장의 효율성에 대한 진단을 내려야 하는 과제를 동시에 안고 있기 때문이다. 다만 Fama-French 3요인 모형이 체계적 위험(β_i) 외에 다른 위험요인의 가능성을 적시하고 있는 데다 그 변수 중의 하나가 회계변수로 볼 수 있는 B/M이기 때문에 회계의 역할에 대한 보다 적극적인 인식이 필요하다. 즉 자원배분의 효율성에 기여하는 회계의 역할이 과거 CAPM 모형에서는 직접적으로 드러나지 않았으나, Fama-French 3요인 모형에서는 B/M을 통해 구체화됐기 때문이다. 특히 무형자산에 대한 인식확대와 공정가치평가를 주장하는 가치평가기능의 확산은 B/M에 대한 영향을 통해 회계가 주가에 영향을 미치고, 이에 따라 자원배분의 효율성에 기여하는 경로는 과거보다 훨씬 부각되었다. 다만 Penman and Zhu(2014)는 진실한 기대수익률 모형을 모르는 상황에서는 아무도 자본시장의 효율성과 비효율성을 단언할 수 없지만, 지금까지 자본시장의 이상현상(anomalies of market)으로 간주됐던 회계변수, 즉 이익/주가(E/P), 장부가액/주가(B/P) 및 발생(accruals) 등이 실제로는 미래 이익과 성장을 예측하는 역할을 함으로써 anomalies나 mispricing의 주범이 아니라 위험에 상응하는 기대수익률을 구성하는 합리적인 지표라고 주장함으로써 회계변수의 기대수익률 결정역할을 강조하였다. 즉 지금까지 변칙적인 수익률로 생각됐던 것이 사실은 합리적인 가치산정의 결과라는 것이며, 이 경우에도 회계의 자원배분에의 기여는 과거보다 직접적이고 명시적이다.

2017년도 노벨 경제학상 수상자인 Thaler(탈러, 2016, p. 366)의 표현대로 Fama and French는 규모와 가치가 '왜' 위험요인이 되어야 하는지에 대해서는 어떠한 논리도 갖고 있지 않다고 솔직하게 시인했다. 즉 이들은 규모와 가치를 통해 수익을 예측해야 할 이론적 근거는 전혀 제시하지 못했다. 다만 실증분석에서 규모와 가치라는 변수가 꾸준히 수익률과의 관련성을 보여주었기 때문에 이런 요인들을 활용한 것뿐이다. 그런데 Fama and French(1995)는 높은 B/M에 따르는 위험을 distress risk라고 불렀다. Fama and French(1995)는 가치주의 주가가 급락하여 도산위험 등이 높아졌다는 의미로 이를 distress risk로 부른 것이다. 그러나 이러한 논리가 언제나 설득력이 있는 것은 아니다. B/M이 높다는 것은 M

이 낮아짐으로써 나타날 수도 있지만, B가 높아짐으로써도 나타날 수 있다. M이 낮아지는 것을 위험요인으로 간주하는 것에는 별다른 저항이 없지만 B가 높아지는 것을 위험요인으로 간주하는 것은 회계적 관점에서 일방적으로 수용하기 어렵다. 이러한 맥락에서 SML보다는 HML의 타당성에 대한 의구심이 훨씬 높은 것이 현실이다.

Penman(2011, 2012)은 Fama and French 3요인 모형을 data dredging이라 부르고, 장부가액 대 시장가치 비율(book-to-market : B/M)은 발생주의와 보수주의 등의 회계의 본질에 따라 불확실성에 대응하는 기본적인 회계지표의 하나로서, 이는 미래이익의 성장성과 그 불확실성을 반영하므로 B/M이 높을수록 성장, 위험 및 요구수익률이 높다고 하였다. 따라서 Fama and French가 B/M을 'distress risk'로 부르면서 시장은 이 위험에 대한 보상을 하는 것이라고 주장하는 것은 올바른 논리가 아니라고 하였다. 이러한 주장은 Fama and French와 같이 B/M이 위험요인에 대한 대용치(proxy)의 역할을 한다는 점에서는 공통점이 있지만, 그 위험요인이 Fama and French가 주장하는 것과 같이 distress risk가 아니라 회계적인 관점에서 도출되는 성장성, 불확실성 및 요구수익률을 나타낸다는 점에서 차이가 있다. 이와 관련하여 Penman의 일관된 입장은 B/M은 회계의 본질 및 재무이론에 따르면 성장, 위험 및 요구수익률을 나타내는 회계변수라는 것이다. 그런데 회계적 관점에서 이론적 근거를 제시하는 자신과 달리 Fama and French는 이론적 근거 없이 오로지 경험적 관찰에 의해 B/M을 변수로 포함한 데다가, B/M이 낮을수록 성장주의 특징이 높다고 함으로써 잘못된 용어와 해석을 통해 혼란을 야기한다는 주장이다.

7 EBITDA의 의미를 설명하고 이러한 개념이 활발하게 사용되게 된 배경을 설명하라.

회계는 궁극적으로 기업 소유주인 보통주주를 위한 정보제공에 주력해야 하지만 이러한 기본 시각을 벗어난 경우가 흔하다. 예를 들면 이자, 세금 및 감가상각비 공제전 이익(earnings before interest, taxes, depreciation and amortization : EBITDA)의 개념은 보통주주의 시각을 벗어나 있다. EBITDA는 이자, 세금 및 감가상각비 등을 현금흐름과 관계없거나 주된 영업에서 발생한 것이 아니라는 이유로 이익에서 공제하지 않고 있기 때문에 비용을 자본처리하도록 유도하고 증권회사나 투자자문회사는 pro-forma earnings(견적 이익)의 형식으로 실적추정치로서의 EBITDA의 개념을 강조함으로써 기업실적을 부풀리고 부채차입을 촉발하여 과잉자본을 유도한다. 따라서 PER이 50을 넘어도 이를 있을 수 있는 일로 받아들이는 투기적 믿음을 조장하고 있다. GAAP earnings로 계산하면 50이 넘는 PER도 EBITDA를 적용하면 PER이 대폭 축소됨을 보여주며 아직도 이 회사 주식은 투자할 만하다고 부채질하는 행위를 일컫는다.

역사적으로 볼 때, EBITDA가 갑자기 널리 사용되게 된 것은 2000년대 초반 닷컴 버블(dotcom bubble) 당시부터였다. 투자은행(investment bank, 한국의 증권회사에 해당됨)들이 이익이나 현금흐름이 모두 적자인 IT 기업들을 상장시키기 위해 투자자들에게 내세울 것을 찾다가 EBITDA 규모가 늘어나고 있다는 것을 적극 홍보하면서부터 이익이나 현금흐름이 아니라 EBITDA가 널리 사용되게 된 것이다. 이익이나 현금흐름의 적자규모가 계속 커져도 EBITDA는 얼마든지 증가할 수 있다. 기업을 상장시켜야만 투자은행들이 막대한 상장 수수료를 받을 수 있으므로 EBITDA 정보를 이용하여 회계에 무지한 다수의 투자자들을 유혹한 것이다. 그 결과 닷컴 버블이 꺼지면서 투자자들은 많은 피해를 보았다.

8 공시만능주의를 설명하고, 이에 대한 IFRS의 입장을 설명하라.

인식은 재무제표 본문에 계정과목을 통해 반영되는 것이므로 측정과 평가가 필요하나 주석을 통해 주로 이루어지는 공시는 측정과 평가가 언제나 필요한 것은 아니다. 자본시장의 효율성이 작동하는 환경에서는 공시와 인식의 차이가 없다. 이러한 환경에서는 공시가 회계처리의 불완전성이나 회계기준의 부족함을 메워줄 수 있는 유용한 대체물(substitute)로 인식되어 다음과 같은 사고가 가능하다.

Bad accounting＋Good Disclosure＝Good Accounting

위 내용은 공시만능주의를 시사한다. 즉 재무제표나 장부상의 인식에서 문제나 한계(bad accounting)가 있더라도 충실한 공시가 이루어지면 별다른 문제가 없을 것이라는 것이다. 그러나 자본시장의 효율성이 담보되지 않으면 공시의 유효성은 한계가 있다. 전술한 바와 같이 자본시장의 효율성에 대한 의문이 제기되면서 공시와 인식에 차이가 없다는 사고는 퇴색하고 있다. 따라서 공시는 제아무리 정밀하더라도 정의, 인식, 측정으로 이어지는 회계과정의 일부를 대신할 수 없다. IFRS도 부적절한 회계정책은 이에 대하여 공시나 주석 또는 보충 자료를 통해 설명하더라도 정당화될 수 없다고 명시함으로써 공시만능주의를 부인하고 있다.

9 이익반응계수 연구와 관련하여,

(1) 탄생배경은 무엇인가?

회계연구에서 일반적으로 정의하고 있는 이익반응계수(earnings response coefficients : ERC)는 일정기간의 비기대이익과 주가변동 간의 상관계수로 정의하고 있다. 전통적으로 이익반응계수를 측정하는 모형은 아래와 같이 표시될 수 있다.

$$CAR_{i,t}=\alpha_0+\alpha_1 UE_{i,t}+e_{i,t}$$

여기서 $CAR_{i,t}$는 기간 t에서 주식 i의 누적초과수익률(cumulative abnormal returns)이고, UE는 기간 t에서 기업 i의 비기대이익(unexpected earnings)이며, $e_{i,t}$는 잔차이다. 이때 α_1을 기업 i의 이익반응계수라 부른다. 따라서 이익반응계수는 효율적 자본시장을 가정할 경우, 회계이익의 자본화율로 평가할 수 있을 것이다. 또한 이는 회계이익의 정보내용

(information content)을 의미한다. 이익반응계수의 결정요인으로서 선행연구에서 고려된 변수는 이익의 지속성(persistence), 베타, 무위험이자율, 이익의 성장률, 이익의 예측가능성(predictability), 그리고 규모나 산업효과 같은 비재무요인이다.

이익반응계수 연구의 기본가정과 동기는 자본시장의 효율성이 수용되는 상황에서 주가 그 자체의 평가는 시장에 맡겨두고 그 변동에 영향을 미치는 요인 중 가장 대표적인 회계변수인 회계이익의 변동이 주가의 변동과 어떤 연관관계에 있는지를 규명하는 것이다.

(2) 주요 연구주제는 무엇인가?

이익반응계수 연구는 이익공표시의 주가반응을 짧은 기간(short window) 동안 살펴봄으로써 이익변동과 주가변동 간의 관계를 인과관계(causality)로 볼 수 있는 다음의 조건을 충족한다. 첫째, 이익변동과 주가변동 사이에 상관관계가 존재한다. 둘째, 개념적으로 이익변동으로 인해 주가변동이 야기된다고 보는 것이 논리적이다. 셋째, 이익변동과 주가변동에 동시에 영향을 미치는 기타 변수의 혼합효과(confounding effects)를 차단하거나 통제한다. 그러나 정보의 공시일, 정보의 비기대부분 그리고 기타변수를 완벽하게 통제하는 것은 쉬운 일이 아니고 이는 이익반응계수 연구의 한계로 지적된다. 특히 회계정보가 공시일에 투자대중에게 최초로 공개되는 새로운 정보라는 것은 현실(reality)과는 거리가 있다.

10 가치관련성 연구와 관련하여,

(1) 탄생배경은 무엇인가?

가치관련성(value relevance) 연구는 일반적으로 기업의 가치를 회계이익이나 장부가액 등의 회계수치로 회귀분석함으로써 그 회계수치가 기업의 가치와 어느 정도의 관련성을 가지는지 살펴보는 것이다. Barth *et al*.(2001a)에 따르면 가치관련성은 다음과 같이 정의된다. "... an accounting amount is value relevant if it has a predicted association with equity market values." 그런데 가치관련성 연구는 본질적으로 자본시장의 효율성 후퇴와 관련이 있다. 왜냐하면 자본시장의 효율성이 수용되는 상황에서는 주가 그 자체에 대한 관심보다는 가치변동에 보다 많은 관심이 쏠리게 된다. 그러나 주가수준이 효율적으로 형성되지 않는다는 믿음이 강화되면 주가 그 자체에 대한 관심이 증가된다. 즉 관련 정보의 주석공시 등으로 해결되던 문제가 측정의 정밀성을 도모하면서 재무제표의 본문에 공정가치로 인식되는 것이 중요하다는 관점에서 역사원가보다는 공정가치에 의한 측정이 바람직한 회계가 된다. 이는 주가형성의 효율성에 이바지하기 위해 회계가 어떤 역할을 해야 하는지에 대한 중요한 변화를 의미한다.

(2) 주요 연구주제는 무엇인가?

가치관련성 연구는 시장효율성의 하락과 맞물려 주가와 관련 있는 회계정보를 어떻게 표시하는 것이 바람직한지에 대한 의문에서 출발하여 주가와 관련 있는 정보는 재무제표 본문에 공정가치로 인식하는 것이 바람직하다는 일반적 결론에 도달하고 있다. 아래의 〈표〉는 가치관련성 연구의 다양한 주제를 보여주고 있다. 〈표〉의 내용을 요약하면 첫째, 재무제표 본문에 인식되어 있는 항목을 어떻게 측정 또는 평가하는 것이 보다 가치관련성이 높으냐의 문제로, 시가 또는 원가 평가와 이익의 종류에 따라 가치관련성에 차이를 보이는 연구를 예로 들 수 있다. 일반적으로 시가평가액, 자산재평가차액 및 pro forma earnings 등이 유의한 가치관련성을 보이고 있다. 둘째, 정보제공의 장소에 따른 가치관련성의 차이를 분석하는 연구로서, 주석공시와 재무제표 본문인식의 가치관련성 차이를 규명하는 연구를 예로 들 수 있다. 셋째, 재무제표에 인식되거나 주석으로 공시되지 않는 정보인데도 불구하고 가치관련성을 보이는 항목을 찾아 회계인식의 확대를 주장하는 연구를 예로 들 수 있는데, 〈표〉의 부외자산이나 부외부채의 경우에 해당된다. 특히 IT업종의 경우 재무제표 정보의 가치관련성보다도 비재무정보의 가치관련성이 높게 나타나는 현상 등이 본 사례에 해당된다. 넷째, 개별기업의 특성과 관련하여 회계투명성, 이익조정의 정도 및 영업주기의

〈표〉 가치관련성 연구의 주제 및 변수

연구주제	연구변수
1. 시가에 의한 평가	• 공정가치 • 자산재평가액 또는 자산재평가이익
2. 부외자산 / 부외부채	• 부외자산 : 무형자산, R&D지출, 인적자산, 상표가치, 소비자만족, 시장점유율, 특허권수, web page 방문자수 등 • 부외부채 : 공정가치로 환산한 퇴직급여채무
3. 이익의 종류	• 회계이익 vs 현금흐름 vs 발생액(accruals) • 회계이익 vs 기타포괄손익 • GAAP earnings vs pro forma earnings • 흑자기업 vs 적자기업 • 발생과 현금흐름의 음(−)의 상관관계의 고저
4. 투명성의 영향	• 이익조정(재량적 발생)의 영향 • 실제 이익조정 vs 회계적 이익조정 • 감사품질의 영향 • 기업지배구조의 영향
5. 회계제도의 영향	• 미국모형 vs 유럽모형 • IFRS vs national GAAP • 연결재무제표 vs 별도재무제표
6. 인식 vs 공시	• 본문인식 vs 주석공시
7. 기업의 특성	• 유가증권상장기업 vs 코스닥상장기업 • 벤처기업 vs 일반기업 • 영업주기의 장단

장단에 따른 가치관련성 차이를 연구하는 것이다. 다섯째, 적용회계기준의 종류에 따른 가치관련성 차이를 연구하는 것으로, KASB, FASB 및 IASB 등의 기준에 따라 작성된 회계정보의 가치관련성 차이를 규명하는 국제회계분야의 연구를 예로 들 수 있다.

(3) 가치관련성 연구의 한계는 무엇인가?

계약기능의 관점에서 보면 가치관련성 연구는 그 이론적 타당성이나 현실적응력이 부족하다. 왜냐하면 첫째, 회계기능은 다양한데, 투자자 입장만을 강조하는 가치관련성 연구는 공평하지 않다는 것이다. 즉, 계약기능의 입장에서는 개인이나 기업의 업적평가는 그들의 노력과 행동을 반영해야 하는데, 이때의 업적평가지표가 주가와 관련성이 높아야 하는 것은 아니다. 또는 주가와 관련이 있지만 업적평가의 지표로 삼기에는 곤란한 부분도 많다. 둘째, 주가와의 관련성이 높다고 재무제표에서 무조건 인식할 수는 없다는 것이다. 즉, 주가형성과정의 효율성을 장담할 수 없는 환경에서 주가와의 관련성이 높다는 것이 회계처리방법의 선택을 결정하는 기준이 될 수는 없다는 것이다. 예를 들면 R&D를 비용처리하는 방법과 R&D를 자본화하는 방법을 비교해 보자.

R&D 비용처리(방법A) ·········· 주가(방법A)
R&D 자산처리(방법B) ·········· 주가(방법B)

현재의 가치관련성 연구는 방법B와 주가(방법A)를 회귀변수로 채택하여 관련성이 높으면 자산처리의 타당성을 합리화하는 연구이다. 그런데 주가(방법A)는 현재의 처리방법인 R&D를 비용처리할 때의 주가인데, 이를 R&D를 자본처리한 결과와 회귀분석하는 것은 논리적으로 타당하지 않다고 주장한다. 특히 자본시장효율성의 후퇴를 고려하면 내재가치(intrinsic value)를 반영하지 못하는 주가(방법A)를 분석의 기준(benchmark)으로 채택한 것은 비합리적이라는 지적이다. 특히 R&D의 자산처리는 투자자 중심의 가치관련성 관점에서는 합리적일지 모르지만 채권자 입장에서는 다를 수 있다. 채권자 입장에서는 R&D는 불확실성과 위험을 증가시키므로 자산으로 취급하기보다는 위험을 증가하는 요인으로 인식되어 주주와 채권자의 시각차는 두드러진다.

가치관련성 연구의 출발배경이 되었던 시장효율성 하락은 가치관련성 연구결과의 해석에 대해서도 중대한 영향 및 제약을 가하고 있다. 왜냐하면 가치관련성 연구에서는 일반적으로 동일시점(contemporaneous)의 기업가치와 관련성이 높으면 그 항목이 목적적합성과 신뢰성이 있는 유용한 정보로 간주되는데, 만약 현재시점의 주가가 기업의 내재가치(intrinsic value)를 충실히 반영하지 못하는 상황, 즉 자본시장이 효율적이지 못하다면 가치관련성 연구결과의 의미 및 해석은 재검토되어야 한다. 예를 들면 Holthausen and Watts(2001)는 시장의 합리성에 의문을 제기하는 증거가 계속 발견되고 있는 이상, 기존의 가치관련성 연구는 한계가 있는 것이라고 비판하였다. 왜냐하면 현재의 주가가 그 기업의 내재가치가 아닌 이상 현재주가와의 관계성여부가 가치관련성 연구에서 추구하는 회계수치의 유용성을 판단하는 절대적 기준이 될 수 없기 때문이다. 따라서 가치관련성 연구는 시장효율성의 하락이라는 배경에서 탄생되었으나 시장효율성 하락 그 자체 때문에 연구결과의 해석에 일정한 제약이 따르게 되는 것으로 이해될 필요가 있다.

11 정보적 관점에서 평가적 관점으로의 이동을 촉진하는 배경요인을 설명하라.

정보적 관점에서 평가적 관점으로의 이동은 다음과 같은 배경요인이 영향을 미친 것으로 파악된다.

첫째, 자본시장효율성의 저감이다. 자본시장의 효율성이 우리가 과거에 믿었던 것만큼 높지 않다는 것을 깨닫게 됨에 따라 재무제표 본문에 무형자산 등의 인식을 확대하고, 또 역사원가에 의해 인식된 항목의 공정가치평가를 확대함으로써 회계정보의 목적적합성, 그리고 궁극적으로 가치관련성을 증진시키는 것이 필요하게 되었다.

둘째, 과거 회계시스템에서 채택된 역사원가에 의한 회계정보의 낮은 가치관련성 때문이다. 일부 기술중심적 기업에서 PBR이 높게 나오는 것은 무형자산과 같은 부외자산 때문이기도 하지만 역사원가의 낮은 목적적합성 자체에도 원인이 있다. 따라서 공정가치에 의한 회계정보 산출은 가치관련성의 증가를 가져올 수 있다.

셋째, 순수잉여관계의 이론적 정립이다. 이 이론은 기업의 가치가 현금흐름이나 배당금뿐만 아니라 재무제표정보에 의해서도 직접 도출될 수 있음을 보여주고 있다. 특히 재무상태표상의 장부가액을 공정가치에 의해 평가하면 할수록 미래 비정상이익의 현재가치평가가 전체 기업가치평가에서 차지하는 비중은 줄어들게 된다. 이에 따라 기업가치평가의 정확성을 도모할 수 있다. 왜냐하면 공정가치에는 이미 미래 기대가치가 반영되어 있기 때문이다.

넷째, 과거 금융시장의 위기를 증폭시킨 요인으로 지목받는 원가평가에 의한 시장불신으로 공정가치에 의한 평가가 폭넓은 지지를 받고 있다. 이는 공정가치에 의한 평가가 자본시장 및 금융기관의 불안 또는 부실 요인을 미리 식별해 내는 데 도움이 될 것이라는 관점에서 지지를 받고 있다. 또한 감사인의 입장에서도 소송위험 등을 의식하여 공정가치에 의한 평가를 거부할 이유가 적다. 그러나 공정가치에 의한 평가가 언제나 지지를 받는 것은 아니다.

예를 들면 공정가치는 금융시장의 변동성을 전반적으로 증폭시키는바, 특히 유동성이 떨어지는(illiquid) 금융환경에서는 원가에 의한 평가보다 공정가치에 의한 평가가 인위적 변동성을 조장하여 오히려 비효율적이다(Plantin *et al*., 2008). 그러나 Mosso(2011)는 모든 자산과 부채를 재무상태표에서 빠짐없이 공정가치로 평가하는 부(富)의 회계(wealth accounting)를 주장하였다.

이 모형의 장점으로는 첫째, 현행의 GAAP모형에서와 같이 혼합된 측정속성을 근본적으로 배제함으로써 경영자의 이익조정동기를 원천적으로 방지할 수 있고, 둘째, 이해관계자에게 적시에 기업의 부(富)와 이의 변동내용을 알려줌으로써 조기경보(early warning signal)기능을 강화할 수 있다.

12 정보적 관점과 평가적 관점을 비교하라.

아래의 〈표〉에서는 정보적 관점과 평가적 관점을 비교하였다. 정보적 관점은 상대적으로 초기 자본시장연구의 주제에 해당된다. 이는 시장효율성을 바탕으로 주가 자체보다는 주가변동을 야기하는 회계이익의 변동을 중시하여 손익계산서 중심의 회계를 탄생시켰다. 이때 주요 연구주제는 주가변동에 가장 중요한 영향을 미치는 요인으로 지목된 회계이익 변동의 정보효과(information content)를 살펴보는 이익반응계수로서, 시장효율성의 논리에 따라 공시여부가 측정보다 중요하다. 즉 역사원가에 의한 재무제표 본문인식과 시가관련 정보의 주석공시만으로도 회계의 역할을 다할 수 있다.

반면 평가적 관점은 시장효율성의 후퇴에 따라 주가수준 자체에 대한 평가의 필요성이 부각된 상황에서 원가보다는 공정가치(fair value)에 의한 평가를 선호하는 재무상태표 중심의 회계를 의미한다. 이는 측정의 정밀성을 추구하는 것이 주가수준의 결정에 영향을 미치거나 주가와의 관련성이 높아진다는 논리로서, 이때 주요 연구주제는 회계수치의 가치관련성이고, 공시보다는 측정이 중요하며, 그 측정치를 어디에 공시하느냐에 따라 주가에 차별적 영향을 미친다.

〈표〉 정보적 관점 vs 평가적 관점

	정보적 관점	평가적 관점
연구모형	$\Delta P = \Delta E$	$P = BV + E$
연구주제	이익반응계수	가치관련성
자본시장의 효율성	준강형 효율성의 수용	준강형 효율성의 부인
재무제표의 중요도	손익계산서 > 재무상태표	재무상태표 > 손익계산서
기본시각	시장효율성을 담보로 가치평가 자체는 시장에 맡기고 주가변동에 영향을 미치는 주요 원인으로서 회계이익의 변동이 주가변동에 미치는 영향을 살펴봄.	시장효율성이 낮아진 상황에서 주가수준 자체를 평가하기 위해 측정속성으로 원가보다는 공정가치를 중시하고, 공시장소는 주석보다 본문인식이 주가에 미치는 영향이 큼.
평가원칙	역사원가	공정가치
공시에 대한 시각	측정의 정밀성보다는 관련내용의 공시가 더 중요함.	공시보다는 측정이 중요하고, 더욱이 공시장소에 따라 주가가 달라질 수 있음.
변수들의 관계	인과관계	상관관계
검증 window	단기	장기
규제의 수단	공시에 의한 규제	절차에 의한 규제

13 펀드매니저가 Fama-French의 3요인 모형보다는 CAPM을 업적평가기준으로 선호하는 이유가 있다면 무엇인지 설명하라.

펀드매니저의 실적을 평가하기 위해 CAPM이나 Fama-French의 3요인 모형이 사용될 수 있다. 먼저 CAPM에 대해서는 아래의 모형을 설정하고 실제 데이터를 이용하여 α_i, β_i를 추정할 수 있다. 이 모형에서 α_i는 펀드매니저의 능력, 즉 초과수익률을 의미하는 Jensen's alpha이다.

CAPM : $r_i - r_f = \alpha_i + \beta_i(r_m - r_f) + \epsilon_i$

똑같은 논리로 Fama-French의 3요인 모형도 아래와 같이 확장하여 펀드매니저의 능력을 평가할 수 있다.

Fama-French : $r_i - r_f = \alpha_i + \beta_i(r_m - r_f) + s_i SMB + h_i HML + \epsilon_i$

예를 들어 어떤 펀드의 1982년 9월부터 1986년 12월까지의 월별 데이터를 회귀분석하여 아래의 결과를 얻었다.

CAPM : $(r_i - r_f) = 0.0046 + 0.93(r_m - r_f)$
Fama-French : $(r_i - r_f) = 0.0022 + 0.99(r_m - r_f) + 0.36SMB + 0.22HML$

각 모형에서 펀드매니저의 능력을 의미하는 Jensen's alpha는 CAPM에서는 0.0046이지만, 3요인 모형에서는 0.0022로 줄어들었다. 그뿐만 아니라 그 통계적 유의도를 나타내는 t값도 CAPM에서는 2.37로 유의한 반면, 3요인 모형에서는 1.1로 더 이상 유의하지 않다. 이는 CAPM에 따르면 이 펀드매니저는 매달 0.46%(연이자율로 환산하면 5.5%)의 초과수익을 가져오는 능력 있는 사람으로 평가받는 반면, 3요인 모형에 따르면 실적도 못 올리면서 수수료만 챙긴 사람이 된다. 이 현상이 바로 동시검정(joint test)으로 인한 문제이다. 즉 시장효율성의 검정은 어쩔 수 없이 기대수익률의 모형에 의존해야 하는바, 그 모형의 타당성과 실제 시장효율성이 혼재되는 문제를 피할 수 없다.

일반적으로 CAPM에 의한 초과수익이 Fama-French의 3요인 모형에 의한 초과수익보다 큰 것으로 나타난다. 이는 Fama-French의 3요인 모형에서는 설명변수가 2개(SML, HML) 더 추가되어 기대수익률이 대체로 높게 형성되기 때문이다. 즉 늘어난 기대수익률만큼 펀드매니저의 능력을 의미하는 알파의 크기가 작아지는 것을 의미한다. 따라서 같은 조건이라면 펀드매니저는 Fama-French의 3요인 모형보다는 CAPM을 그들의 업적평가기준으로 선호할 개연성이 더 높다.

14 Fama-French 3요인 모형과 관련하여, Penman의 입장은 무엇인가?

Penman은 Fama-French 모형이 이론적 근거 없이 경험적 관찰에만 의존하는 것이라고 비판하면서, B/M은 분명한 회계변수이고 이는 기업가치평가과정에서 일정한 역할을 한다고 하였다. 먼저 회계변수를 이용한 기업가치평가모형을 표시하면 아래와 같다.

$$P_t = BV_t + \sum_{\tau=1}^{\infty} \frac{E_{t+\tau} - r \cdot BV_{t+\tau-1}}{(1+r)^{\tau}} \quad (1)$$

여기서, P_t = t년말의 시장가치
r = 자기자본비용

그런데 위의 모형은 미래이익의 예측을 무한대로 요구하므로 현실적이지 않다. 따라서 미래예측의 현실적 가능성과 실용성을 고려하여 차기($t+1$) 이후의 초과이익이 일정한 수준을 유지한다고 가정하고, 또한 그 초과이익이 일정한 성장률(g)을 보인다고 가정하면 위의 식은 아래의 모형으로 바꿀 수 있다. 단, 여기서 $r > g$.

$$P_t = BV_t + \frac{E_{t+1} - r \cdot BV_t}{r - g} \quad (2)$$

위 모형에서 기업가치는 장부가액(BV), 차기이익(E_{t+1}), 자기자본비용 및 성장률(g)에 의해 결정된다. 또한 이 모형으로 기업가치를 비교적 정확히 계산할 수 있다. 다음 사례는 이 모형을 이용하여 Coca-Cola의 기업가치를 계산하는 절차를 보여준다. Coca-Cola는 막대한 금전적 가치가 있는 무형자산(브랜드가치)이 재무상태표에 인식되지 않은 회사로 유명하다.

At the close of tranding on 8 December 2006, the Coca-Cola Company's shares traded at $48.91 each. The price-to-book ratio was 6.3, indicating a lot of value missing from the balance sheet, largely because US GAAP does not allow Coke's intangible (brand) assets to be booked to the balance sheet. The forward P/E was 19.3, based on analysts' consensus EPS forecast for 2007.

The following valuation yields a value of $49.09 per share using only information available in the historical cost financial statements. The valuation is crude (and can be refined), but the point is that we get close to the market price by using historical cost information and, indeed, with three line items.

The historical cost numbers

Here are the relevant line items for years 2002～2005($m) :

	2005	2004	2003	2002
sales (1)	21,962	21,044	19,656	17,545
Operating income, after tax (2)	5,065	4,427	4,192	3,841
Net operating assets (average) (3)	16,985	16,006	15,220	14,526

The financial statement analysis

From these line items, the following valuation inputs can be calculated :

	2005	2004	2003	2002
Operating profit margin (2÷1)	23.1%	21.0%	21.3%	21.9%
Asset turnover (1÷3)	1.29	1.31	1.29	1.21
Average operating profit margin	21.8%			
Average asset turnover	1.28			
Average sales growth rate, on a base of 2001 sales of $17,354(m)	6.6%			

The valuation model

We employ a standard residual income valuation model that calculates missing value in the balance sheet from a forecast of forward (2006) operating income :

$$Value\ of\ Equity_{2005} = Book\ Value\ of\ Equity_{2005} + \frac{Residual\ Income\ from\ Operations_{2006}}{Required\ Return - Growth\ Rate}$$

where

$$Residual\ Income\ from\ Operations_{2006} = Forecasted\ Operating\ Income_{2006} - (Required\ Return \times Net\ Operating\ Assets_{2005})$$

The forecast

As the book value of equity and net operating assets for 2005 are in the 2005 financial statements, we need only a forecast of operating income for 2006, the required return, and the growth rate for residual income.

- For the required return, we will use 10% which is approximately the current Treasury rate of 4.6% plus a risk premium of 5.4%.
- If both the profit margin and the asset turnover are constant, then residual operating income grows at the sales growth rate. The condition is approximately satisfied for Coke, so we set the growth rate at the sales growth rate of 6.6%.
- The historical financial statements supply a forecast of operating income and residual operating income :

$$\begin{aligned}\text{Forecasted sales for 2006} &= \text{Sales for 2005} \times (1 + \text{Average sales growth rate})\\ &= \$21{,}962 \times 1.066\\ &= \$23{,}411\end{aligned}$$

$$\begin{aligned}\text{Forecasted operating income for 2006} &= \text{Sales for 2006} \times \text{Average profit margin}\\ &= \$23{,}411 \times 0.218\\ &= \$5{,}104\end{aligned}$$

$$\begin{aligned}\text{Forecasted residual operating income for 2006} &= \$5{,}104 - (0.10 \times 17{,}113^{*})\\ &= \$3{,}392\end{aligned}$$

* 17,113≒21,962÷1.28

The valuation

With a 2005 book value of equity of $15,935, the calculated value with these inputs is

$$\begin{aligned}Value\ of\ Equity_{2005} &= \$15{,}935 + \frac{3{,}392}{0.10 - 0.066}\\ &= \$115{,}700\text{m, or } \$49.09 \text{ per share}\end{aligned}$$

The valuation is crude, by design, to make a point. It uses *only* information in the historical financial statements(plus as assumed required return). Yet is comes quite close to the market price of $48.91. Adding more information (about sales growth rates) and a different required return will change the valuation, but the historical cost financial statements yield considerable insights. Most importantly, it challenges the notion that one needs to have fair values on the balance sheet to value equity claims. Indeed, it is hard to see how fair value estimates of assets and liabilities would enhance the valuation.

위의 사례는 자산을 공정가치로 평가하지 않더라도 또는 중요한 무형자산이 재무상태표에서 빠져 있는 전통적인 재무제표정보만으로도 비교적 정확한 기업가치평가가 가능함을 보여주고 있다. 이는 순수잉여관계를 통한 재무제표의 연계성(articulation)에 따른 것으로 무형자산을 인식하지 못한 재무상태표의 한계 및 단점이 손익계산서에 의해 보완되고 있음을 보여준다.

Penman(2011, pp. 155~156)은 아래의 사례로 B/M의 의미를 설명하고 있다.

	2010년	2011년
BV	$80	$84
매출액		$110
매출원가		$80
광고비		$21
영업이익		$9
잔여이익		$1/$0.60
수익률	10%/10.5%	
성장률	5%	
기업가치	$100/$90.91	
B/M	0.8/0.88	

여기서 수익률 10%, 성장률 5%일 때 2010년의 기업가치는 다음과 같이 표시된다.

$$\begin{aligned} Value_{2010} &= BV_{2010} + \frac{Residual\ Earnings_{2011}}{r-g} \\ &= 80 + \frac{E_{2011} - r \cdot BV_{2010}}{r-g} \\ &= 80 + \frac{9 - 0.10 \times 80}{0.10 - 0.05} = 80 + \frac{1}{0.05} = 100 \end{aligned}$$

그런데 위의 기업이 위험과 관련되어 있다고 생각해 보자. 예를 들어 광고가 필요한 기업이라면 광고가 없을 때 물건이 잘 팔리지 않을 위험을 내포하고 있다. 또한 R&D가 필요한 기업도 완제품을 손에 쥔 기업보다는 더 위험할 것이다. 따라서 이들 기업에 대해서는 위에서 제시된 10%보다 높은 수익률이 요구된다. 예를 들어 10.5%의 수익률이 요구되는 상황을 가정하면 아래와 같다.

$$Value_{2010} = BV_{2010} + \frac{Residual\ Earnings_{2011}}{r-g}$$
$$= 80 + \frac{E_{2011} - r \cdot BV_{2010}}{r-g}$$
$$= 80 + \frac{9 - 0.105 \times 80}{0.105 - 0.05} = 80 + \frac{0.60}{0.055} = 90.91$$

이 경우 기업가치는 종전의 100과는 달리 90.91이 되고 B/M도 종전의 0.8과는 달리 0.88로 상승한다. 또한 B/M이 0.8에서 0.88로 상승할 때 요구수익률이 10%에서 10.5%로 상승하는 것은 아래에서도 확인된다.

$$r = \left[\frac{BV_t}{P_t} \times ROE_{t+1}\right] + \left[\left(1 - \frac{BV_t}{P_t}\right) \times g\right] \text{에서}$$

만약 B/M이 0.8이면

$$= \left[0.8 \times \frac{9}{80}\right] + [0.2 \times 0.05] = [0.8 \times 11.25\%] + [0.2 \times 5\%] = 10\%$$

만약 B/M이 0.88이면

$$= \left[0.88 \times \frac{9}{80}\right] + [0.12 \times 0.05] = [0.88 \times 11.25\%] + [0.12 \times 5\%] = 10.5\%$$

회계에서는 보수주의를 통해 수익의 인식은 확실해질 때까지 늦추는 반면 투자에 해당하는 항목이라도 불확실성이 존재하면 이를 조기에 비용화시키는 성향이 있는데, 불확실성이 높을수록 보수주의는 더 강해진다. 보수주의에 따른 이익의 이연(deferral)은 미래 성장(growth)을 의미하며 이러한 이연을 통해 현재 E/P와 장부가액(BV)은 낮아지게 된다. 그런데 모든 성장에는 위험이 따르기 마련이고(growth is risky), 성장이 위험요인으로 간주되면 주가는 하락하기 때문에 장부가액(BV)이 낮아짐에도 불구하고 전체적으로 B/M은 높아진다. 결국 발생주의 회계의 본질에 따르면 주어진 E/P수준에서 B/M이 높을수록 성장률(g), 위험 및 요구수익률이 높게 나타남을 의미한다.

그런데 B/M이 높을수록 성장성이 높다고 주장하는 논리는 기존의 재무학 선행연구와는 정면으로 배치된다. 왜냐하면 Fama-French 3요인 모형에서 B/M이 높을수록 가치주(value)이고 낮을수록 성장주(growth)의 특성이 높다고 하였기 때문이다. 이에 Penman은 Fama-French가 그들의 3요인 모형에 B/M(book-to-market) 변수를 추가하게 된 결정적 이유는 어떠한 이론적 근거에 의한 것이 아니라 단지 경험적 관찰(empirical observation)에 의한 것이므로 데이터 뒤지기(data dredging)에 의한 것이라고 비판하였다. 또한 가치주와 성장주의 용어도 잘못된 것이라고 하였다.

그러나 자신이 전술한 절차에 따라 B/M이 높을수록 성장률(g), 위험 및 요구수익률이 높게 나타난다고 주장하는 것은 회계, 회계기준, 발생주의, 순수잉여관계, 재무제표의 연계성 및 보수주의에 따라 회계의 본질에 비추어 이론적 근거를 갖추고 있다고 주장하였다.

이상의 내용을 종합하면 Penman은 첫째, IASB나 FASB가 지나치게 공정가치평가에 경도되어 있는 것은 올바른 방향이 아니라고 주장하고 그 이유로 공정가치에 의한 평가를 하지 않더라도 또는 설사 무형자산이 재무상태표에서 빠져 있더라도 순수잉여관계에 입각한 재무제표의 연계논리에 따라 기업가치평가가 불가능한 것이 아니라고 주장한다. 왜냐하면 순수잉여관계를 통한 재무제표의 연계성(articulation)에 따르면 자산을 공정가치로 평가하지 않더라도 또는 무형자산을 인식하지 못하더라도 이러한 재무상태표의 한계 및 단점이 손익계산서에 의해 체계적으로 보완되고 있기 때문이다. 따라서 이른바 재무상태표를 중심으로 공정가치평가를 통한 무형자산의 인식확대를 주장하는 "바람직한 회계처리"에 대해서는 부정적인 입장을 취하는 반면, 가치평가의 기초(anchor)가 되는 재무상태표에는 불확실한 요소를 배제하고 확실한 것만 포함시켜야 한다는 "hard balance sheet"의 모습을 강조하고 있다. 둘째, B/M은 발생주의 회계의 본질에 따라 불확실성에 대응하는 기본적인 회계지표의 하나로서, 이는 미래이익의 성장성과 그 불확실성을 반영하므로 B/M이 높을수록 성장, 위험 및 수익률이 높다고 하였다. 특히 이러한 논리는 재무분야의 선행연구에서 B/M이 낮을수록 성장주(growth stock)라고 부르는 것과는 정반대이다. 따라서 기존 문헌에서 B/M을 "distress risk" 등으로 부르면서 시장은 이 위험에 대한 보상을 하는 것이라고 주장하는 것은 올바른 논리가 아니라고 하였다. 이러한 주장은 Fama-French와 같이 B/M은 위험요인에 대한 대용치(proxy)의 역할을 한다는 점에서는 공통점이 있지만, 그 위험요인이 Fama-French가 주장하는 것과 같이 distress risk가 아니라 회계적인 관점에서 도출되는 성장성 및 불확실성에 따른 요구수익률을 나타낸다는 점에서 차이가 있다.

Penman의 일관된 입장은 B/M은 회계의 본질에 따라 주어진 E/P수준에서 성장, 위험 및 요구수익률을 나타내는 회계변수라는 것이다. 그런데 회계적 관점에서 이론적 근거를 제시하는 자신과 달리 Fama-French는 이론적 근거 없이 오로지 경험적 관찰에 의해 B/M을 변수로 포함한 데다가, B/M이 낮을수록 성장주의 특징이 높다고 함으로써 잘못된 용어를 통해 혼란을 야기한다는 주장이다.

PART IV

계약기능

CHAPTER

9 실증회계이론

1 대리인문제의 발생원인을 설명하라.

대리인문제란 현대경영의 특징 중 하나인 소유와 경영의 분리가 이루어지는 과정에서 주인(principal)인 주주의 권한위임에 따라 대리인(agent)인 경영자가 기업경영을 하는 데 있어 언제나 주인의 이익을 위한 의사결정이 이루어지는 것은 아니라는 것이다. 차라리 경영자는 그들 자신의 이익(self-interest)을 위한 의사결정 혹은 행동을 하거나 주인을 속이는 경우가 많다. 이때 대리인비용(agency cost)이 발생하는데, 이를 줄이기 위한 수단이 마련된다. 따라서 이 이론은 기업경영과 관련된 주인과 대리인의 관계에서 회계정보가 어떤 역할을 하는지에 관련되는 분야이며 계약기능과 관련된 회계의 역할을 다루고 있다. 한편, 대리인비용을 피하기 위하여 대리인의 고용 자체를 피할 수 있는 상황은 일반적인 경제환경이 아니다. 따라서 대리인비용은 없앨 수는 없지만, 줄일 수는 있는 것으로 판단하는 것이 현실적이다. 대리인문제는 궁극적으로 인간의 이기심(self-interest)뿐만 아니라 정보비대칭(information asymmetry)이나 감시의 불완전성 등으로 인해 나타난다. 따라서 경제환경뿐만 아니라 정치적 또는 사회적 현상에서도 관찰된다.

2 내시균형(Nash equilibrium)의 의미를 설명하라.

내시균형이란 상대방의 전략을 예상할 수 있다는 가정 아래 자신의 이익을 극대화시킬 수 있는 전략에 의해 형성된 균형상태를 의미하며, 게임이론에서 상대방의 대응에 따라 최선의 선택을 하면 서로가 자신의 선택을 바꾸지 않는 균형상태를 말한다. 즉 상대방이 현재 전략을 유지한다는 전제하에 나 자신도 현재 전략을 바꿀 필요가 없는 상태를 말한다. 이는 자신의 선택이 상대방의 결정에 어떤 영향을 미치고, 반대로 상대방의 결정이 자신에게 어떤 영향을 미치는가를 감안해 각 참여자가 의사결정을 하는 과정을 이론적으로 설명한다. 이런 과정을 통해 참여자 모두 상대방이 내린 선택하에서는 자신의 선택이 최선이라고 생각하는 결과에 이르면 이를 내시균형에 도달했다고 한다.

3 역선택과 도덕적 해이를 가치평가기능 및 계약기능과 관련지어 설명하라.

역선택(adverse selection=hidden information)이란 의사결정에 필요한 정보가 상대방보다 적어서 불리한 선택을 하게 되는 것을 말한다. 예를 들면 주인이 대리인의 능력에 관한 정보가 부족하여 능력이 부족한 대리인을 선택하거나 능력에 비해 과도한 보수를 지급하는 것이다. 따라서 이는 대리인모형에서 주로 정보의 열세에 놓여 있는 주인이 당면하는 문제이다. 또한 회계의 기능과 관련지어 보면 역선택의 결과로 가치평가기능이 제대로 이루어지지 않을 가능성이 높아진다. 따라서 시장가격이 적정하게 매겨지도록 유용한 정보가 충분히 공시되어 역선택을 방지하는 것이 회계의 역할이 된다. 경제학에서 말하는 악화가 양화를 구축한다는 Gresham's Law(Bad money drives out good)는 역선택의 한 예이다. 금화나 은화가 무게(함량)가 모자라는 상태에서도 별문제 없이 유통된다면 무게(함량)가 온전한 주화는 남아나지 않을 것이다.

도덕적 해이(moral hazard=hidden actions)란 한쪽 당사자는 관찰가능하지만 다른 당사자는 관찰이 불가능하거나 불완전한 상황에서 나타나는 것으로, 대리인이 주인을 기만하거나, 약속된 노력을 다하지 않거나 게을리하는 비윤리적 행동을 의미한다. 이는 대리인모형에서 주로 불완전한 관찰을 틈탄 대리인의 이기적 행동에 대한 문제이다. 따라서 도덕적 해이를 적절히 제어하기 위한 기능이 회계에 요구되는데, 이것이 바로 계약기능이다. 즉 대리인의 노력이나 마음가짐은 관찰이 불가능하지만 회계이익은 관찰가능한 변수이므로 이를 이용한 보수계약은 대리인의 행동을 일정한 방향으로 이끄는 효과를 가진다. 이 상황에서 회계기능은 대리인에게 적절한 동기부여를 하고 그들의 업적을 적절하게 평가하는 것이다. 아래의 〈표〉는 주인과 대리인문제의 정의, 발생원인 및 대응체계 등을 요약한 것이다.

〈표〉 주인과 대리인문제의 정의, 발생원인 및 대응체계

	주 인	대리인
정 의	대리인에게 주인을 위해 노력할 것을 주문하면서 일정한 권한위임	주인의 이익을 위해 여러 가지 서비스를 제공하는 수탁책임자(steward)
정보비대칭	대리인이 정보가 더 많다는 점은 모두가 인정	
도덕적 위험	대리인의 행동 및 의사결정을 제어하기 위한 감시비용부담	근무태만 등의 비도덕적 행동으로 자기이익 추구가능성
감시비용	회계감사, 이익연계보수 및 스톡옵션 등으로 이해관계의 합치(interest alignment)를 도모	대리인도 자발적 감사 등을 통해 능력을 인정받거나 보수인상 등이 가능함을 인지

4 경영자의 이익조정동기를 보수계약과 관련지어 설명하라.

경영자는 자기이익을 추구하는 당사자로서 주인(주주)의 이익을 증가시키기보다는 자기자신의 이익을 추구한다. 이러한 대리인비용을 저감시키고 이해관계의 합치(interest alignment)를 도모하기 위하여 경영자와 보수계약을 맺을 때 기업의 실적에 연동하는 조건으로 계약을 맺는 것이 보통이다. 경영자의 보수가 회계이익에 연동되는 경우 경영자는 회계이익의 증가를 가져오는 회계방법을 선택할 것이다.

경영자보수계약가설은 여기에서 그치지 않고 일단 계약이 체결되면 경영자는 계약변수를 조작하여 개인적 이익을 극대화시켜 나갈 것으로 가정한다. 따라서 이러한 도덕적 해이를 제어하기 위해 회계감사 등의 모니터링이나 기업지배구조 등과 같은 통제시스템이 계속 필요하게 된다.

경영자보수계약의 궁극적인 목적은 대리인(경영자)과 주인(주주)의 이해합치이다. 이를 위해 적절한 형태의 보상이 혼합된 계약이 체결되는데, 대개 고정급, 보너스, 스톡옵션 같은 형태의 보상제도를 섞어서 사용한다. 이들 보수형태는 결국 회계이익과 주가에 의존함으로써 경영자가 주주의 이익을 위해 일하는 것이 경영자 개인을 위한 것이기도 하다는 점을 인식시켜 대리인비용을 감소하는 동기유발을 촉진한다.

5 부채계약과 관련한 경영자의 이익조정동기를 설명하라.

채권자는 자금대여시 일정 부채비율의 유지와 같은 특정조건을 제시하는 경우가 많다. 그러나 기업, 주주 또는 경영자는 채권자의 이익보다는 자기자신의 이익을 우선적으로 추구한다. 이러한 대리인비용을 저감시키기 위하여 채권자는 차입계약에 배당의 제한이나 일정 부채비율의 초과금지 등과 같은 조건을 포함시키는 것이 보통이다. 차입계약에 일정 부채비율유지가 조건으로 제시되는 경우 기업/주주/경영자는 부채비율이 낮게 나오는 회계방법을 선택할 것이다. 따라서 부채비율이 높을수록 기업/주주/경영자는 회계이익을 크게 하는 회계방법을 선호할 것이다.

부채계약가설은 여기에서 그치지 않고 일단 계약이 체결되면 기업/주주/경영자는 계약변수를 조작하여 사적 이익을 극대화시켜 나갈 것으로 가정한다. 특히 부채비율이 임계치에 도달한 기업은 추가차입을 위해 부채비율의 축소를 가져오는 회계방법을 채택하게 된다.

6 대기업이 과다한 이익보고에 부담을 느끼는 이유를 설명하라.

정치적 비용가설은 직접적인 당사자간의 계약내용은 아니지만 경영자는 정치적 비용을 피하거나 줄이려는 행동을 하게 될 것이라는 예측이다. 이때 정치적 비용은 대체로 기업의 규모(size)에 비례하여 발생하는 것으로 가정한다. 따라서 규모가 큰 기업 또는 기업실적에 정치적 부담을 많이 느끼는 경영자는 회계이익을 줄이는 회계방법을 선택할 것이다. 정치적 비용가설은 여기에서 그치지 않고 경영자는 그들의 실적이나 보수가 노출되는 것을 피하려고 할 것이다. 따라서 각종 모니터링이나 지배구조 등과 같은 통제시스템이 계속 필요하게 된다.

7 실증회계이론에 대한 비판을 평가하라.

계약기능은 오래전부터 회계의 기본기능 중의 하나로 자리잡고 있었다. 또한 실증회계이론이 계약기능의 관점에서 회계이론과 실무에 공헌한 바도 부인하기 어렵다. 그러나 실증회계이론을 공격하는 사람들은 실증회계이론이 회계학의 본질을 오도(misleading)하고 연구방법론상으로도 한계가 있다고 주장한다. 예를 들면 회계연구의 본질은 진실이익(true income)의 측정과 같이 "회계"의 본질을 규명하는 것이어야 하는데, 실증회계이론은 회계하는 "사람들"의 본질을 규명하는 것이라는 입장이다. 이와 관련하여 실증회계이론은 science of accounting을 추구하는 것이 아니라 sociology of accounting을 추구한다고 말하는 사람도 있다.

실증회계이론에 대한 비판은 학문의 본질상 또는 연구방법론적인 관점에서 수용가능한 부분도 있으나, 회계학은 여타의 학문과 달리 실무적용 또는 연구주제, 연구방법 및 연구결과의 해석에 있어 절대적 기준보다는 관련 당사자(stakeholders)의 개입(involvement)이나 그들의 합의가 필요한 인간이 만든 제도(man-made institution)이다. 따라서 실증회계이론을 자연과학의 시각에서 비판하는 것은 회계의 제도적 특성(institutional attributes)을 무시하는 측면이 있는 것으로 판단된다. 실제로 Watts and Zimmerman(1990)은 화학실험은 어떤 화학자가 실험을 하느냐와 상관없이 그 결과가 동일해야 하지만, 회계는 누가 회계를 하느냐에 따라 결과가 얼마든지 다를 수 있으므로 실증회계이론에 대한 이러한 비판은 초점을 잃은 것이라고 역비판하였다. 또한 Christensen and Demski(2003)도 세상은 고요하고 경영자는 회계문제에 초연한 온실 속의 화초 같은 환경을 가정하여 회계이슈에 접근하는 것은 의미가 없는 것이라 하였다.

8 대리인이론이 회계규제에 시사하는 점은 무엇인가?

첫째, 주주나 투자자에 유익한 정책의 도입에 경영자가 언제나 적극적이지 않을 수 있다는 것이며, 둘째, 이해관계당사자가 계약이나 협상을 통해 그들의 보상을 모두 증가시킬 수 있다는 점이다. 이는 회계의 계약기능에 대한 논리적 타당성을 부여한다. 즉 인간은 누구나 이기심에 따라 행동하고, 그에 따른 내시균형에 안주하려는 성향이 있으므로 사회전체적 효용(보상)을 증가시키기 위하여 적절한 보상이나 유인을 제공함으로써 이해관계의 합치(interest alignment)를 도모하여 'my interests'보다는 'our interests'를 추구해야 한다는 것이다. 또한 이들 보상이나 유인의 합리적 평가를 위해 적절한 업적평가가 뒤따라야 한다는 것이다. 죄수의 딜레마와는 달리 경영자와 투자자의 사례에서는 내시균형인 거짓보고/투자거부보다 진실보고/투자결정이 총체적 사회적 보상(효용)이 높으므로 회계의 계약기능을 통하여 효용극대화를 추구하는 것이 타당성이 있다. 그러나 분식회계를 자행하는 경영자와 이를 묵인하는 감사인의 결탁이나 공모는 자원의 효율적 배분을 왜곡하고 사회적 효용을 저감시키므로 실증회계이론에서 추구하는 협상과 계약의 대상이 아니다.

대리인이론은 대리인비용 및 이의 통제를 위한 수단에 대한 연구분야로서 규제(regulation)에 대해서도 시사하는 바가 많다. 대리인의 입장에서는 경쟁적 노동시장이나 경영자 평판(managers' reputation)을 의식하여 자발적으로 관련 정보를 공시할 유인을 갖는다. 왜냐하면 능력이 우월하거나 도덕성에 자신이 있는 경영자(대리인)는 시장에서 높은 평가를 받기 위하여 또는 부당한 저평가를 피하기 위하여 외부규제와는 관계없이 자발적으로 관련 정보를 공개하는 것이 더 유리할 것이다. 따라서 대리인이론에서는 외부규제가 꼭 필요한 것은 아니다. 즉 외부규제가 없더라도 계약당사자의 사적 동기에 의하여 얼마든지 필요한 정보의 공급과 배분이 가능하다는 것이다.

〈표〉 대리인모형

대리인비용	• 주인의 위임을 받은 대리인의 의사결정이나 행동이 주인의 이익을 위한 것이 아니라 대리인 자신을 위한 것일 때 발생
대리인비용을 줄이는 수단	• 감시 : 기업지배구조, 회계감사 • 유인제공 : 이해관계의 합치(interest alignment)를 가져오는 보상체계 마련 (예 : 실적연계 보너스 계약 또는 스톡옵션)
회계적 영향	• 계약기능의 기초이론 제공
대리인비용의 발생원인	• 인간의 이기심 • 정보비대칭
정보비대칭의 유형	• 역선택(=hidden information) • 도덕적 해이(=hidden actions)
관련 주제	• 경영자보수, 부채계약, 이익조정, 기업지배구조

9 효율적 시장가설(EMH)과 실증회계이론(positive accounting theory)의 접근방식의 차이를 설명하라.

실증회계이론(positive accounting theory)에 따르면 경영자보수계약이나 부채계약에서 회계이익이나 부채비율 등의 회계변수가 영향을 미친다면 당연히 경영자들도 이들 변수에 관심을 가지고 적극적으로 이들 변수의 창출과정에 개입한다. 결과적으로 실증회계이론은 경영자가 왜 특정 회계방법을 선택하는지 또는 왜 특정 회계방법의 도입에 대한 찬성 및 반대의 로비(lobby)를 하는지에 대한 예측에 관심을 갖게 된다.

그런데 효율적 시장가설(EMH)에서는 오로지 기대현금흐름(expected cash flow)에 변동을 가져오는 회계방법이나 정책만이 경제적 효과/영향을 갖게 된다. 현금흐름에 차이가 없는 회계처리방법의 변경에 시장의 반응이 있어서는 안 된다는 것이다. 따라서 EMH는 기대현금흐름에 차이가 없는 회계방법 중에서 경영자가 어떤 특정 회계처리방법을 다른 방법에 비해 선호하거나 채택한다면 이에 대한 원인설명이 불가능하다.

그러나 전술한 대로 경영자보수계약이나 부채계약에서 사용된 회계변수는 회계정책의 미래현금흐름에 대한 영향과는 상관없이, 또는 자본시장의 효율성과는 상관없이 경영자나 기업의 행동이나 의사결정을 특정방향으로 유인하는 동기를 제공하고 실증회계이론은 이를 통해 그들의 선택, 배경 및 동기를 설명할 수 있다. 따라서 EMH나 실증회계이론은 회계변수의 기능과 효과에 대해 서로 다른 방식으로 접근하는 것으로 볼 수 있다.

본서에서 회계기능을 가치평가기능과 계약기능으로 분류하는 것은 오랜 역사적 사실이기도 하지만 EMH와 실증회계이론에서 요구하는 회계의 질적 특성이 상반되는 점이 많은 데다, 어느 한쪽의 기능이 다른 한쪽의 회계기능을 장기간 지배할 만큼 독점적인 우위를 유지하기 어렵기 때문이다. 따라서 두 회계기능은 대립되는 개념이라기보다는 현실의 회계현상을 이해하고 예측하는 데 서로 도움을 주는 보완적인 개념으로 이해하는 것이 바람직하다.

CHAPTER

10 이익조정

1 발생(accruals)의 긍정적인 면과 부정적인 면을 구분하여 설명하라.

현금흐름표에서 간접법으로 영업활동 현금흐름(CFO)을 구하는 방법을 정리하면 발생은 현금의 유출(입)이 없는 비용(수익), 투자와 재무 활동으로 인한 손실(이익) 그리고 영업활동과 관련 있는 자산·부채의 변동으로 구성된다.

〈표 1〉에서 발생이란 결국 당기순이익에 더하거나 빼주어야 할 항목을 의미한다. 그런데 발생을 기록하는 데에는 현금흐름처럼 주어진 일정조건만 충족되면 비교적 기계적으로 이루어지는 것이 아니라 일정한 판단(judgment)과 추정(estimation)이 요구된다. 따라서 발생주의 회계를 운용하는 데에는 필연적으로 경영자의 판단이나 추정이 개입하게 된다. 즉 발생주의는 기간성과측정을 보다 합리적으로 할 수 있는 장점이 있는 반면, 이익조정 등을 통한 경영자의 자의적 조작가능성도 동시에 높다는 것을 의미한다. 따라서 발생은 이중적인 성격을 갖고 있다고 할 수 있다.

회계이익의 질(quality of earnings)도 이 같은 맥락에서 탄생한 개념이다. 즉 회계이익이 현금흐름이나 주가와 밀접한 상관관계를 가지면 회계이익의 질은 높은 것으로 판단되는데, 이는 회계이익이 경제적 가치의 변동을 충실히 나타내주는 표현충실성의 정도로 이해된다. 회계이익의 질이 낮은 것은 회계이익이 경제적 가치의 변동과는 상관없이 발생조작(accrual manipulation)에 의해 표현충실성이 낮아짐을 의미한다. 그런데 회계이익의 품질이 현금흐름과의 상관관계 여부나 그 고저에 의해 평가되는 것은 다분히 역설적(paradoxical)이다. 왜냐하면 발생주의는 현금주의보다 회계목적을 달성하기 위해 보다 합리적인 기법으로 인식되는데, 그 품질의 판단기준(benchmark)으로 정작 현금흐름을 이용하는 것은 역설적인 동시에 발생주의의 한계를 나타낸다.

일반적으로 발생은 양면적 특성을 가지고 있으므로 〈표 2〉에서와 같이 긍정적인 부분과 부정적인 부분으로 나누어 볼 수 있다.

〈표 1〉 당기순이익과 CFO의 관계

당기순이익
\+ 현금의 유출이 없는 비용
 · 감가상각비
 · 단기매매금융자산평가손실
\- 현금의 유입이 없는 수익
 · 단기매매금융자산평가이익
\+ 투자와 재무 활동으로 인한 손실
 · 투자자산, 유형자산 처분손실
 · 고정부채상환손실
\- 투자와 재무 활동으로 인한 이익
 · 투자자산, 유형자산 처분이익
 · 고정부채상환이익
\+ 영업활동으로 인한 자산(부채)의 감소(증가)
 · 매출채권, 선급비용, 선급금, 미수수익, 재고자산 감소액
 · 매입채무, 미지급비용, 선수금, 선수수익 증가액
\- 영업활동으로 인한 자산(부채)의 증가(감소)
 · 매출채권, 선급비용, 선급금, 미수수익, 재고자산 증가액
 · 매입채무, 미지급비용, 선수금, 선수수익 감소액
= CFO

〈표 2〉 발생의 양면적 기능

정(+)의 기능	부(−)의 기능
경영자의 사적 정보의 전달수단으로서 표현충실성의 향상을 통해 가치관련성에 기여하는 긍정적 역할	경영자의 기회주의적 이익조정수단으로서 표현충실성의 하락을 통해 가치관련성에 방해요인이 되는 부정적 역할

2 Jones모형을 추정할 때 동일연도/동일산업에 속하는 기업들을 대상으로 하는 이유는 무엇인가?

일반적으로 동일연도/동일산업 집단에 적용하여 Jones모형을 추정하는 이유는 업종별/시차별 회계발생의 패턴에 차이가 있을 수 있음을 인식하여 이를 통제하기 위함이다.

3 발생액 이상현상(accrual anomaly)과 관련하여

(1) 의미를 언급하라.

Sloan(1996)이 최초로 보고한 발생액 이상현상(accrual anomaly)이란 주가가 발생액과 영업활동 현금흐름의 지속성을 정확하게 반영하지 못하는 현상을 말한다. 즉, 투자자는 재무제표가 공시되면 발생액에 대해서는 과대평가를, 영업활동 현금흐름에 대해서는 과소평가를 하는 경향이 있다. 그 결과 공시 이후 발생액이 높은 포트폴리오는 음(−)의 초과수익률을, 발생액이 낮은 포트폴리오는 양(+)의 초과수익률을 경험하게 된다. 만약 시장이 발생액의 정보특성을 충분히 이해할 만큼 효율적이라면 이러한 일은 나타나지 않는다.

발생액 이상현상은 투자자들이 이익의 두 구성요소인 발생액과 현금이익(영업활동 현금흐름)의 지속성을 잘 파악하고 있지 못하며 이를 투자의사결정에 반영하지 않는다는 것을 보여준다. 발생액은 상대적으로 지속성이 낮아서 이익에서 발생의 비중이 높은 기업은 미래에 이익이 감소할 확률이 높고, 따라서 주가가 하락할 가능성이 높다. 그럼에도 불구하고 투자자들은 이익수치에만 집착하여 투자의사결정을 내리는 것으로 분석됐다. 따라서 Sloan(1996)에 따르면 발생액/자산의 비율에 따라 포트폴리오를 구성하면 발생액이 제일 낮은 포트폴리오의 초과 투자수익은 1년 보유시 4.9%이고, 발생액이 제일 높은 포트폴리오는 −5.5%였다. 이는 투자자가 발생액의 지속성을 제대로 인식하지 못하기 때문에 미래의 이익수준을 잘못 예측하였음을 보여준다. 따라서 발생액이 제일 높은 포트폴리오를 공매도(short sales)하여 취득한 자금으로 발생액이 제일 낮은 포트폴리오를 매입하면 자신의 자금을 사용하지 않고도 1년 보유시 10.4%[=4.9%−(−5.5%)]의 초과수익을 얻을 수 있음을 의미한다. Sloan(1996)의 연구결과는 학계의 광범위한 관심을 끌었으며, 후속연구들은 왜 투자자들이 발생액의 미래이익과 주가에 대한 영향을 정확히 이해하지 못하는지를 해석하려 하였다.

(2) 이 전략을 이용한 수익률이 시간이 지남에 따라 사라지는 것이 자본시장의 효율성에 시사하는 점을 언급하라.

원래의 논문 저자인 Sloan을 포함하는 Dechow *et al.*(2011)은 Sloan(1996)의 연구가 발표된 지 15년 만에 발생액 이상현상에 대한 연구결과를 종합하고 미래의 전망에 대해 언급했다. 저자들은 발생액 이상현상에 대한 대체적 설명가능성으로 위험관련 요인, 연구설계관련 요인 및 성장관련 요인 등을 제시하고 있다. 저자들은 Green *et al.*(2011)의 연구를 인용하여 발생액 이상현상이 2000년경(원래의 논문이 간행된 지 4년 후)부터 사라지고 있다는 점을 인정했다. 저자들은 발생액 이상현상이 사라지게 된 배경으로 이 현상을 이용하여 초과수익을 추구하는 헤지펀드의 등장을 지목하고, 실제로 발생액 이상현상의 초기 연구수행자들이 나중에 헤지펀드에 스카우트되었다고 말했다. 그러나 Sloan(1996)은 경쟁력 있는 기본적 분석이란 이익의 질(earnings quality)을 평가하여 mispriced securities의 식별에 공헌하는 것이라고 지적하고 이는 궁극적으로 자본시장의 효율성에 기여할 것이라고 말했다.

아래의 [그림 1]은 발생액 이상현상을 이용한 헤지포트폴리오 수익률의 연도별 변화추이를 보여준다. Dechow *et al.*(2011)의 지적대로 2000년 이후의 모습은 그 이전 모습과 다른 양상을 보여주고 있다. 이는 많은 기관투자자들이 발생액 이상현상에 입각한 투자전략을 실행함으로써 이에 따른 초과수익이 사라지는 것을 보여주는 것으로 평가된다. 또한 이는 자본시장의 효율성이 역설적으로 이루어진다는 점을 보여주는 사례로 평가된다. 왜냐

[그림 1] 발생액 이상현상을 이용한 수익률 변화추이

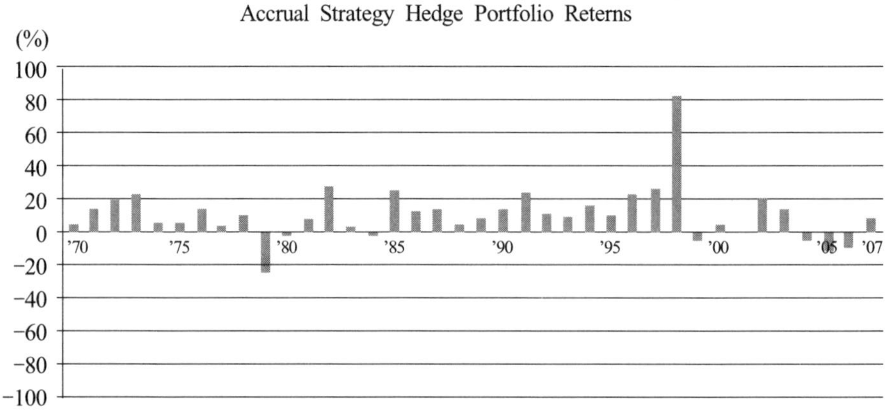

Figure 3 : Accrual Strategy Hedge Portfolio Returns for a sample of 60,009 firm-years from 1970 to 2007(positive in 30 out of 38 years)

[그림 2] 발생액 이상현상에 따른 기간별 수익률 변화추이

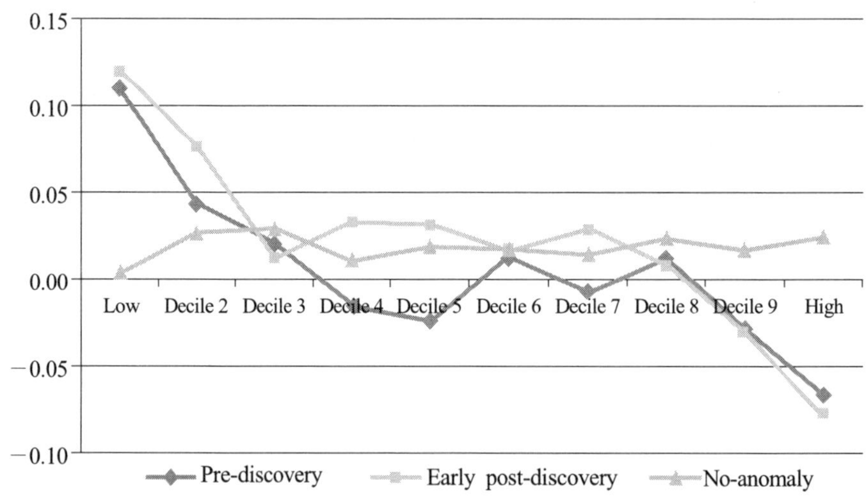

This figure reports size adjusted excess returns across accrual deciles for gain and loss firms in the pre-discovery(1989～1995), early post-discovery(1996～2001), and no-anomaly(2002～2010) periods.

하면 발생액 이상현상을 이용하여 초과수익을 얻을 수 있다는 믿음을 가진 투자자들이 많아지고, 이를 실제 투자전략에 활용하는 투자자가 많아질수록 실제로 발생액 이상현상을 이용함에 따른 초과이익은 사라지고 있음을 보여주기 때문이다.

한편 앞의 [그림 2]는 발생액 이상현상을 이용한 헤지포트폴리오 수익률의 기간별 변화추이를 보여준다.[1] Sloan(1996)의 연구 공표이전기간(1989~1995)과 공표직후기간(1996~2001)에는 발생액과 수익률이 대체로 음(−)의 관계를 보이는 데 비해 2002~2010의 기간에는 발생액과 수익률이 명확한 관계를 보이지 않음으로써 발생액 이상현상이 사라졌음을 보여주고 있다.

Hafzalla *et al.*(2011)은 발생액을 총자산으로 나누는 기존의 방식 대신 이익으로 나누는 percent accruals을 이용하여 기존 방식보다 수익률을 높일 수 있다고 주장하였다. 아래의 [그림 3]은 서로 다른 방식으로 발생액을 계산하여 발생액 이상현상을 이용한 헤지포트폴리오 수익률의 연도별 변화추이를 보여준다. 그러나 2000년대 들어 어떤 방식으로 발생액을 계산하든 헤지포트폴리오 수익률은 현저히 줄어든 모습을 볼 수 있다.

이에 따라 발생액 이상현상은 발견 당시에는 지금까지 발견된 이상현상 중에서 가장 강건한(most robust) 것이었지만, 발견 이후 서서히 사라지기 시작하여, 현재는 이상현상이 더 이상 아닌 것으로 보인다. 이는 이상현상으로 불리는 여러 현상 중에서 매우 독특한 특성을 보이는 것이다.

Green *et al.*(2011)의 저자 중 한 명인 Mark Soliman이 재직하는 University of Washington의 Michael G. Foster School of Business의 교수연구업적 소개란에 2011년 12월 16일 "Accrual

[그림 3] 대체적 발생액 측정치를 이용한 수익률 변화추이

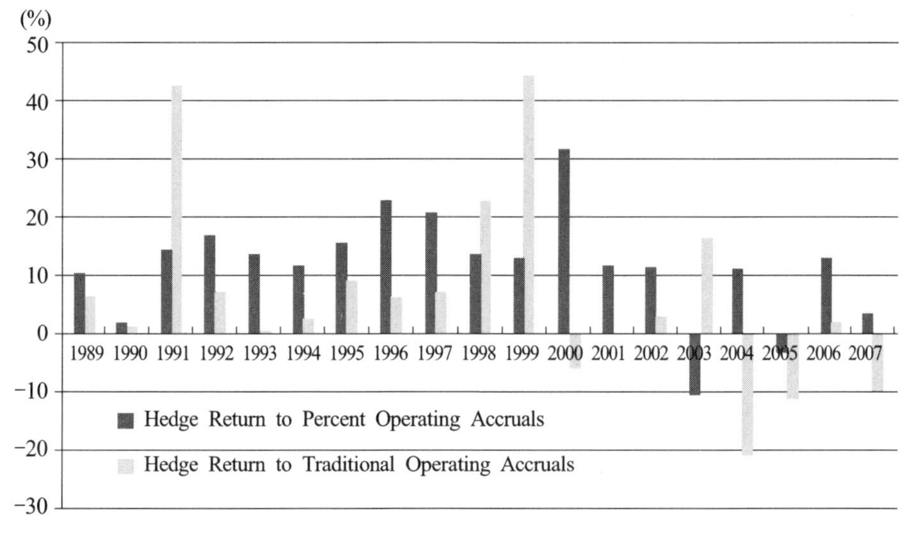

1) Keskek and Tse(2013).

Anomaly”에 대한 아래의 글이 실렸다.

『본교 부교수 Mark Soliman이 공저한 최근 논문은 그동안 치열한 논쟁의 대상이었고, 투자전략으로 채택되어 시장이 알아차릴 때까지 헤지펀드에 막대한 이득을 가져다준 회계적 이상현상의 종말을 기록한다. 이 모든 이야기는 1996년 Michigan 대학 Richard Sloan 교수가 ‘accrual anomaly’라고 불리는 현상을 Accounting Review에 발표하면서 시작되었다. 이 논문에서 Sloan 교수는 발생액이 높은 기업이 나중에 이익이 작아지는 것을 발견하였다. 나중에 이익이 작아지는 기업이라면 현재의 주가는 떨어져야 하는데 시장은 그렇게 생각하지 않는 것으로 나타났다. 이 현상에 대한 학계의 초기 반응은 이 현상이 통계적 오류라든가 이익조정의 영향 때문에 나타났을 것이라는 회의적 시각이 대부분이었다. 그도 그럴 것이 만약 이 현상이 진짜라면 왜 시장은 이 기회를 이용하지 않겠느냐는 것이다.

학계의 회의적 시각과 달리 헤지펀드 관계자들은 발 빠르게 움직였다. 막대한 자금력을 배경으로 그들은 발생액이 높은 종목을 공매도하는 전략을 채택하고, 이를 위해 회계학교수와 박사과정학생들까지 스카우트하는 신속함을 보였다. 그들은 빨리 움직일수록 이익도 많다는 점을 알고 있었다. Soliman 교수는 2000년대 초반 Sloan 교수 밑에서 박사과정을 이수중이었고 후속연구에도 참여하였으며 특히 ‘accrual anomaly’를 이용한 투자전략의 개발로 미국회계학회에서 상까지 받았다. Soliman 교수도 예외가 아니어서 그는 Citadel Funds의 연구담당 부사장까지 지냈다. 그런데 너도나도 이 투자전략을 취하면서 이 전략으로 이익을 얻는 것이 현실적으로 어려워졌다.

“발생액은 아직도 미래이익을 나타내주는 지표입니다. 문제는 이제는 모든 사람이 그 방법을 알고 있어, 숫자가 공표되면 헤지펀드가 달려들고 주가가 떨어지는 일이 불과 몇 초 만에 이루어진다는 거지요. 이게 효율적 시장입니다.” Soliman 교수는 금융계를 떠나 2007년 본교에 부임했다. 그는 그동안 큰 부자는 못 됐지만 보람 있는 여정이었다고 말한다.

“우리는 대학을 떠나 헤지펀드로 달려가 이익이 사라질 때까지 열심히 거래하다가 다시 대학으로 돌아왔어요. 멀리 돌아오면서 세상이치를 배웠어요. 역설적으로 accrual anomaly의 종말은 그동안 이를 통계적 오류라고 폄하하던 사람들의 의구심을 잠재우는 것이지요. 이 현상은 진짜였고 그것으로 돈을 번 사람은 헤아릴 수도 없어요.”

Soliman 교수의 공저 논문은 Management Science 2011년 5월호에 실렸다. 이 논문은 accrual anomaly의 종말을 보여주지만, 동시에 학교에서 출발하여 금융계를 돌아 다시 학교에 돌아온 Soliman 교수의 여정도 끝났음을 보여준다. 또한 학자가 세상에 어떤 영향을 미치는지도 생생히 보여준다.』

한편, 헤지펀드의 등장 이외에도 발생액 이상현상의 소멸에 기여한 요인으로 지목되는 요인이 있다. Mohanram(2014)은 발생액 이상현상이 2002년을 기준으로 실질적으로 사라졌다고 선언하고 이의 원인으로 현금흐름에 대한 analysts들의 예측빈도 증가를 들었다. 저자는 현금흐름에 대한 예측치의 제공은 간접적으로 발생에 대한 예측기능도 함께 하므로 현금흐름예측치의 제공은 발생액과 관련한 가격오류(mispricing)를 감소시키는 기능을 한다고 하였다. 더욱이 저자는 전술한 헤지펀드의 등장으로 발생액 이상현상이 사라지게 되었다는 논리에 대해 헤지펀드에 의한 거래량 증가는 비단 발생액이 크거나 작은 기업(extreme accruals firms)에만 국한되지 않았다는 근거를 제시하였다.

아래의 [그림 4]는 헤지포트폴리오 수익률과 현금흐름에 대한 예측빈도의 연도별 변화 추이를 보여준다. 이 그림에 따르면 2002년을 기점으로 발생액 이상현상을 이용하는 헤지포트폴리오의 수익률은 급감하고(2008년은 예외) 있는 반면, 현금흐름예측의 빈도수는 급증하고 있음을 알 수 있다. 이러한 분석결과를 종합하면 발생액 이상현상은 발견 당시에는 지금까지 발견된 이상현상 중에서 가장 강건한(most robust) 것이었지만, 발견 이후 서서히 사라지기 시작하여, 현재는 더 이상 이상현상이 아닌 것으로 보인다.

[그림 4] 발생액 이상현상의 소멸과 현금흐름예측빈도

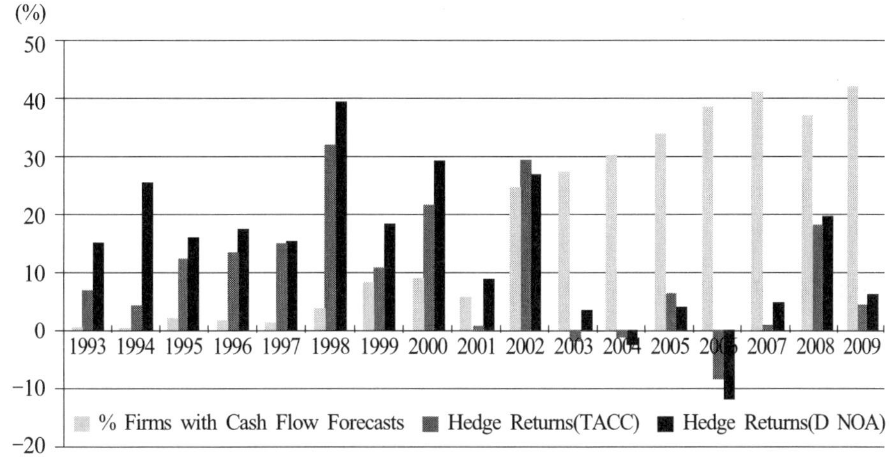

Figure 1 : The Accruals anomaly and Incidence of Cash Flow Forecasts across Time

4 실제이익조정과 관련하여

(1) 의의를 언급하라.

실제이익조정(real earnings management : REM)이란 실제 기업활동을 통해 이익을 조정하는 행위로서 목표이익에 도달하기 위해 정상적인 영업활동의 범위를 벗어난 비정상적인 영업활동을 통해 인위적으로 이익을 상향 또는 하향 조정하는 일련의 행위로 정의된다. 경영자는 통상 회계적 이익조정과 실제이익조정을 동시에 수행할 수 있지만 이익조정의 초기 선행연구는 대부분 회계적 이익조정, 즉 재량적 발생을 중심으로 이루어져 왔다. 그 이유는 다음의 두 가지 때문으로 판단된다. 첫째, 실제이익조정은 엄밀한 의미에서 이익조정이 아니라는 반론이 가능하기 때문이다. 비정상적인 경영활동에 숨겨진 경영자의 의도를 파악하지 않는 이상 객관적으로 이익조정이라 단정 짓기는 어렵다. 둘째, 비정상적인 경영활동을 이익조정이라 인정하더라도 그중에서 이익조정으로 발생한 결과만을 분리하여 측정하기 어렵다. 이러한 한계에도 불구하고 Roychowdhury(2006)가 실제이익조정에 의한 이익조정 측정치의 추정모형을 제시한 이래 이 분야의 연구가 활발해지고 있다.

그러나 회계투명성에 대한 관심이 고조되는 최근에는 경영자가 회계적 이익조정보다는 실제이익조정을 선호할 가능성이 더 높아졌다. 그 이유는 실제이익조정은 적절히 공시만 된다면 감사의견에 영향을 미치거나 규제기관의 관심을 유발하는 사안이 아니기 때문이다.

(2) 이용가능한 수단을 언급하라.

Roychowdhury(2006)는 재량적 발생액을 추정하는 모형을 근거로, 정상적인 영업활동과 관련된 금액을 추정하여, 정상적 영업활동모형에서 설명될 수 없는 부분을 REM의 결과로 간주하는 모형을 제안하였다. 이 모형에서는 구체적으로 영업활동 현금흐름(cash flow from operations), 제조원가(production costs) 그리고 재량적 비용(discretionary expenses)을 살펴보았다.

(3) 측정방법을 언급하라.

영업활동 현금흐름과 관련하여, 매출시기를 앞당기는 매출액조정과 판매가격 할인이나 신용판매 증가로 인한 매출액 증가를 측정하기 위한 변수로 비정상 영업활동 현금흐름(abnormal CFO)을 측정한다. 여기서 비정상 영업활동 현금흐름의 측정은 정상수준의 영업활동 현금흐름(CFO_t)을 t기말 매출액과 t기말 매출액 변화분의 선형관계를 가정하여 다음의 모형 (1)과 같이 추정한 후, 실제치에서 추정치를 차감하여 계산한다. 즉, 모형 (1)에서 나타나는 잔차가 비정상 영업활동 현금흐름이 되는 것이다.

$$\frac{CFO_t}{A_{t-1}} = \alpha_0 + \alpha_1\left(\frac{1}{A_{t-1}}\right) + \alpha_2\left(\frac{S_t}{A_{t-1}}\right) + \alpha_3\left(\frac{\Delta S_t}{A_{t-1}}\right) + \epsilon_{it} \tag{1}$$

여기서, CFO_t : 기업 i의 t기말 영업활동 현금흐름
A_{t-1} : 기업 i의 $t-1$기말 총자산
S_t : 기업 i의 t기말 총매출액
ΔS_t : 기업 i의 t기말 매출액 변화분($S_t - S_{t-1}$)

제조원가와 관련하여, 경영자가 정상적인 생산수준 이상으로 과도하게 제품을 생산한다면, 생산량이 증가할수록 단위당 고정제조간접비는 감소하기 때문에 매출원가를 축소시켜 보고이익을 증가시킬 수 있다. 제조원가(PC_t)는 매출원가($COGS_t$)와 재고자산의 변화분($\Delta \in V_t$)의 합으로 나타낼 수 있는데, 매출원가는 t기말 매출액과 선형관계이며, 재고자산의 변화분은 t기말 매출액의 변화분과 $t-1$기말 매출액의 변화분으로 나타낼 수 있으므로, 결국 제조원가(PC_t)는 아래의 모형 (4)와 같이 측정된다. 이 모형을 이용하여 제조원가의

예측치를 구하고 이를 제조원가의 실제치로부터 차감하여 비정상 제조원가(abnormal production costs)를 측정한다. 즉, 모형 (4)에서 나타나는 잔차가 비정상 제조원가가 되는 것이다.

$$\frac{COGS_t}{A_{t-1}} = \alpha_0 + \alpha_1\left(\frac{1}{A_{t-1}}\right) + \alpha_2\left(\frac{S_t}{A_{t-1}}\right) + \epsilon_{it} \qquad (2)$$

$$\frac{\Delta \in V_t}{A_{t-1}} = \alpha_0 + \alpha_1\left(\frac{1}{A_{t-1}}\right) + \alpha_2\left(\frac{\Delta S_t}{A_{t-1}}\right) + \alpha_3\left(\frac{\Delta S_{t-1}}{A_{t-1}}\right) + \epsilon_{it} \qquad (3)$$

$$\frac{PC_t}{A_{t-1}} = \alpha_0 + \alpha_1\left(\frac{1}{A_{t-1}}\right) + \alpha_2\left(\frac{S_t}{A_{t-1}}\right) + \alpha_3\left(\frac{\Delta S_t}{A_{t-1}}\right) + \alpha_4\left(\frac{\Delta S_{t-1}}{A_{t-1}}\right) + \epsilon_{it} \qquad (4)$$

여기서, $COGS_t$: 기업 i의 t기말 매출원가
$\Delta \in V_t$: 기업 i의 t기말 재고자산 변화분($\in V_t - \in V_{t-1}$)
PC_t : 기업 i의 t기말 생산원가($COGS_t + \Delta \in V_t$)

재량적 비용과 관련하여, 경영자는 이익을 상향조정하기 위하여 복리후생비, 광고선전비, 경상연구개발비 등의 재량적 비용의 지출을 감소시킬 수 있다. 여기서 재량적 비용(DE_t)은 모형 (5)와 같이 기업 i의 $t-1$기말 매출액과 선형관계를 가정하여 측정한다. 이 모형을 이용하여 재량적 비용의 예측치를 구하고 이를 재량적 비용의 실제치로부터 차감하여 비정상 재량적 비용(abnormal discretionary expenses)을 측정한다. 즉, 모형 (5)에서 나타나는 잔차가 비정상 재량적 비용이 되는 것이다.

$$\frac{DE_t}{A_{t-1}} = \alpha_0 + \alpha_1\left(\frac{1}{A_{t-1}}\right) + \alpha_2\left(\frac{S_{t-1}}{A_{t-1}}\right) + \epsilon_{it} \qquad (5)$$

여기서, DE_t : 기업 i의 t기말 재량지출액

이상의 비정상적인 경영활동을 측정하는 변수들의 의미는 다음과 같다. 첫째, 영업활동 현금흐름은 가격할인 및 신용매출의 증가 등으로 인해 정상적인 매출의 경우에 비해 그 크기가 작으므로 이익을 상향조정하는 기업의 경우 비정상 영업활동 현금흐름은 음(−)의 값을 가지며, 이익을 하향조정하는 경우 양(+)의 값을 가질 것이다. 둘째, 비정상 제조원가의 경우, 이익을 증가시키고자 하는 기업은 생산을 확대하여 고정제조간접비를 낮추고자 할 것이므로 양(+)의 값을, 이익을 감소시키고자 하는 기업은 음(−)의 값을 가질 것이다. 셋째, 재량적 비용은 이익을 증가시키고자 하는 기업의 경우 재량적 비용을 줄이고자 할 것이므로 비정상 재량적 비용은 음(−)의 값을, 이익을 감소시키고자 하는 기업은 양(+)의 값을 가질 것이다.

5 이익의 질(quality)과 관련하여, 대용변수, 결정요인 및 파급효과를 언급하라.

Dechow *et al*.(2010)은 이익의 질과 관련된 광범위한 선행연구를 분류, 정리하여 이익의 질에 대한 대용변수, 결정요인 및 파급효과를 다음의 〈표〉와 같이 제시하였다. 대용변수란

이익의 질을 나타내는 척도이고, 결정요인이란 이익의 질 또는 대용변수에 영향을 미치는 요소이다. 파급효과란 이익의 질이 가져올 효과 및 영향을 의미한다.

〈표〉 이익의 질 : 대용변수, 결정요인 및 파급효과

대용변수	결정요인	파급효과
• 이익의 속성 지속성 재량적 발생 이익유연화 수익/비용 인식속도 차이 소규모 이익시현 • 이익반응계수 회계방법 기업특성 정보환경 • 외부지표 감리지적 재무제표 재작성 내부통제제도	• 기업특성 기업실적 성장과 투자 자본구조 기업규모 • 회계방법 • 지배구조 이사회구성 경영자지분 경영자보수 경영자변동 • 회계감사 감사인규모 감사수수료 • 인센티브 추가자금조달 이익목표치 설정 • 외부요인 정치적 요인 시장/세무 규제 법률적 환경	• 자본시장 수익률 시장가치 자본조달비용 부채평가 • 기타분야 소송가능성 경영자보수 경영자변동 감사의견 재무분석가 평가

그러나 이상의 세 가지 영역에서의 요인은 경우에 따라서는 인과관계가 명확하지 않은 경우도 있다. 예를 들면 경영자보수는 결정요인으로도 작용하지만 파급효과에도 나타나고 있다. 이는 경영자보수의 형태가 이익조정 동기를 자극하여 이익의 질에 영향을 미치는 결정요인이기도 하지만, 이익의 질에 따라 경영자보수가 영향을 받을 수도 있다는 의미이다. 다음에서는 이익의 질에 대한 실증적 대용변수(empirical proxies)의 의미를 살펴본다.

- 지속성 : 지속성이 높은 이익은 초과이익모형에서 보다 정확한 가치평가 결과를 가져온다.
- 발생의 크기 : 극단적인 발생은 이익의 지속성을 낮추고, 이익의 질을 낮게 한다.
- 재량적 발생 : 재량적 발생은 경영자의 재량성을 의미하며, 이익의 질을 낮게 한다.
- 이익유연화 : 지나친 이익유연화는 인위적인 조작으로 이익의 질이 낮다. 이익조정

이나 이익유연화가 언제나 부정적인 것만은 아니다. 이익관리의 역기능을 주장하는 관점은 경영자의 기회주의적 동기에 논거를 두고 있으며 경영자에 의한 회계적 재량의 행사가 회계정보에 잡음을 초래하여 주식수익률과 회계수치의 동시적 상관관계를 약화시키는 것으로 추론한다. 반면에 이익관리의 순기능을 지지하는 관점은 이익관리가 경영자의 사적 정보를 전달하는 구실을 하여 회계정보의 목적적합성을 제고시키고 이익수치의 시계열 변동을 완화시켜 미래예측능력을 제고할 수 있을 것으로 추론한다. 두 가지 견해를 지지하는 실증연구결과가 병존하는 것이 현실이다.

- 손실의 조기인식 : 경영자의 낙관주의를 견제하기 위한 보수주의에서 손실의 인식속도는 빠르다. 따라서 보수주의하의 이익은 상대적으로 질이 높은 것으로 간주한다.
- 소규모 이익시현 : 소규모 손실 기업보다 소규모 이익 기업이 많다면 이는 인위적인 조작의 결과일 가능성이 높다. 간신히 이익을 시현한 기업의 이익의 질은 낮다.
- 이익반응계수(ERC) : 높은 ERC는 이익의 정보속성이 더 높다는 것으로, 이익의 질이 높다.
- 높은 가치관련성계수 : 높은 가치관련성계수는 이익의 정보속성이 더 높다는 것으로, 이익의 질이 높다.
- 감리지적 및 재무제표 재작성 : 이익의 질에 문제가 있음을 시사하고 이익은 질은 낮게 평가된다.

아래 [그림]은 광범위한 선행연구에서 진행된 대용변수간의 검증관계를 시각적으로 제시한다. 그림의 내용이 보여주는 것은 이익의 질을 나타내는 대용변수 상호간의 관계를 살펴본 선행연구가 많음을 나타내고, 특히 재량적 발생은 거의 모든 이익의 질 연구의 구심점 역할을 하는 것을 알 수 있다. 재량적 발생과 실제이익조정(real earnings management)의

[그림] 이익의 질 대용변수간의 검증관계분석

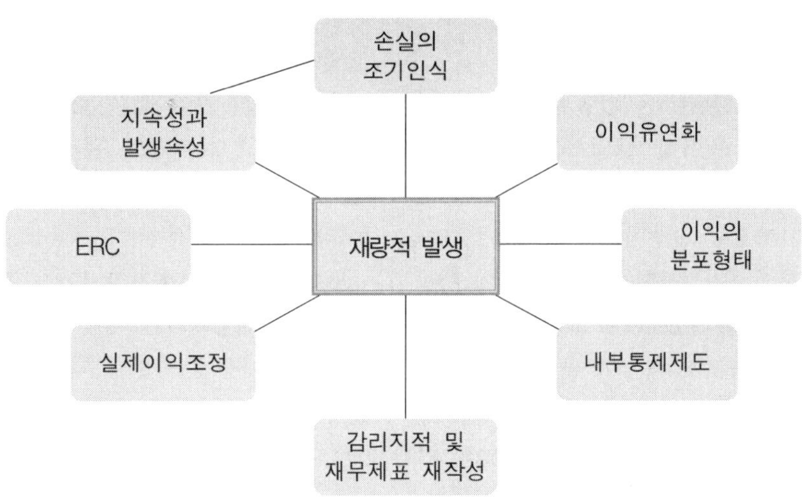

관계와 관련하여 Chi *et al.*(2011)은 감사품질이 높은 감사인은 발생을 통한 회계적 이익조정을 억제하는 능력이 뛰어나므로 높은 품질의 감사인에게 감사를 받는 이익조정 욕구가 높은 피감사기업은 오히려 대체적 이익조정수단인 실제이익조정을 더 많이 활용한다고 보고하였고, 이를 의도하지 않은 감사품질의 효과로 보았다.

6 재량적 발생의 개념을 설명하고 재량적 발생을 회계감사에서 분석적 절차(analytical procedures)의 도구로 사용할 수 있는지 언급하라.

발생을 재량적 발생과 비재량적 발생으로 구분하기 위한 모형은 비재량적 발생을 예측하기 위한 모형이고 이들 모형에 의해 예측되는 기대발생액과 실제발생액의 차이를 재량적 발생으로 추정한다.

이 중 선행연구에서 많이 사용된 것은 Jones모형과 수정된 Jones모형이다. Jones(1991)는 수입품으로 인한 미국내 피해기업의 실태를 조사하는 시점에서 기업들의 이익조정행태를 분석하였다. 수입품으로 인해 피해를 보았다고 주장하는 기업은 이익을 줄이려는 동기가 강할 것이다. Jones모형은 발생액이 주로 매출액의 변동과 상각대상자산에 의해 결정된다는 논리에 따라 아래와 같이 표시된다.

$$\frac{TA_t}{A_{t-1}} = \alpha_0\left(\frac{1}{A_{t-1}}\right) + \alpha_1\left(\frac{\Delta REV_t}{A_{t-1}}\right) + \alpha_2\left(\frac{PPE_t}{A_{t-1}}\right) + \epsilon_t \quad (1)$$

여기서, TA_t=기업 i의 t년도 총발생(당기순이익−영업활동 현금흐름)
A_{t-1}=기업 i의 $t-1$년도 총자산
ΔREV_t=기업 i의 t년도 매출액 변화분
PPE_t=기업 i의 t년도 상각대상자산
ϵ_t=기업 i의 t년도 오차항

발생액의 추정에 수익의 변동과 상각대상자산을 포함시키는 것은 영업활동의 수준과 시설규모가 발생의 크기를 좌우하는 주된 요인으로 간주되기 때문이다. 식 (1)에서 매출액의 변동(ΔREV)은 기업활동이 활발할수록 매출채권의 증가 같은 회계이익증가형 발생이 기대되는 동시에, 매입채무의 증가 같은 회계이익감소형 발생도 동시에 기대되기 때문에 기대부호가 일정하지 않다. 반면에 상각대상자산(PPE)은 감가상각비가 회계이익의 감소를 가져오는 발생이므로 기대부호는 음(−)이다. 아울러 이분산성(heteroskedasticity)의 문제를 회피하기 위해 모형의 추정에 사용되는 모든 변수는 기초자산 총액으로 나누어 준다.

그런데 Dechow *et al.*(1995)에 의해 수정된 Jones모형에서는 매출액이 신용매출 조정에 의해 이익조정 대상이 될 수 있음에 주목하여 신용매출에 의한 이익조정을 반영할 수 있도록 매출액의 변동으로부터 매출채권의 변동을 차감하여 사용한다. 이는 매출채권의 변화가 경영자의 조작(manipulation)에 의한 것일 수도 있다는 논리에 따라 그 효과를 제외하려는 의도이며 다음과 같이 표시된다.

$$\frac{TA_t}{A_{t-1}} = \alpha_0\left(\frac{1}{A_{t-1}}\right) + \alpha_1\left(\frac{\Delta REV_t - \Delta REC_t}{A_{t-1}}\right) + \alpha_2\left(\frac{PPE_t}{A_{t-1}}\right) + \epsilon_t \tag{2}$$

여기서, ΔREC_t = 기업 i의 t년도 매출채권 변화분

위의 모형은 정상적인(비재량적) 발생을 예측하기 위한 모형이며 위의 모형을 실제 표본집단에 적용하여 회귀계수 α_0, α_1, α_2의 추정치인 a_0, a_1, a_2를 구하고, 개별기업의 재량적 발생(discretionary accruals : DA)은 다음의 예측오차를 이용하여 계산한다.

$$DA_t = \frac{TA_t}{A_{t-1}} - \left[a_0\left(\frac{1}{A_{t-1}}\right) + a_1\left(\frac{\Delta REV_t - \Delta REC_t}{A_{t-1}}\right) + a_2\left(\frac{PPE_t}{A_{t-1}}\right)\right] \tag{3}$$

여기서, DA_t = 기업 i의 t년도 재량적 발생

이상의 절차로 계산된 재량적 발생은 발생액이 실질적 경제현상을 반영할 것으로 기대되는 수준보다 높거나 낮은 것을 나타내는데, 이 같은 재량적 발생은 경영자의 자의적 이익조정의 결과일 확률이 높다고 판단되는 부분이다. 재량적 발생모형은 발생액과 관련 계정 사이에 어느 정도 안정적인 관계가 있다는 가정에 기초하고 있으며, 회계이익의 정보효과와 유용성에 영향을 미치는 요인으로 파악되고 있는데, 이는 선행연구에서 시장이 발생조정(accrual management)에 의한 회계이익의 신뢰성을 적절히 할인(discount)하는 것으로 나타나기 때문이다.

한편, Kothari *et al*.(2005)은 재량적 발생이 영업성과의 영향을 받기 때문에 기업실적지표인 총자산이익률(return on asset : ROA)을 추가한 성과대응모형(performance matched model)을 아래와 같이 제시하였다.

$$\frac{TA_t}{A_{t-1}} = \alpha_0 + \alpha_1\left(\frac{1}{A_{t-1}}\right) + \alpha_2\left(\frac{\Delta REV_t - \Delta REC_t}{A_{t-1}}\right) + \alpha_3\left(\frac{PPE_t}{A_{t-1}}\right) + \alpha_4 ROA + \epsilon_t \tag{4}$$

위의 모형은 앞에서 소개된 모형과 달리 상수항(α_0)을 포함하고 있는데, 이는 전기말 총자산으로 변수를 나누어 줌으로써도 통제되지 않는 이분산성의 문제를 추가적으로 통제하고, 생략된 규모(size)의 변수로 인한 문제를 완화하기 위한 것이다. 또한 ROA는 금년도나 전년도의 수치를 모두 사용할 수 있으나, 본 모형은 실적(performance)이 이슈가 될 때에만 사용하는 것이 적절하다.

재량적 발생은 감사의견 예측모형에서도 유용한 변수의 하나로 나타나고 있으며, 감사인의 입장에서는 피감사회사의 선택시, 감사위험 평가시 그리고 분석적 절차(analytical procedures)의 도구로 사용할 수 있다. 감사인은 계획단계와 감사의 전반적 검토단계에서 반드시 분석적 절차를 적용해야 한다. 감사인은 분석적 절차에 의해 중대한 변동, 다른 정보와의 불일치나 예측치와 다른 상관관계를 발견한 경우 이를 조사하고 이에 대한 적절한 설명과 이를 확인하는 증거를 입수해야 한다(회계감사준칙, 520 분석적 절차, 2, 17). 예를 들어 재량적 발생이 산업평균 또는 경쟁기업과 비교하여 지나치게 높거나 낮을 때 또는 과거의 수치에 비해 지나치게 증가 또는 감소할 때 감사인은 이익조정을 의심할 수 있다.

즉 감사인은 재량적 발생을 경영자의 이익조정가능성을 나타내는 대용변수(proxy variable)로 활용할 수 있다. 특히 감사인의 법률적 책임이 강조되는 환경에서 감사인은 재량적 발생을 분식회계의 개연성을 암시하는 지표로 활용할 경우 그 활용도가 높을 것이다.

Gul *et al.*(2003)에 따르면 재량적 발생과 감사보수(audit fee)가 유의한 정(+)의 관계를 보임으로써 감사인이 재량적 발생의 중요성을 인식하고 감사보수에 반영하는 것으로 나타났다. 또한 Gul *et al.*(2002)에 따르면 감사인의 품질이 경영자의 계약동기상의 재량적 발생조정(contracting driven accruals)을 완화하는 효과가 크다고 하였다. 이와 관련하여 Krishnan(2003)에 따르면 Big 6가 감사한 회사의 재량적 발생은 그렇지 않은 회사(non-Big 6)의 재량적 발생보다 작은 것으로 나타났으며 이는 감사품질이 높을수록 경영자의 자의적 회계운용을 제어하는 능력이 뛰어남을 의미한다.

그런데 흥미로운 점은 이러한 감사품질의 차이가 현금흐름이나 비재량적 발생에서는 유의하게 나타나지 않고 재량적 발생에서만 나타난다는 점이다. 이는 현금흐름이나 비재량적 발생보다는 재량적 발생에서 감사인의 경영자 제어능력에 따른 감사품질의 차이가 두드러지고 시장도 이를 반영한다는 의미로 해석된다. Boone *et al.*(2011)도 소송위험(litigation risk)과 재량적 발생의 관계를 살펴본 결과 소송위험이 높아질수록 감사인의 재량적 발생에 대한 억제력이 더 커짐을 발견하였다. 이는 미래의 소송을 피할 목적으로 감사인의 억제력이 더 커지는 것으로 해석된다. 또한 이러한 노력에도 불구하고 재량적 발생이 커지는 경우 미래의 소송가능성은 높아지는 것으로 나타났다.

7 발생주의의 한계를 이익조정의 관점에서 설명하라.

발생을 기록하는 데에는 현금흐름처럼 주어진 일정조건만 충족되면 비교적 기계적으로 이루어지는 것이 아니라 일정한 판단(judgment)과 추정(estimation)이 요구된다. 따라서 발생주의 회계를 운용하는 데에는 필연적으로 경영자의 판단이나 추정이 개입하게 된다. 즉 발생주의는 기간성과측정을 보다 합리적으로 할 수 있는 장점이 있는 반면, 이익조정 등을 통한 경영자의 자의적 조작가능성도 동시에 높다는 것을 의미한다. 따라서 발생은 이중적인 성격을 갖고 있다고 할 수 있다.

8 당기업적주의와 포괄주의를 회계기능의 종류와 관련지어 설명하라.

당기업적주의와 포괄주의란 회계이익에 포함시켜야 할 항목의 범위와 관련하여 제기되는 문제이다. 당기업적주의는 정상적인 영업활동과 관련한 경상적이고 반복적인 항목만 회계이익(손익계산서)에 포함시키고 나머지 항목은 재무상태표의 자본(기타포괄이익)에서 표시하도록 하자는 것이고, 포괄주의는 자본거래를 제외하고는 항목의 성격에 관계없이 자본에 영향을 미치는 항목은 모두 손익계산서를 통해 반영하자는 것이다. 이는 앞서 언급된 포괄이익(comprehensive income) 및 순수잉여관계(clean surplus relation)와 유사하다. 이러한 논쟁은 회계이익의 용도와 관련하여 가치평가의 관점에서는 포괄주의가 보다 적합하고 업적평가 등을 위한 계약기능의 관점에서는 당기업적주의가 보다 적합한 개념으로 판단되어, 회계기능의 차이가 회계이익의 범위를 결정하는 데 관련이 있는 것으로 볼 수 있다.

그런데 당기업적주의와 포괄주의는 이익조정 및 자본시장의 효율성과 관련지어 살펴볼 수도 있다. 먼저 이익조정의 관점에서는 지금까지 포괄주의를 지지하는 이유 중의 하나는 회계이익의 구성요소 중에서 정상적인 부분과 비정상적인 부분의 구분이 현실적으로 어려워 당기업적주의가 경영자의 이익조정수단으로 사용될 가능성이 높다는 것이다. 즉 당기업적주의에서 경영자는 이익의 구성요소를 자기에게 유리하게 자의적으로 분류할 가능성이 있기 때문에 포괄주의가 오히려 바람직하다는 것이다. 그런데 이는 자본시장의 효율성과 관련된 문제이다. 자본시장이 효율적이라면 회계이익의 구성요소가 손익계산서에 나타나든 자본조정에 나타나든 차이가 없다. 그러나 전술한 불완전 현시가설(IRH)이 시사하는 바와 같이 공시장소에 따라 후속적인 정보처리비용이나 시간이 달라진다면 가치평가에 영향을 미칠 수 있다. 따라서 당기업적주의와 포괄주의의 구분도 회계기능의 종류에 따라 입장이 다르게 된다. 가치평가기능에서는 기업가치평가의 기초로 포괄주의를 선호하는 반면, 계약기능에서는 경영자의 업적평가지표로서 당기업적주의에 의한 회계이익을 선호하게 된다.

9 재량적 발생을 추정하는 모형의 기본적인 한계는 무엇인가?

재량적 발생을 추정하는 모형 자체의 타당성 때문에 동시검정의 사례로 꼽히는데 Jones-type모형의 단점은 정상적 발생이 비정상적 발생으로 또는 비정상적 발생이 정상적 발생으로 잘못 분류될 가능성이 있다는 것이다(Bernard and Skinner, 1996).

10 Pro forma earnings의 유용성을 설명하라.

Pro forma earnings란 공식적인 손익계산서상의 이익(GAAP earnings)과는 달리 영업활동에 본질적으로 관련이 없다든가 미래에 대한 투자성격을 띠는 비용항목을 공제하기 이전의 일종의 견적이익이다. Pro forma earnings는 종종 “Street earnings”로 불리기도 한다. 이러한 pro forma earnings의 개념이 주목받는 근본적인 이유는 GAAP earnings에는 영업활동과 본질적인 연관이 없는 비반복적인(non-recurring) 항목이 포함되어 안정적이고 장기적인 미래 현금흐름창출을 나타내는 지표로는 부적절하다는 관점에서 출발한다.

그러나 이러한 pro forma earnings의 개념 남용에 대해 우려하는 시각도 존재하고 있다. 신경제체제하에서 널리 알려진 어느 기업은 마케팅을 미래에 대한 투자로 본다는 전제 아래 ‘마케팅 비용전 이익’을 보고하고 있다. 즉 미래에 대한 투자는 기업의 최근 성과평가에 포함되어서는 안 된다는 것이다. 이는 '이익으로부터 차감하고 싶지 않은 비용전 이익(Earnings Before Expenses We Don't Want To Deduct From Earnings : EBEWDWTDFE)'으로의 작은 첫걸음이다(에클스 등, 2001, pp. 158~159). 이러한 상황에서 SEC의 수석회계사가 pro forma earnings를 "나쁜 것을 공제하기 전의 이익(earnings before the bad stuff)"이라고 비꼬듯이 말하는 지경까지 이르렀다(Doyle *et al.*, 2003, p. 146).

Pro forma earnings에 대한 실증연구는 이러한 논란과 관련하여 주가가 과연 어떤 이익개념(GAAP vs Pro Forma)에 보다 의미 있는 반응을 할 것인가에 대한 주제로 이루어져 왔으나 일치된 결과는 보여주지 못하고 있다. 다만 미국의 경우 2003년부터 non-GAAP 이익측정치를 공표하는 경우 경영진이 왜 non-GAAP 이익측정치가 투자자에게 유용한지를 설명하도록 요구함으로써 경영자가 자의적으로 이익의 개념을 정의하여 자기에게 유리한 정보를 일방적으로 제공한다는 우려에 대한 보완장치를 마련하고 있다.

11 Hicks의 이익개념을 회계이익의 개념으로 채택할 수 있는 가능성과 관련하여 가치평가기능과 계약기능의 입장에서 각각 논하라.

이익의 질(earnings quality)은 여러 관점에서 정의될 수 있지만 원론적인 차원에서 회계이익이 Hicks의 이익을 충실하게 표현(faithfully represent)하는 정도로 정의된다. Hicks의 이익이란 기말에도 기초의 부의 수준을 유지하면서 기중에 소비할 수 있는 최대금액으로 정의되는데, 경제학적 이익을 설명하는 데 있어서 가장 대표적인 견해로 여겨져 왔다. 회계이익은 인식과 측정의 한계 때문에 Hicks의 이익과 동일할 수 없지만 포괄이익(comprehensive income)의 개념은 Hicks의 이익개념을 따르고 있다.

이익의 질 개념은 가치평가기능이나 계약기능 모두에 유용한 개념이고, 이익의 질을 측정하기 위한 수단은 여러 관점에서 생각해 볼 수 있지만 대체로 다음과 같은 관점에서 측정해 볼 수 있다. 즉 이익이 현금흐름에 근거한 것인지 아닌지, 반복적인지 아닌지, 정확한 측정치에 근거한 것인지 아니면 추정치에 근거한 것인지에 따라 판단될 수 있다.

12 PER, PBR, EV/EBITDA의 개념을 구분하여 설명하라.

투자자들은 흔히 주당순이익(EPS)을 주가와 비교하여 기업을 평가한다. 주가이익비율(price-earnings ratio : PER)은 보통주 1주당 시가를 보통주 1주당 순이익, 즉 주당순이익으로 나눈 값이다.

PER = 보통주 1주당 시가 / 주당순이익

"低 PER 투자전략"이니 "PER이 낮은 기업에 투자하라"는 전략은 현재의 이익에 비해 기업가치, 즉 미래이익의 현재가치가 과대평가되었을 때 PER이 높고, 현재의 이익에 비해 기업가치가 과소평가되었을 때 PER이 낮다는 점을 염두에 둔 것이다. 기업을 평가하는 데 있어 PER과 더불어 자주 사용되는 비율로 EV/EBITDA와 주가순자산비율(PBR)이 있다.

EV/EBITDA는 EV(Enterprise Value : 기업가치)를 EBITDA(Earnings Before Interest, Taxes, Depreciation and Amortization : 이자, 법인세비용, 감가상각비 및 무형자산상각비 차감전 이익)로 나눈 것이다. EV와 EBITDA는 흔히 다음과 같이 계산한다.

EV＝주식의 시가총액＋부채－현금
EBITDA＝이자비용 차감전 세전이익(EBIT)＋제상각비(Depreciation & Amortization)

EV는 기업이 영업에 투입한 자산의 시가측정치이다. EBIT(이자비용 차감전 세전이익) 계산에는 감가상각비와 무형자산상각비가 차감되어 있다. 그런데 감가상각비와 무형자산상각비는 현금유출을 동반하지 않는 비용이므로 이를 다시 가산한 결과인 EBITDA는 영업활동 현금흐름의 추정치라 할 수 있다. 따라서 EV/EBITDA는 회계이익 대신에 영업활동 현금흐름을 사용한 PER의 개념이라고 할 수 있다.

주가와 주당순이익의 관계처럼, 주가를 주당순자산(BPS)으로 나눈 금액을 주가순자산비율(price-book ratio : PBR)이라고 한다.

PBR＝보통주 시가 / BPS

PBR이 1보다 높다는 것은 기 투자한 자본(즉 순자산 장부가액)에 비해 예상되는 미래이익의 현재가치(즉 주식의 시가)가 높다는 것을 의미한다. 투자자들이 기업의 미래 전망을 밝게 볼수록 PBR이 높아진다. 예를 들어, 부가가치가 높은 high-tech기업의 경우 PBR이 높을 것이며, 부가가치가 낮은 low-tech기업의 경우 PBR이 낮을 것이다.

13 회계기능별 이익의 질 개념이 어떻게 다른지 설명하라.

회계기능을 가치평가기능과 계약기능으로 구분하는 것은 회계이익의 범위에 대한 견해가 일치하지 않기 때문이기도 하다. 즉 가치평가기능에서는 소유주와의 거래를 제외하고 장부가액의 변동에 영향을 미치는 모든 항목이 이익에 포함되어야 한다고 보는 반면, 계약기능에서는 경영자나 종업원의 실적을 나타내는 부분만이 이익에 포함되어야 한다고 본다. 이러한 갈등을 부분적으로 해결하려는 방법이 포괄손익계산서의 등장이다. 즉, 가치평가에 관심 있는 사람은 총포괄이익을 이용하면 되고, 계약기능에 관심 있는 사람은 당기순이익을 이용하면 될 것이다. 왜냐하면 총포괄이익은 기업가치 평가(equity valuation)에 보다 밀접한 개념이고, 당기순이익은 경영자의 업적평가(management performance evaluation)에 보다 적합한 개념이기 때문이다. Huson *et al.*(2012)에 따르면 경영자 보상위원회(compensation committee)는 경영자의 임기 마지막 연도의 현금보상을 결정하는 데 있어 재량적 발생의 증가는 대체로 무시하고, 퇴임 직전의 투자에 따른 비용증가는 현금보상에 적극 반영함으로써 퇴임을 앞둔 경영자의 투자는 억제하고 이익조정동기에는 적극 대응하는 모습을 보이고 있다. 이는 경영자의 보상을 결정하는 데 있어 모든 이익구성항목이 동등한 대접을 받는 것은 아니라는 것을 보여준다.

기타포괄손익(other comprehensive income : OCI)은 향후에 재분류(reclassified or recycled)가 불가능한 항목과 가능한 항목을 구분하여 표시한다. 이러한 취지는 현재는 기타포괄이익이지만 향후에 경영자의 실적지표로 간주될 수 있는 손익계산서로 옮겨갈 수 없는 항목과 옮겨갈 항목을 미리 구분하는 것이 정보이용자의 유용성에 기여할 것으로 전망되기 때문이다. 이는 마치 희석가능성을 고려하여 미리 희석 EPS를 공시하는 것과 유사하게, 향후 재분류가 가능한 항목의 미래 당기순이익에 미치는 영향을 가늠할 수 있다.

14 이익조정의 정의를 제시하라.

회계적 이익조정(earnings management)은 아래와 같이 정의된다.

- 이익조정이란 사적인 이득을 취할 의도를 가지고 재무보고과정에 인위적으로 개입하는 것이다.
- 이익조정이란 이해관계자를 오도(misleading)할 목적이나 계약결과에 영향을 미치기 위한 목적에서 재무보고서를 변경하기 위하여 판단을 남용할 때 나타난다.

경영자의 이익조정에는 여러 가지 방법이 동원될 수 있으나 경영자의 입장에서는 회계처리방법의 변경과 같은 눈에 잘 띄는 방법보다 발생조정(accrual management)을 이용하는 것이 나을 것이다. 따라서 현금흐름보다는 발생에서 이익조정이 나타날 확률이 크다. 특히 회계이익에 기초한 경영자보수계약이 존재하거나 경영자의 임기가 종료되는 시기에는 이익조정의 가능성이 더 크다고 볼 수 있다. 이익조정과 이에 대한 대응수단의 한 가지 예시는 아래와 같다.

회계조작의 수단	규제기관의 대책
• 회계방법의 선택 • 추정치 조작 • 인위적 거래실행 • 인식시기 조작	• 회계선택폭 제한 • 추정의 비중 감소 • 형식보다 실질 • 재평가시기의 정례화

15 경영자의 이익조정동기를 설명하라.

경영자의 이익조정은 다음과 같은 요인으로 가능성이 있다고 판단된다.

① 보수계약 : 실적(회계이익) 연계보상 또는 스톡옵션
② 부채계약 : 일정한 부채비율 초과금지조건
③ 자리유지 : 인수합병시장에서의 생존

④ 규제 회피 또는 완화
⑤ 주가관리 : 과다한 등락회피(방지)

한편, Big bath라는 방식으로 이익조정이 나타나는 경우도 있다. Big bath는 나쁜 실적을 더욱더 나쁘게 보이도록 조작하는 것이다. 이는 내년도 또는 그 이후의 실적을 인위적으로 좋게 보이도록 하기 위해 실적이 나쁜 연도에 실시하는 것이 보통이다. 특히 신임경영자는 이 전략을 통해 금년도의 나쁜 실적을 전임경영자의 탓으로 돌리고, 내년의 개선된 실적은 자기업적으로 치부하곤 한다. 예를 들면 어떤 경영자가 금년도에 목표이익을 달성할 가능성이 아예 없다고 판단하면 금년도 실적을 내년 또는 그 이후로 몰아주는 전략을 취한다. 왜냐하면 이익목표를 아슬아슬하게 못 미치거나 크게 못 미치거나 금년도에 보너스를 받지 못하는 것은 마찬가지이기 때문이다. 이때 경영자가 쓸 수 있는 수단은 비용의 선지급, 필요 이상의 대손충당금설정, 수익인식의 연기 등이 있다. 이러한 전략을 통해 경영자는 내년에 보다 많은 보너스를 기대할 수 있다.

백상미 · 최정미(2011)는 신규상장된 기업을 대상으로 기업공개 이전과 이후의 신임경영자의 이익조정 행태를 살펴본 결과, 기업공개 이전에는 신임경영자가 자신의 경영성과를 관리하기 위한 이익하향조정현상이 나타나지 않았지만 기업공개 이후에는 경영자 교체연도에 재량적 발생이 유의한 음(−)으로 나타나 경영자가 이익을 감소시키는 방향으로 이익을 조정하는 것으로 나타났다. 그러나 곽영민 · 최종서(2011)에 따르면 최고경영자의 교체를 전후한 이익조정현상이 교체시점 직전연도에는 전임경영자에 의한 상향조정, 교체연도에는 신임경영자에 의한 하향조정이라는 획일적 형태로 나타나는 것이 아니고 전임경영자의 퇴임유형과 신임경영자의 영입유형이 어떠한 조합을 이루는가에 따라 다양한 양상으로 나타날 수 있다.

16 손실과 이익 기업의 구분점에서의 이익조정가능성을 언급하라.

회계담당자가 회계기준의 정신을 무시하고 추정과 판단을 악용하는 경우에 손실과 이익기업의 구분점에서 이익조정의 가능성이 있다. 예를 들면 다음 [그림 1]에서 소규모 손실을 보이는 기업은 빈도수가 드문 반면, 소규모 이익을 보이는 기업은 상대적으로 흔한 분석결과는 적자보고를 피하기 위하여 회계상의 추정과 판단이 남용되었을 가능성을 보여준다.

그림 중 (1)은 Burgstahler and Dichev(1997)의 연구에 나타난 미국기업의 이익수준 분포이며, (2)는 구정호(2011)의 연구에 나타난 우리나라 기업의 이익수준 분포 모습이다. 우리나라의 경우 대규모 이익과 손실을 보고하는 기업들이 양쪽 끝에 편중되어 있음을 알 수 있다. 위의 두 나라 사례에서 소규모 적자구간에 비해 소규모 이익구간의 분포가 상대적으로 많은 것이 이익조정의 산물이라는 의혹을 제기할 수 있다. Burgstahler and Dichev(1997)는 이러한 소규모 적자 탈피를 위한 이익조정의 가능성에 대한 이론적 근거로

[그림 1] 미국과 우리나라 기업의 이익분포

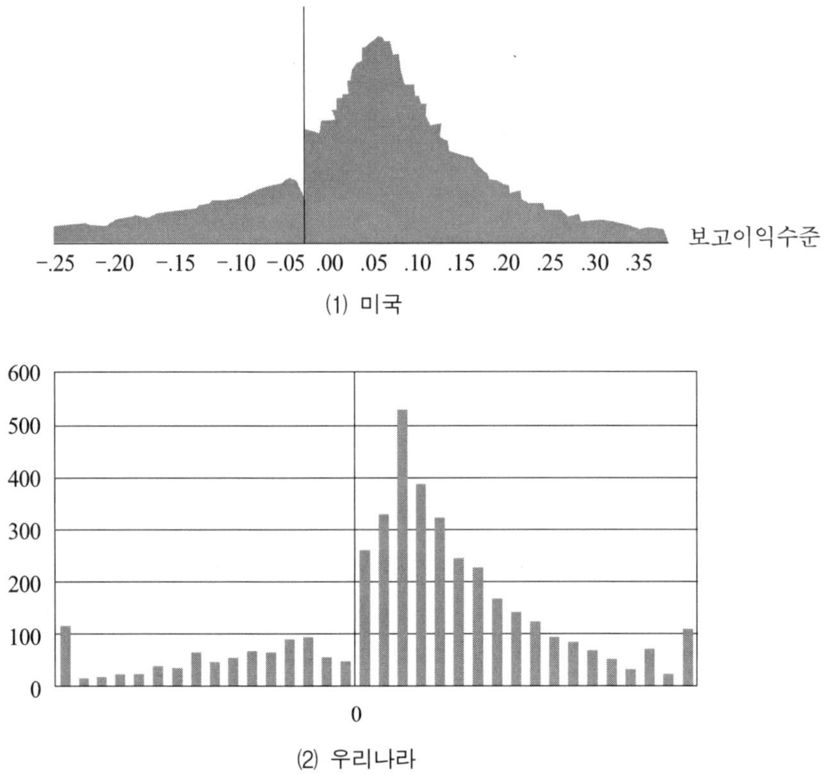

제1장에서 소개된 프로스펙트이론을 들고 있다. 프로스펙트이론에서는 준거점을 기준으로 가치함수의 증가폭이 가장 크므로 경영자는 여러 이해관계자(stakeholders)가 인식하는 가치함수의 증가/감소 패턴을 고려하여 소규모 적자를 흑자로 전환시키는 이익조정의 동기가 충분하다고 하였다. 그런데 경영자의 이러한 행위가 합리성(rationality)의 관점에서도 전혀 무리가 없는 행동이라는 것이다. 즉 손실을 보고하는 경우 기업의 거래비용(transaction cost)은 이익을 보고했을 때에 비해 급격히 커지므로 경영자가 손실을 회피하는 것은 매우 자연스럽다는 것이다. Hayn(1995)도 이와 유사한 이익분포의 행태를 통계적으로 검증한 결과 1% 수준에서 정규분포와 다르다고 하고 이는 아슬아슬하게 흑자가 된 기업들이 이익조정을 통하여 적자를 면했을 가능성을 시사한다고 하였다.

이러한 심증적 의혹을 넘어 Roychowdhury(2006)는 기업들이 적자를 피하기 위하여 할인제공을 통한 매출의 일시적 신장, 매출원가축소를 위한 과대생산 및 수익성 제고를 위한 재량적 지출의 축소를 행함으로써 실제이익조정이 행해지고 있음을 보고하였다. 김지홍 등(2008)도 이익을 상향조정했을 것으로 의심받는 기업의 경우 낮은 비정상 영업활동 현금흐름과 낮은 비정상 재량적 비용을 보이는 반면, 비정상 제조원가의 경우 높은 수준으로 나타나 이익의 상향조정을 위한 실제이익조정이 이루어지고 있음을 보고하였다. 김진배 등(2009)도 0의 이익을 약간 초과한 그룹들은 다른 그룹에 비해 통계적으로 유의하게 낮은 비정상 영업활동 현금흐름과 비정상 재량적 지출을 보고하고, 높은 비정상 생산원가를 보고하고 있는 것으로 나타나 적자보고회피를 위한 실제이익조정이 발생되고 있음을 지적하였다.

박선오(2011)는 이상의 실제이익조정의 관점과 달리 회계적 이익조정의 관점에서 본 문제를 살펴보았다. 즉, 이익수준 구간별 발생액(총발생액, 비재량적 발생액, 재량적 발생액)의 크기를 분석한 결과 재량적 발생액은 이익수준이 0에 이를 때까지 빠른 속도로 상승하고 있음을 보여준다. 이익수준이 −0.03인 구간에 속한 기업부터 이미 재량적 발생액은 (+)를 보이고 있고 그 폭은 이익수준이 0.02에 이를 때까지 커지고 있다. 따라서 이 구간에 속한 기업 중 상당수가 적자폭을 줄이거나 흑자전환을 위해 좀더 적극적으로 회계이익을 부풀렸을 가능성이 있는 것으로 추정된다고 보고하였다.

그러나 이익분포상의 비연속성만으로 이익조정을 단정할 수는 없다는 신중론도 만만치 않다. 이은철 · 손성규(2007)에 따르면 비재량적 이익을 기준으로 0에 인접한 적자 표본들의 재량적 발생액이 이와 인접한 다른 구간과 차이가 있다는 증거를 발견하지 못하였다. 또한 당기순이익을 기준으로 0에 인접한 흑자 표본들의 재량적 발생액이 이와 인접한 다른 구간과 차이가 있다는 증거를 발견할 수 없었다. 이러한 연구결과는 횡단면적 분포도상에서 0을 기준으로 한 불연속적인 분포가 이익조정의 결과가 아닐 수도 있음을 시사하는 것이다. 또한 Durtschi and Easton(2005, 2009)도 이익분포상의 비연속성이 이익조정의 결과라기보다는 사용된 통계적 방법이나 다른 요인에 의한 것이라는 분석결과를 제시하였다.

그러나 Gilliam *et al.*(2015)은 Durtschi and Easton(2005, 2009)의 지적이 옳다면 동일한 이익의 표준화 방법이나 표본선정기법에 따라 2002년 이전과 이후의 표본에서 동일하게 이익분포의 불연속성이 나타나야 한다는 논리에 따라 실증분석을 실시하였다. 2002년을 중심으로 구분하는 이유는 Sarbanes-Oxley Act가 2002년에 도입되었기 때문이다. Sarbanes-Oxley Act란 2001년의 Enron Scandal에 의해 땅에 떨어진 미국회계의 신뢰성과 투명성을 회복하기 위한 법으로서 이 법의 주요 내용은 분식회계를 자행한 경영자에 대한 처벌강화, 외부감사인의 내부통제제도 평가 및 CEO와 CFO의 재무제표 인증을 강제한 것이다.

분석결과에 따르면 다음의 [그림 2]에서와 같이 2002년 이전(A)에 명확히 나타나던 이익분포의 불연속성(discontinuity)이 2002년 이후(B)에 사라졌다. 이러한 결과는 이익분포의 불연속성이 이익조정 때문이 아니라 단지 이익의 표준화 방법이나 표본선정 등의 통계적 오류에 의한 것이라는 Durtschi and Easton(2005, 2009)의 주장에 심각한 의문을 제기하는 것이다. 왜냐하면 이익분포상의 불연속성이 이익조정의 결과라기보다는 이익의 표준화 방법이나 표본선정에 있어서의 통계적 오류에 의한 것이라면 동일한 기법을 사용한 2002년 이후의 표본에서도 2002년 이전과 같이 이익분포의 불연속성이 나타나야 할 것이기 때문이다. 따라서 [그림 2]의 실증분석결과는 2002년을 기점으로 Sarbanes-Oxley Act의 의도대로 이익조정이 약화되어 이익분포의 불연속성이 사라졌다는 주장에 힘을 실어주는 것이다. 또한 2002년 Sarbanes-Oxley Act의 도입 이후 발생액을 이용한 이익조정(accrual-based earnings management)은 약화된 반면 실제이익조정(real earnings management)은 증가했다는 선행연구결과에 비추어 보면 실제이익조정의 강화가 발생액을 이용한 이익조정의 감소를 상쇄할 만큼 강력한 것은 아니었다는 추론을 가능하게 한다. 왜냐하면 실제이익조정의 강화가 발생액을 이용한 이익조정의 감소효과를 상쇄할 만큼 강력한 것이었다면 2002년 이후에도 이익분포의 불연속성이 계속 나타나야 하기 때문이다.

[그림 2] 2002년 이전(A)과 이후(B)의 이익분포2)

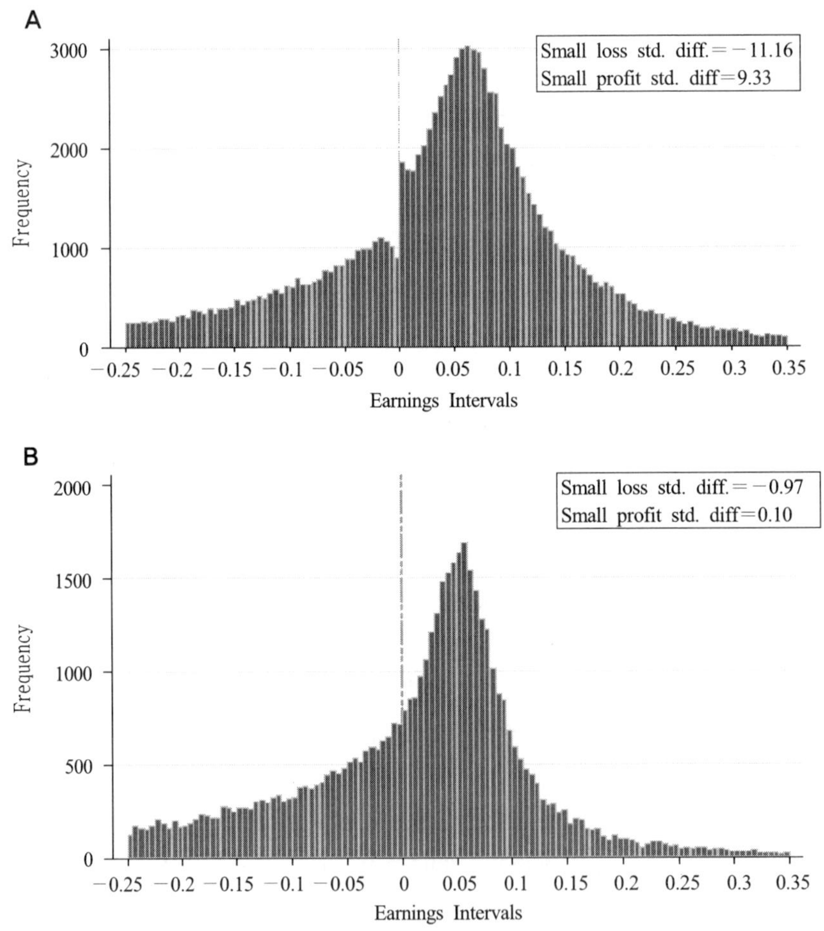

2) Gilliam *et al.*(2015).

17 이익조정에서 감사인의 역할을 언급하라.

회계적 이익조정(accrual based earnings management)에서 말하는 재량적 발생은 감사의견 예측모형에서도 유용한 변수의 하나로 나타나고 있으며, 감사인의 입장에서는 피감사회사의 선택시점이나 감사위험을 평가할 때 그리고 분석적 절차(analytical procedures)의 도구로도 활용할 수 있다. 예를 들어 재량적 발생이 산업평균 또는 경쟁기업과 비교하여 지나치게 높거나 낮을 때 또는 과거의 수치에 비해 지나치게 증가 또는 감소할 때 감사인은 이익조정을 의심할 수 있다. 즉 감사인은 재량적 발생을 경영자의 이익조정가능성을 나타내는 대용변수(proxy variable)로 활용할 수 있다. 특히 감사인의 법률적 책임이 강조되는 환경에서 감사인은 재량적 발생을 분식회계의 개연성을 암시하는 지표로 활용할 경우 그 활용도가 높을 것이다.

Gul *et al.*(2003)에 따르면 재량적 발생과 감사보수(audit fee)가 유의한 정(+)의 관계를 보임으로써 감사인이 재량적 발생의 중요성을 인식하고 감사보수에 반영하는 것으로 나타났다. 또한 Gul *et al.*(2002)에 따르면 감사인의 품질이 경영자의 계약동기상의 재량적 발생조정(contracting driven accruals)을 완화하는 효과가 크다고 하였다. 이와 관련하여 Krishnan(2003)에 따르면 Big 6가 감사한 회사의 재량적 발생은 그렇지 않은 회사(non-Big 6)의 재량적 발생보다 작은 것으로 나타났으며 이는 감사품질이 높을수록 경영자의 자의적 회계운용을 제어하는 능력이 뛰어남을 의미한다.

그런데 흥미로운 점은 이러한 감사품질의 차이가 현금흐름이나 비재량적 발생에서는 유의하게 나타나지 않고 재량적 발생에서만 나타난다는 점이다. 이는 현금흐름이나 비재량적 발생보다는 재량적 발생에서 감사인의 경영자 제어능력에 따른 감사품질의 차이가 두드러지고 시장도 이를 반영한다는 의미로 해석된다. Boone *et al.*(2011)도 소송위험(litigation risk)과 재량적 발생의 관계를 살펴본 결과 소송위험이 높아질수록 감사인의 재량적 발생에 대한 억제력이 더 커짐을 발견하였다. 이는 미래의 소송을 피할 목적으로 감사인의 억제력이 더 커지는 것으로 해석된다. 또한 이러한 노력에도 불구하고 재량적 발생이 커지는 경우 미래의 소송가능성은 높아지는 것으로 나타났다.

실제이익조정(real earnings management)과 관련하여 이창섭 등(2012)은 감사시간과 감사보수를 이용해 감사인이 경영자의 실제이익조정활동을 인지하는가에 대해 분석하였다. 실제이익조정활동은 기업의 장기성과에 부정적인 영향을 미치며 이익조정행위의 특성상 감사위험을 증가시키지만, 경영자의 영업활동상 의사결정의 결과로 나타나는 이익조정이라는 특성 때문에 감사인이나 감독기관이 이를 직접적으로 제재하기는 어렵다고 알려져 있다(Graham *et al.* 2005 ; Roychowdhury 2006). 그러나 감사인은 감사계획수립시 감사위험평가단계에서 피감사회사의 실제이익조정과 관련된 활동들에 대해 파악하여 감사위험을 낮추려는 노력을 할 것이라고 예상된다. 따라서 저자들은 감사인이 실제이익조정활동을 인지하여 감사시간과 감사보수에 반영하는지에 대한 실증적 분석을 실시하였다. 만약 감사인이 인지한 실제이익조정의 정도가 상대적으로 높았다면 감사수행시 이로부터 증가된 감사위험이 반영되어 감사투입시간이 증가할 것이고, 이에 따라 감사보수도 증가할 것이라 예상된다.

실증분석 결과, 전년도 실제이익조정이 클수록 당기의 감사투입시간 및 감사보수는 유의하게 증가하는 것으로 나타났다. 이러한 결과는 감사인이 실제이익조정활동의 증가를 감사위험의 증가로 인식하여 감사투입시간 및 감사보수를 증대시킨다고 해석할 수 있다. 본 연구는 감사시간과 감사보수를 근거로 감사인이 경영자의 실제이익조정 행위를 인지하는가에 대하여 실증분석을 시도하였다는 점에서 선행연구와 차별점이 있다. 본 연구에서는 감사인이 경영자의 실제이익조정에 대한 직접적인 제재 권한이 없음에도 불구하고, 이를 인식한 후 증가된 감사위험을 낮추려는 노력을 수행하고 있음을 보여주었다. 또한 본 연구결과는 최근 저가수임으로 인한 감사품질의 훼손현상을 감독하는 규제기관에 감사시간과 감사보수가 감사품질의 측정에 있어 중요한 지표임을 제시해 줄 수 있을 것으로 기대된다.

18 한국형 헤지펀드의 도입 이후 우리나라의 발생액 이상현상이 어떤 변화를 보이고 있는가?

김정재(2017a)는 한국형 헤지펀드가 2011년 12월에 공식 도입되어 급속하게 성장하는 과정에 주목하여 그 이전까지 꾸준히 존재하는 것으로 선행연구에서 보고된 우리나라의 발생

Year / decile	2011 (n=478)	2012 (n=471)	2013 (n=462)	2014 (n=479)	Total (n=1,890)
Low	0.0503 (1.038)	0.0217 (0.360)	−0.0078 (−0.097)	−0.0483 (−0.938)	0.0038 (0.124)
2	0.2131 (2.841)***	−0.0433 (−1.064)	0.0887 (1.180)	−0.0242 (−0.529)	0.0588 (1.881)*
3	−0.0163 (−0.295)	−0.0476 (−1.230)	0.0188 (0.204)	−0.0357 (−0.664)	−0.0205 (−0.659)
4	−0.0394 (−0.780)	0.0666 (1.188)	−0.0731 (−1.238)	0.0017 (0.032)	−0.0111 (−0.408)
5	−0.0050 (−0.088)	0.0623 (0.973)	0.0238 (0.293)	−0.0099 (−0.226)	0.0176 (0.566)
6	0.0360 (0.537)	0.0410 (0.699)	−0.1309 (−2.473)**	0.1118 (1.933)*	0.0165 (0.547)
7	0.0711 (1.172)	0.0177 (0.407)	0.0556 (0.720)	−0.0578 (−1.334)	0.0215 (0.743)
8	0.0033 (0.060)	−0.0648 (−1.479)	0.0008 (0.012)	0.1497 (2.305)**	0.0229 (0.782)
9	−0.1181 (−2.121)**	−0.0319 (−0.456)	−0.1052 (−2.053)**	−0.1237 (−3.111)***	−0.0948 (−3.440)***
High	−0.1979 (−3.977)***	−0.0227 (−0.353)	0.1296 (1.211)	0.0313 (0.434)	−0.0155 (−0.400)
Hedge (L−H)	0.2482 (3.344)***	0.0445 (0.453)	−0.1374 (−1.008)	−0.0796 (−0.846)	0.0192 (0.369)
Hedge (L&2−9&H)	0.2902 (5.000)***	0.0165 (0.286)	0.0283 (0.358)	0.0111 (0.187)	0.0872 (2.614)***

Note : ***, **, * denote significance level 1%, 5%, 10% respectively.

헤지포트폴리오의 초과수익률이 2011년에는 유의하게 나타나지만 2012년 이후에는 그 통계적 유의도가 사라져 우리나라에서도 발생액 이상현상이 소멸하였음을 보여준다(김정재, 2017a, p. 449).

액 이상현상이 한국형 헤지펀드의 도입 이후인 2011~2014년의 기간에도 종전의 모습으로 계속 나타나는지 헤지포트폴리오의 초과수익률을 검증하는 방법으로 살펴보았다. 앞의 분석결과에 따르면 지금까지 우리나라에서 발생액 이상현상이 가장 확연히 드러났던 유가증권(KSE)시장의 흑자기업에서 2011년까지는 발생액 이상현상이 존재하였으나(헤지포트폴리오의 초과수익률이 2011년에는 유의하게 나타나지만) 한국형 헤지펀드의 도입 이듬해인 2012년 이후에는 그 통계적 유의도가 사라져 우리나라에서도 발생액 이상현상이 소멸하였음을 보여준다. 이러한 분석결과는 미국 등 선진자본시장이 일찍이 경험한 내용이 국내 자본시장에서도 그대로 재현되고 있음을 보여준다.

CHAPTER

11 주식기준보상

1 스톡옵션의 회계처리가 기술집약적 산업에 미치는 영향을 논하라.

과거 미국의 회계기준은 스톡옵션을 손익계산서에 비용으로 처리하든, 관련 내용을 주석으로만 공시하든 회사의 선택으로 남아 있었다. 일부 기업(Coca-Cola, General Motors, General Electric 등)은 2003년부터 자발적으로 비용으로 처리하겠다고 발표하고 있으나 일부 첨단기업(high-tech)은 여전히 비용처리에 반대하고 있다. 다만 2004년 현재 약 500개의 미국기업이 자발적으로 스톡옵션의 비용처리를 하고 있다. 미국기업, 특히 IT관련 기업들이 스톡옵션의 비용처리에 반대하는 이유는 주가하락과 자본조달비용의 상승으로 인한 경영압박 등의 재무적 요인 이외에 성장산업분야에서 유능한 인재를 확보하는 수단으로서의 스톡옵션의 순기능이 비용처리로 인해 중대한 제약을 받는다는 것이다. 즉 스톡옵션의 회계처리가 어떻게 이루어지는지에 따라 현실세계에서의 스톡옵션의 이용빈도가 결정될 수 있다는 의미이다. 실제로 미국기업 중 스톡옵션의 비용처리가 의무화된다면 더 이상 스톡옵션을 시행하는 것이 어렵다는 기업이 많다.

미국이 기업의 선택을 보장한 것은 기업과 의회 등의 압력 때문이었다. FASB는 일찍이 스톡옵션을 비용처리하는 방안을 제시하였으나 기업들의 거센 반발에 부딪쳤다. 결국 FASB는 외압에 못 이겨 스톡옵션 관련 사항을 주석으로 기재하는 선에서 타협하였다.

그러나 Espahbodi *et al.*(2002)에 따르면 스톡옵션비용이 손익계산서 본문에 인식될 때와 주석에 공시될 때의 시장반응은 다르다. 자본시장이 완전히 효율적이라면 이러한 현상이 나타날 수 없으나 자본시장의 효율성이 제한받는 현실에서 과거 미국의 스톡옵션 회계처리방법이 국제적 신망을 얻지 못하는 결정적 요인으로 받아들여지는 이유를 시사한다.

이러한 배경에서 FASB는 2004년 12월 SFAS No. 123의 개정을 통해 IFRS와 같이 스톡옵션의 비용인식을 의무화하고, 공정가치로 보상원가를 측정하도록 하고 있다. 이는 종전의 회계기준이 스톡옵션에 대한 회계처리를 비용인식과 주석공시로 대체적으로 허용하는 데 따른 불합리성을 개선하기 위한 것이다.

2 스톡옵션의 회계논쟁(비용처리 vs 주석공시)과 관련하여 이 논쟁이 자본시장의 효율성과 어떻게 관련되어 있는지 설명하라.

스톡옵션이 손익계산서에 비용처리되든 관련 내용이 주석에 공시되든 주가에 미치는 영향은 동일해야 한다는 것이 준강형 효율성이 시사하는 바이다. 그러나 최근의 회계이슈에서 이 문제는 첨예한 대립을 보이고 있다. 즉 과거의 준강형 효율성에 대한 우리의 믿음이 지나치다는 인식에 따라 관련 내용의 공시만으로는 부족하고(공시만능주의에서 후퇴) 재무제표 본문에 관련 내용이 어떻게 측정되어 인식되는지에 따라 주가형성에 영향을 미칠 수 있다는 점을 강조한다. EMH에서는 공시여부가 중요하지, 공시장소(재무제표 본문이냐 주석이냐)는 문제가 되지 않았으나 불완전현시가설(incomplete revelation hypothesis : IRH)에서는 공시장소의 차이가 주가차이를 가져온다. 즉 스톡옵션이 손익계산서상에 비용처리된 경우와 단순히 관련 내용이 주석으로 공시된 경우는 그 정보가 가격에 반영되기 위한 후속적인 처리시간과 비용에 차이가 있기 때문에 두 경우에 정보의 반영 속도와 정확성에 차이가 있다는 것이다. 예를 들면 스톡옵션과 관련한 회계처리에는 다음과 같은 종류가 있을 수 있다.

① 재무제표 본문 인식
② 주석에 관련 내용 공시

①과 ②는 자본시장이 효율적이라면 차이가 없다. 그러나 자본시장이 준강형 효율성에서 후퇴한다면 ①과 ② 사이에 차이가 있다. 따라서 첨단기업의 경영자는 스톡옵션 정보를 공시하지 않는 것을 기본적으로 원하지만 공시해야 한다면 재무제표 본문보다는 주석에 공시하는 것을 원한다. 이를 공시장소의 선택(venue choice)이라 부른다.

3 옵션가격결정모형으로 스톡옵션의 보상원가를 구할 때,

(1) 어떤 요소를 기본적으로 고려해야 하는가?

자산의 가치를 평가하는 표준화된 과정은 (1) 기대현금흐름을 추정하고, (2) 기회자본비용으로 현금흐름을 할인하는 것이다. 불행히도 이 방법이 옵션에는 적용되지 않는다. 첫 번째 과정은 번잡하지만 그래도 가능하기는 하다. 그러나 옵션의 위험은 주가가 움직일 때마다 변하기 때문에 단 하나의 기회자본비용을 찾기가 불가능하다.

옵션가격결정모형에서 옵션의 공정가치를 계산하기 위해서는 최소한 다음의 요소를 고려해야 한다.

① 행사가격
② 현재가격
③ 기대행사기간
④ 변동성
⑤ 무위험이자율
⑥ 배당수익률

(2) 블랙-숄즈-머튼 모형(Black-Scholes-Merton Formula)에서 옵션의 조기행사효과는 어떻게 고려하는가?

주식선택권을 부여받은 종업원은 종종 여러 가지 이유로 주식선택권을 조기에 행사한다. 예를 들어, 전형적인 종업원 주식선택권은 양도가 제한되어 있어 흔히 종업원이 주식선택권을 조기에 행사하게 하는 원인이 된다. 왜냐하면 주식선택권의 조기행사가 유동성을 확보하기 위해 종업원이 선택할 수 있는 유일한 방법이기 때문이다.

예상되는 조기행사의 효과를 고려하는 방법은 사용되는 옵션가격결정모형에 따라 다르다. 예를 들어 블랙-숄즈-머튼 모형에서는 옵션의 기대존속기간(종업원 주식선택권의 경우 부여일부터 주식선택권이 행사될 것으로 예상되는 날까지의 기간을 말함)의 추정치를 옵션가격결정의 한 요소로 사용하여 조기행사의 효과를 고려할 수 있다. 옵션가격결정요소로 옵션의 계약기간을 사용하는 이항모형이나 이와 비슷한 모형에서는 조기행사의 효과를 모형 자체에서 고려할 수 있다. 만기일 전에 행사할 수 없는 옵션을 유럽형 옵션이라 부른다. 원래 블랙-숄즈 모형은 유럽형 옵션을 평가하기 위한 모형이므로 옵션의 조기행사가능성을 염두에 두지 않았으나 현재는 옵션의 기대존속기간(기대행사기간)의 추정치를 이용하여 조기행사의 효과를 고려할 수 있다.

4 업적조건부 스톡옵션과 전통적 스톡옵션을 구별하라.

스톡옵션은 주주와 경영자 또는 경영자와 종업원 사이의 대리인문제(agency problem)를 해결하는 수단이 된다. 주주와 경영자 사이의 대리인문제를 해결하기 위한 수단으로서 경영자에 대한 보수를 기업의 실적에 연계하는 제도가 활용되고 있는바, 회계실적에 연계하는 방법과 더불어 기업가치에 연계하는 스톡옵션은 현대 기업의 주요한 보상수단으로 자리매김하고 있다. 그런데 이때 미래의 주가를 단순히 이용한다면 업적지표로 문제가 있을 수 있다. 왜냐하면 시장 전체의 주가상승에 편승하는 개별기업의 주가상승은 경영자의 실적이라기보다는 시장의 전반적인 움직임에 따른 것이기 때문이다. 이 문제를 해결하기 위하여 스톡옵션의 부여조건에 업적관련조항을 추가할 수 있다. 예를 들면 동종산업 평균주가 상승률을 상회하는 경우에만 스톡옵션의 행사가 가능하도록 하는 것이다. 실제로 국민은행의 스톡옵션은 행사조건이 매우 까다로웠다. 우리금융, 신한지주, 하나금융 등 다른 경쟁사보다 40% 이상 주가가 더 오른다는 가정으로 책정된 가격이다. 실제로 2001년부터 2007년까지 국민은행 임원에게 지급된 스톡옵션 주식은 총 308만7,136주나 되지만 실제로 행사된 스톡옵션은 9만4,918주에 불과하다. 이를 업적조건부 스톡옵션(performance-vested stock option)이라 부른다. 연구결과에 따르면 전통적 스톡옵션보다 업적조건부 스톡옵션이 경영자와 주주의 이해관계를 합치시키는 효과가 큰 것으로 나타났다. 그러나 업적조건이 현실과 동떨어져 달성가능성이 희박할 경우에는 오히려 역효과를 가져오는 것으로 나타났다.

스톡옵션을 통하여 기업가치증진을 도모하는 경우 기업특성에 따라 차등적 성과가 있는 것으로 보인다. 즉, 첨단산업일수록, 연구개발 투자성향이 높을수록, 성장성이 높을수록, 위험수준이 높을수록, 전문경영자가 경영할수록 스톡옵션이 대리인비용을 감소시키고 기업가치를 증진시키는 효과가 큰 것으로 나타났다.

5 이항모형과 블랙-숄즈 모형을 구분하여 설명하라.

(1) 이항모형(binomial model)

이항모형은 기초자산의 가격이 이항확률분포를 따른다는 가정하에 도출된 옵션가격결정모형이다. 예를 들어, 현재 ₩10,000인 주가가 옵션만료일에는 ₩15,000으로 상승하거나(+50%), 또는 ₩5,000으로 하락(−50%)하는 2가지 현상 중에서 어느 한쪽만 발생한다는 것이 이항모형의 기본이다.

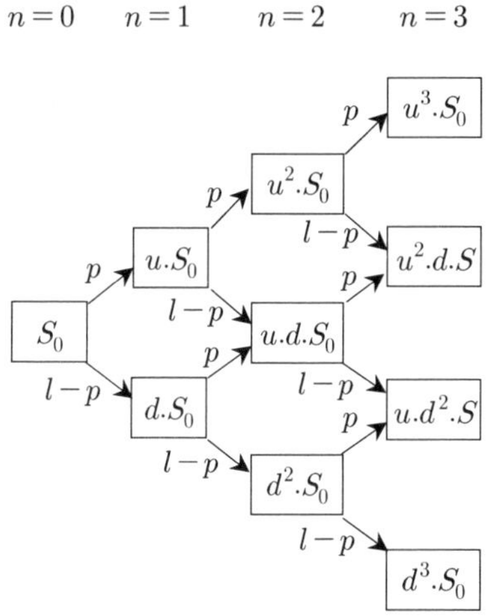

$$p=\frac{e^{rt/n}-d}{u-d}$$

$$u=e^{\sigma\sqrt{t/n}}$$

$$d=e^{-\sigma\sqrt{t/n}}$$

이항모형에서는 만기까지의 시간을 스텝(step)이라고 불리는 시간단위로 나눈다. 그러면 스텝의 개수에 따라 트리(tree)라고 불리는 일련의 주가연결고리가 옵션의 시작시점부터 만기까지 형성된다. 모든 스텝에서 주가는 변동성과 만기까지 남은 기간을 이용해서 계산된 만큼 상승하거나 하락한다. 이 단계가 기초 주가의 이항분포를 형성하고 트리는 옵션의 존속기간 동안 모든 가능한 주가의 변동경로를 보여준다. 모든 스텝에서의 옵션가격은 내재가치와 일치한다. 그 다음에는 거꾸로 만기부터 현재까지 옵션의 공정가치를 계산하는데, 그 이전 단계의 옵션가치를 기초로 주가의 상승 및 하락 확률, 무위험이자율, 스텝의 간격(기간) 등이 옵션가치의 계산에 사용된다.

이항모형의 장점은 조기행사가 허용되는 아메리칸 옵션을 평가하는 데 적절하다는 것이다. 왜냐하면 이항모형에서는 매 스텝에서 옵션을 평가할 수 있기 때문에 만기 이전의 모든 조기행사시점에서 계산이 가능하다는 것이다. 그러나 계산이 복잡하고 시간이 많이 소비된다는 단점이 있다.

(2) 블랙-숄즈 모형(Black-Scholes model)

$$C = S \cdot N(d_1) - X \cdot e^{-R_f T} \cdot N(d_2)$$

$$d_1 = [\ln(S/X) + (R_f + \sigma^2/2)T]/\sigma\sqrt{T}$$

$$d_2 = [\ln(S/X) + (R_f - \sigma^2/2)T]/\sigma\sqrt{T} = d_1 - \sigma\sqrt{T}$$

여기서, C = 콜옵션(주식선택권)의 가치
S = 기초자산인 주식의 현재가격
X = 옵션의 행사가격
e = 2.71828…로 표시되는 자연대수의 밑
R_f = 무위험이자율
T = 만기까지의 기간(연단위)
σ = 예상주가변동성
$N(d)$ = d값까지의 정규분포의 누적확률

블랙-숄즈 모형은 배당은 무시하고 주가, 행사가격, 변동성, 만기까지의 기간 및 무위험이자율의 다섯 가지 요인에 의해 콜옵션의 가치를 계산한다. 블랙-숄즈 모형은 연속형(continuous) 모형인 데 비해 이항모형은 이산형(discrete) 모형이고 따라서 배당이 없는 유럽형 옵션에서 이항모형에 의한 계산결과는 스텝의 수가 증가함에 따라 블랙-숄즈 모형의 결과에 수렴한다. 옵션의 조기행사가능성이 있는 아메리칸 옵션의 경우에는 블랙-숄즈 모형이 적절하지 않다. 왜냐하면 이 모형은 옵션이 만기 이전에 행사될 가능성을 배제하여 조기행사의 효과를 적절히 반영하지 못하기 때문이다.[1)]

다음의 [그림 1]과 [그림 2]에서는 이항모형에 의한 옵션의 공정가치 계산절차를 보여준다.

---

1) 만기 전에 행사할 수 없는 옵션을 유럽형 옵션이라 부른다. 원래 블랙-숄즈 모형은 유럽형 옵션을 평가하기 위한 모형이므로 옵션의 조기행사가능성을 염두에 두지 않았으나 현재는 옵션의 기대존속기간(행사기간)의 추정치를 이용하여 조기행사의 효과를 고려할 수 있다.

[그림 1] Binomial Tree Option Calculation

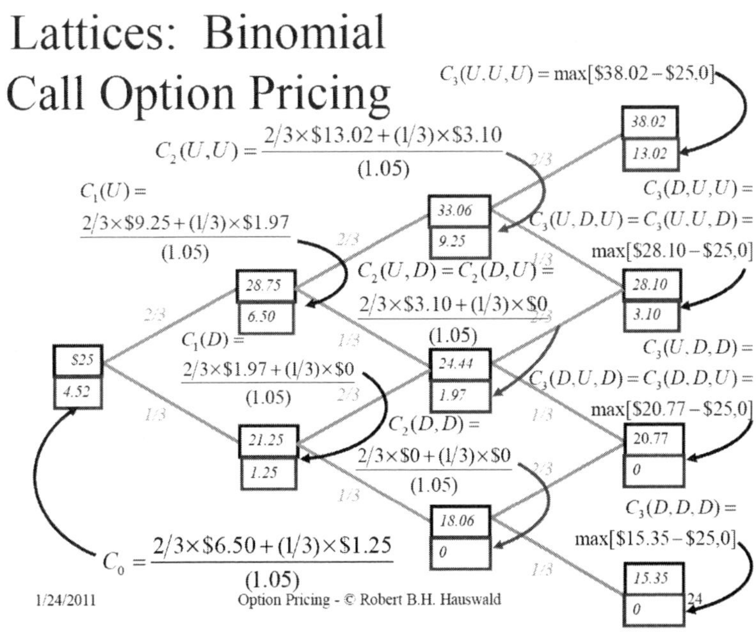

이 그림에서 옵션의 공정가치는 그 이전 단계에서 나타날 수 있는 상승과 하락의 옵션의 공정가치의 기댓값(2/3 × \$6.50 + 1/3 × \$1.25)을 구한 후 이를 현재가치로 환산하기 위하여 할인하는 절차(1.05로 나눔)를 거쳐 4.52라는 옵션의 공정가치가 산출된다. 결국 그 이전 단계에서 나타날 수 있는 상승과 하락의 옵션가치, 주가의 상승 및 하락 확률, 무위험이자율, 스텝의 간격(기간) 등이 옵션의 공정가치 계산에 사용된다.

[그림 2] Binomial Tree Option Calculator

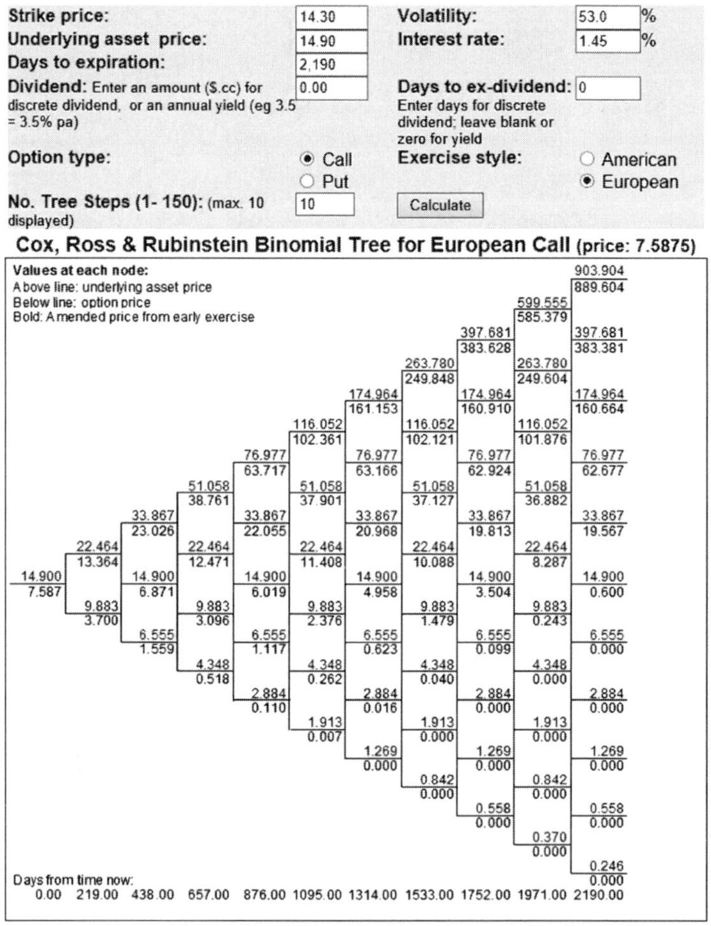

여기서 첫 번째 스텝 기말의 주가를 계산해 보면

상승 : $14.9\times e^{\sigma\sqrt{\Delta T}}=14.9\times e^{0.53\times\sqrt{219/365}}=14.9\times1.507626=22.464$

하락 : $14.9\times e^{-\sigma\sqrt{\Delta T}}=14.9\times e^{-0.53\times\sqrt{219/365}}=14.9\times0.663295=9.883$

옵션의 공정가치$=[13.364\times0.40912+3.700\times(1-0.40912)]/[1+0.0145\times(219/365)]$
$=7.6537/1.0087=7.587$

여기서, $0.40912=[e^{0.0145\times(219/365)}-e^{-0.53\times\sqrt{219/365}}]/[e^{0.053\times\sqrt{(219/365)}}-e^{-0.53\times\sqrt{219/365}}]$
는 주가의 상승확률이고 $(1-0.40912=0.59088)$는 하락확률이다.

이항모형으로 옵션의 공정가치 계산하기

(주)청담러닝(096240)은 2016년 3월 30일 아래의 스톡옵션을 부여했다.

1. 공정가치=7,715(단, 공정가치는 해당주식의 시가가 아닌 주식매수선택권에 대한 공정가치임)
2. 산정방법 : 공정가액접근법(옵션가격결정모형 중 이항옵션가격결정모형 적용)
3. 주요 가정
   가. 권리부여일의 주가 : 14,900(권리부여일 전일 종가)
   나. 행사가격 : 14,300(권리부여일 시점의 행사가격)
   다. 무위험이자율 : 1.449%(2016년 3월 29일 기준 3년 만기 국고채 수익률)
   라. 행사기간 종료일 : 2022년 3월 31일
   마. 예상주가변동성 : 0.530452

위의 조건을 이항모형계산기에 입력하여 아래의 결과를 얻었다.

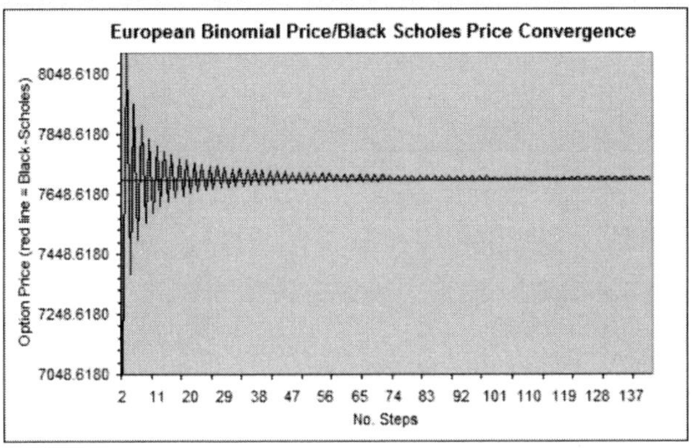

Analysis	
Black-Scholes price	**7,698.6437**
Range of steps considered	2 - 142
For steps in the range 139 - 142:	
Maximum binomial price	7,704.7441
Average binomial price	**7,702.0391**
Minimum binomial price	7,699.3691

Strike Price:	14,300.00	**Volatility:**	53 %
Stock Price:	14,900.00	**Interest rate:**	1.45 %
Days to expiration:	2,190	**Option Type:**	◉ Call ○ Put
Minimum number of binomial steps (2-30)	2		

위의 그림에서 7,715와 대체로 유사한 7,702라는 결과를 얻었다. 이러한 결과는 블랙-숄즈모형의 7,698.6과도 유사한 모습을 보인다. 이는 step수가 증가하면 이항모형과 블랙-숄즈 모형의 결과가 실질적으로 같아진다는 의미다.

PART

V

재무회계이론의 기타주제

CHAPTER

12 회계정보의 질적 특성

1 재무제표 인식의 조건을 설명하라.

회계에서 인식(recognition)이란 재무제표 본문에 계정과목을 통해 수치로 반영하는 것이다. 따라서 인식에는 측정 및 평가의 절차가 필요하며, 주로 주석을 통해 관련 내용을 알려주는 공시(disclosure)와는 이 점에서 구별된다. 재무제표 인식의 조건으로 다음과 같은 조건이 제시되었다.

- 정의(definition) : 정의에 합치될 것
- 측정가능성(measurability) : 신뢰성 있는 측정이 가능할 것
- 목적적합성(relevance) : 의사결정에 차이를 야기할 것
- 신뢰성(reliability) : 표현충실성, 검증가능성 및 중립성을 가질 것

이상의 조건을 충족하면 재무제표에 인식되는 것은 당연하다. 그러나 회계기능이나 회계환경 측면에서 위의 네 가지 조건을 동일한 비중으로 다루는 것은 곤란한 점이 있다. 예를 들면 가치평가기능을 우선시하는 경우 측정가능성이나 신뢰성보다는 정의의 부합여부와 목적적합성에 우선순위를 두게 되며, 수탁책임을 포함하는 계약기능을 우선시하는 경우 정의의 부합여부나 목적적합성보다는 측정가능성이나 신뢰성에 비중을 두게 된다. 따라서 일반목적 재무제표 하나로 모든 정보이용자의 수요를 충족시키는 것은 현실적으로 불가능하다. 그러므로 회계정보의 용도에 맞는 다양한 회계모형개발을 위하여 다음 [그림]과 같은 확장모형이 필요하다. 이는 회계기능의 다양성을 유기적으로 조율하기 위한 개선방안의 하나로 생각된다.

그런데 이러한 인식조건의 조정 필요성과 관련하여 [그림]에서 가운데 원은 hard accounting에 속하는 영역이고 밖으로 나갈수록 soft accounting의 속성이 강화된다. hard accounting은 추정보다는 실제거래에 입각한 객관성을 중시하는 개념이고 soft accounting은

[그림] 전통회계모형의 확장

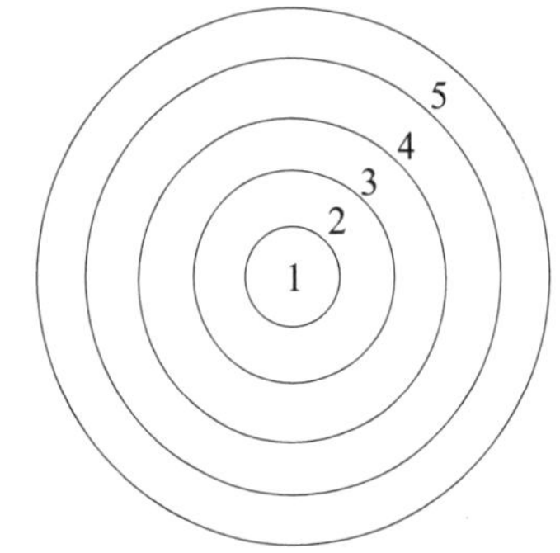

단계 1 : 인식기준을 충족시키는 항목
단계 2 : 신뢰성 문제를 야기할 수 있는 항목
단계 3 : 신뢰성 문제와 정의상의 문제를 야기할 수 있는 항목
단계 4 : 정의기준을 만족시키지 못하는 항목
단계 5 : 정의, 신뢰성 및 측정상의 문제를 야기할 수 있는 항목

실제거래보다는 추정에 입각하여 표현충실성과 예측가치를 중시하는 개념이다. 따라서 hard accounting에서는 신뢰성이 중시되어 회계이익이 산출되고 이러한 수치는 수탁책임보고나 업적평가에 보다 유용한 정보를 제공한다. 반면에 soft accounting은 과거에 신뢰성 있는 측정이 불가능하다는 이유로 전통회계모형에서 배제된 인적자본, 무형자산 및 비재무정보에 이르기까지 가치평가에 기여하는 요인을 적극적으로 포함한다.

2 2010년 이전의 질적 특성에서 목적적합성과 신뢰성의 구성요소를 언급하고 그 구성요소 중에 가치평가기능에 보다 적합한 요소와 계약기능에 보다 적합한 요소를 설명하라.

SFAC No.2는 회계정보의 질적 특성으로 목적적합성(relevance)과 신뢰성(reliability)을 제시하고 있다. 목적적합성은 다시 예측가치(predictive value), 피드백가치(feedback value) 및 적시성으로 구성되며, 신뢰성은 검증가능성(verifiability), 중립성 및 표현충실성(representational faithfulness)으로 구성된다.

목적적합성의 구성요소인 예측가치는 미래 예측에 도움이 되거나, 미래현금흐름이나 수익력을 예측하는 요소로 사용할 수 있을 때 유용하다는 의미이다. 반면에 피드백가치는 과거 예측치를 확인하거나 수정하는 기능을 할 때 유용하다는 것이며, 이러한 피드백가치는 회계책임(accountability)과 밀접한 관계에 있고 과거지향적이다.

신뢰성의 구성요소인 검증가능성은 기본적으로 측정자(measurers) 사이의 의견일치(consensus)를 의미한다. 즉 동일하거나 유사한 회계현상에 대하여 일정한 능력을 갖춘 측정자들이 측정하는 경우 그 측정치의 편차가 작을수록 검증가능성이 높다고 본다. 반면 표현충실성은 측정하고자 하는 속성(attributes)과 측정치의 일치도(correspondence)를 의미한다. 즉 이해관계자가 알고 싶어 하는 속성을 "있는 그대로" 나타내주는 것이다. 이와 같이 정보이용자가 필요로 하는 측정대상 속성을 원형 그대로 나타내줄 수 있는 능력이 표현충실성이기 때문에 회계투명성과 신뢰성이 주요 쟁점으로 부각된 현실에서 회계기능의 종류를 불문하고 적용할 수 있는 개념으로 표현충실성의 의미와 중요성은 과거보다 증대되었다고 판단된다. 아래의 〈표〉는 이를 보여준다.

〈표〉 회계기능별 질적 특성 비교

질적 특성	가치평가기능	계약기능
중점 정보속성	목적적합성 우위	신뢰성 우위
목적적합성의 중심	예측가치	피드백가치
신뢰성의 중심	표현충실성	검증가능성

3 2010년 이후의 질적 특성은 2001년 이전의 질적 특성에서 신뢰성의 구성요소로서 동급이었던 충실한 표현은 격상시키고, 검증가능성은 격하시키는 조치를 취했다. 이의 배경을 설명하라.

IASB와 FASB는 Conceptual Framework을 개정하는 작업을 공동으로 추진하여, 회계정보의 질적 특성과 관련한 부분은 2010년에 완성하였다. 이에 따르면 그동안 사용되어 오던 신뢰성(reliability)이라는 용어 대신에 충실한 표현(faithful representation)이라는 용어를 사용하고 있다. 이는 그동안 신뢰성이라는 용어에 오해와 혼동이 많았기 때문이다. 또한 자본시장의 효율성이 후퇴함에 따라 회계기능이 보다 적극적으로 전개되는 현실에서 표현충실성은 신뢰성과 투명성 확보를 위한 기본적이고 궁극적인(basic and overriding) 정보속성으로 취급될 필요가 있기 때문이다. 환언하면 과거에는 표현충실성과 검증가능성이 신뢰성을 구성하는 요소로서 동급이었으나, 현재에는 표현충실성이 목적적합성과 대응되는 속성으로 승격된 반면 검증가능성은 보강적 질적 특성으로 격하되었다.

현재의 질적 특성이 과거의 질적 특성에서 사용된 신뢰성의 구성요소 중 표현충실성과 검증가능성을 분리하여 표현충실성은 근본적 질적 특성으로 격상시켜 배치한 반면, 검증가능성은 보강적 질적 특성이라는 하위개념으로 격하시킨 것은 계약기능보다는 가치평가기능을 중시하는 현대회계의 패러다임을 반영하는 것이다. 즉 전술한 전통적 패러다임에서 새로운 패러다임으로 옮겨가는 근본적 변화를 상징하는 것이다. 이에 따라 역사원가에 의한 평가보다는 시가(공정가치)에 의한 평가가 투자자를 비롯한 정보이용자의 수요에 보다 더 기본적으로 부합한다는 점을 인정한 것이다.

그러나 IASB는 2010년에 미국의 IFRS 도입이 현실적으로 물 건너갔다는 판단에 따라 FASB와의 Conceptual Framework 공동프로젝트를 중지하고 2012년에 이 프로젝트를 단독으로 재개하면서 일정한 변화가 나타났다. 예를 들면 가치평가기능과 더불어 기본적인 회계기능의 하나로 평가받는 수탁책임과 관련하여 그동안 가치평가기능을 상대적으로 중시하고 수탁책임을 상대적으로 배척했던 것은 미국의 영향에 의한 것이었다고 규정하여 IASB의 2018년도 Conceptual Framework에서는 수탁책임을 가치평가기능과 동등한 회계기능의 하나로 명시적으로 표시하였다.

4 보수주의와 관련하여,

(1) 탄생배경을 설명하고,

적시성과 보수주의는 유사점과 차이점을 보이고 있다. 보수주의는 회계처리의 조직적 비대칭성을 의미하므로 회계인식의 부분적 제약요인이다. 적시성이 가치평가기능의 시각에서 회계인식의 촉진을 추구하는 속성이라면 보수주의는 계약기능의 관점에서 불확실성에 대응하는 방법의 하나로 회계인식에 비대칭적인 제한을 가하는 속성이라고 볼 수 있다. 따라서 보수주의는 회계정보의 질적 특성이나 개념체계에서 다루어질 규범적 성질은 아니다. 그러나 불확실성에 대한 대처방식은 계약기능의 관점에서 일정부분 필요하기 때문에 기술적 성격의 관점에서 유용성을 갖는다.

(2) 보수주의와 적시성의 공통점과 차이점을 설명하라.

유사점으로는 두 개념 모두 경제적 이익의 변동을 회계인식의 대상으로 삼는 속도와 관련이 있다는 점이다. 예를 들면 두 개념 모두 경제적 이익의 변동을 되도록 빨리 회계인식의 대상으로 삼으려 한다는 것이다. 그러나 두 개념은 회계인식의 대상과 관련하여 분명한 차이가 있다. 적시성은 회계인식의 대상과 관련하여 원론적으로 차별을 두지 않으나 보수주의는 경제적 이익의 증가는 무시하고 그 감소에만 신경을 쓴다. 따라서 적시성과 보수주의는 경제적 이익의 변동에 대한 회계반응(accounting response)의 속도와 관련된 점에서는 유사하나 그 적용대상에서 보수주의는 차별적 적용을 한다는 점이 다르다. 이를 자본시장의 효율성과 관련지어 살펴보면, 주가는 좋은 소식이나 나쁜 소식이나 차별 없이 즉각 반영하므로 회계인식도 경제적 이익의 변동방향에 관계없이 즉각 이루어져야 한다고 주장하면 이는 적시성의 논리이고, 회계이익은 좋은 소식보다는 나쁜 소식을 더 빨리 반영해야 한다고 주장하면 이는 보수주의의 논리이다.

보수주의를 비논리적이라고 생각할 수도 있지만 예를 들어 우발자산보다는 우발부채가 재무제표에서 인식되지 않을 때 후속적인 영향 및 파급효과가 더 크다면 보수주의를 비논리적이라고 부르는 것도 한계가 있다. 따라서 보수주의에 대한 궁극적 평가는 정보이용자의 효용함수에 따라 결정되어야 할 문제이다. 이에 따라 프로스펙트이론으로 보수주의를 설명하는 것도 의미 있는 방법의 하나가 된다. 즉 인간의 손실회피(loss aversion)성향에 비추어 보면 보수주의는 인간의 본질을 잘 나타내준다고 볼 수 있기 때문이다.

(3) 보수주의를 자본시장의 효율성과 관련하여 설명할 수 있는 근거는 무엇인가?

Basu(1997)에 따르면 보수주의에 따른 회계이익은 좋은 소식보다는 나쁜 소식을 더 빨리 반영하므로 보수주의는 당기 회계이익이 경제적 이익에 비해 경제적 손실을 얼마나 더 빨리 반영하느냐의 비대칭성의 정도로 정의된다. 따라서 실증적 관점에서의 보수주의의 측정은 좋은 뉴스(good news)와 나쁜 뉴스(bad news) 사이에 회계이익변동과 주가변동의 연계성(association)에 어떤 차이가 있느냐로 요약될 수 있는데, 수익률이 하락할 때가 상승할 때보다 회계이익변동과 주식수익률의 상관관계가 높음으로써 회계이익은 좋은 소식보다는 나쁜 소식을 더 빨리 반영한다는 보수주의의 자본시장 관점에서의 해석을 지지하고 있다. 아래의 〈표〉와 [그림]에서는 수익률과 이익변동의 관계에서 보수주의가 나타나는 사례를 보여준다.

〈표〉 수익률-이익의 관계와 보수주의

경제적 이익이 증가할 때, 즉 수익률 > 0	경제적 이익이 감소할 때, 즉 수익률 < 0
수익률 ↔ 이익변동 └→ 상관관계가 낮다.	수익률 ↔ 이익변동 └→ 상관관계가 높다.
그 이유는 경제적 이익의 증가를 회계이익이 미처 반영하지 못하여 두 변수간의 괴리가 커지기 때문	그 이유는 경제적 이익의 감소를 회계이익이 보수주의에 의하여 즉시 반영하여 두 변수의 관련성이 커지기 때문

[그림] 수익률-이익변동의 관계와 보수주의

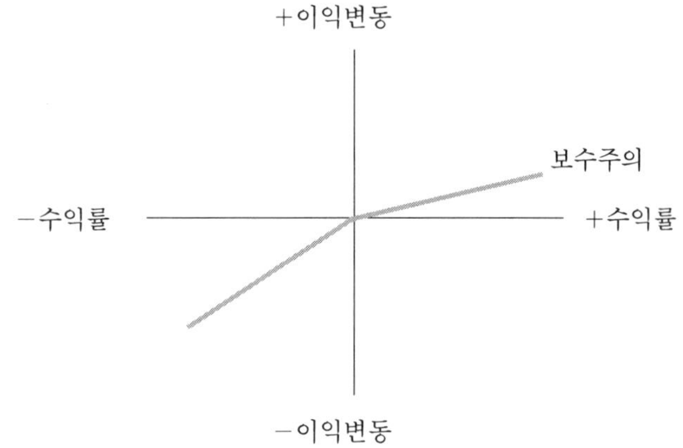

(4) conditional conservatism과 unconditional conservatism을 비교하여 설명하라.

보수주의는 크게 두 가지로 분류할 수 있다. conditional conservatism이란 Basu(1997)에서와 같이 악재와 호재라는 미래 기업관련소식에 의존하며 수익의 인식보다는 비용의 인식이 보다 적시에 이루어지기 때문에 음(−)의 주가수익률에 대한 이익의 민감도가 양(+)의 주가수익률의 경우보다 높다는 것이며, unconditional conservatism이란 미래의 소식과는 별개로 자산취득시점부터 체계적으로 장부가액과 회계이익을 과소계상하는 것을 의미한다. 다음의 〈표〉는 보수주의의 종류를 설명하고 있다.

〈표〉 보수주의의 종류

	조건부 보수주의 conditional conservatism	무조건 보수주의 unconditional conservatism
정 의	손실보다는 이익의 인식에 더 높은 수준의 검증을 요구함에 따라 손실의 인식이 보다 빨리 이루어짐. 이 개념이 conditional conservatism으로 불리는 이유는 미래 경제적 뉴스의 종류에 따라 회계인식의 속도가 달라지기 때문이며, income conservatism이라고 부르기도 한다.	장부가액이나 회계이익의 지속적인 과소계상. 이 개념이 unconditional conservatism으로 불리는 이유는 미래 투자자산의 성과 및 경제적 뉴스의 종류에 상관없이 사전에 미리 결정되기 때문이다. 따라서 이를 ex-ante conservatism 또는 balance sheet conservatism이라고 부르기도 한다.
사 례	• 재고자산에 대한 저가주의 평가 • 영업권의 손상차손인식 • 우발이익은 무시하고 우발손실만 인식	• 무형자산의 무시(예를 들면 R&D와 광고비의 100% 비용처리) • 가속상각법 • 후입선출법(LIFO)의 적용
의존정보	미래의 정보에 의존	자산도입 때 정보에 의존
계약기능에의 적합도	지배구조의 개선, 정보비대칭의 완화 및 대리인비용의 감소에 기여[1]	지배구조의 개선, 정보비대칭의 완화 및 대리인비용의 감소에 무관하거나 부적합

(5) prospect theory로 보수주의를 설명하라.

회계에서 보수주의는 오랫동안 중요한 관습의 하나로 그 역사적 사명을 이어왔다. 그러나 이익과 손실에 대한 비대칭적, 차별적 회계처리에 대한 이론적 근거가 마땅치 않아 보수주의의 논리적 타당성에 의문이 제기되어 왔다. 그런데 인간의 실제모습을 설명하는 prospect theory가 소개된 이후 이를 통해 보수주의를 비추어 보면 보수주의의 진면목에 대한 접근이 가능하고 또한 이론적 타당성이 부여될 수 있다. 왜냐하면 같은 크기의 이익과 손실이라도 이익에 따른 가치증가보다는 손실에 의한 가치감소를 크게 느끼는 상황에서 이익보다 손실에 대해 보다 적극적으로 빨리 인식하려는 보수주의는 어쩌면 당연한 인간의 참모습이기 때문이다.

5 중립성의 의미를 설명하고 아래의 사례에서 어떤 문제가 나타났는지 설명하라.

중립성(neutrality)이란 회계정보가 특정 의사결정이나 그로 인한 결과에 영향을 미치려는 편의(bias)가 없어야 한다는 것이다. 미리 의도된 결과나 성과를 유도할 목적으로 재무제표상에 특정정보를 선택하여 표시하거나 생략함으로써 정보이용자의 의사결정이나 판단에 영향을 미친다면 그 재무제표는 중립적이라 할 수 없다. 또한 회계정보는 효율적인 자원배

1) Kravet(2014)에 따르면 조건부 보수주의는 회계변수에 기초하는 부채계약이 존재할 때 경영자들이 음(−)의 순현재가치를 보이는 인수합병을 하지 못하도록 하는 견제효과가 있다. 이는 조건부 보수주의가 경영자로 하여금 덜 위험한(less risky) 인수합병을 추진하도록 하는 효과를 의미한다. 이에 따라 채권자는 경영자의 위험전가행위를 제어할 수 있는 보수주의를 선호한다.

분을 유도할 수 있어야 하므로 회계정보를 이용함으로써 발생되는 경제적 효과가 특정 이용자에게 편향되는 회계정보를 제공하는 회계기준은 중립적이라 할 수 없다. 따라서 회계정보의 중립성이란 측정방법의 편의를 감소시킬 뿐만 아니라 회계기준 자체의 신뢰성을 유지하기 위한 중요한 질적 특성이다.

(1) 우리나라의 외화환산손익 회계처리

우리나라의 회계역사에는 특정 회계기준이 정보이용자보다는 기업의 입장을 두둔하는 예가 적지 않다. 그중의 하나로 외화환산손익에 대한 회계처리를 들 수 있다. 외화환산에 관한 회계처리는 1990년 이후 1998년말까지 4번이나 개정되었다. 아래의 〈표〉에서 볼 수 있듯이 원화가치가 하락하면 외화환산손실을 자산 또는 자본조정으로 처리하고 원화가치가 상승하면 외화환산손익을 손익으로 인식하는 회계처리를 인정함으로써 기업들의 기회주의적 손익보고를 허용 또는 조장하였다.

〈표〉 외화환산손익회계의 역사적 변화

	1990	1991	1992	1993	1994	1995	1996	1997	1998
원/달러환율	716	760	788	808	788	774	844	1,415	1,209
회계방법	이연자산			당기비용			자본조정	이연자산	당기비용

1996년 12월 27일 개정된 기업회계기준에서는 장기화폐성외화자산·부채로부터 발생하는 외화환산손익을 자본조정으로 계상할 수 있도록 허용하였다. 그러나 IMF 금융위기가 일어나고 원화의 가치가 폭락함에 따라 많은 기업들이 외화환산손실로 인하여 자본잠식을 면할 수 없게 되자 1997년 12월 24일 개정에서는 장기화폐성외화자산·부채로부터 발생하는 외화환산손익을 이연하고 관련된 자산·부채를 내용연수 동안 상각하도록 허용하였다. 그러나 1998년 12월 11일 개정된 기업회계기준에서는 장기화폐성외화자산·부채로부터 발생하는 모든 외화환산손익을 당기비용화하도록 규정하고 있다. 이러한 회계기준의 개정에는 분명히 외화부채의 비중이 높은 기업의 어려운 사정을 감안한 모습이 보인다. 따라서 중립성의 관점에서는 문제가 있는 개정이다. 그러나 회계기준의 제정에 이러한 요인이 완전히 배제될 수는 없는 것이 현실이다. 이런 점에서 회계기준의 제정을 정치적 과정(political process)으로 해석하는 것도 이해할 만하다.

(2) 일본의 이연법인세자산 회계처리

일본은행은 일본경제가 1980년대 말까지의 호황을 마무리하고 불황기에 접어든 시절, 수익성 악화에 따른 영업실적 하락에 직면하여 BIS(Bank for International Settlements)의 자본유지 문제를 타결하기 위하여 여러 가지 회계적 편법을 동원하게 되었다. 우선 영업실적 하락을 만회하기 위하여 보유유가증권의 매각을 통해 실적호전을 노리게 되었다. 그러나 증권시장의 장기적 침체로 더 이상 유가증권매각이익을 기대할 수 없게 되자 이번에는 유가증권평가손실의 인식을 피하기 위하여 보유유가증권에 대해 그동안 적용하던 저가법을 폐지하여 원가로 평가하는 방법을 허용하였다. 이는 시장성이 높은 은행보유 주식에 대해 결코 적용하기 곤란한 회계적 편법으로서 시가평가확대의 범세계적 추세에 역행하는 것이다. 그러나 이러한 수단으로도 은행의 영업실적이 결코 개선될 기미가 보이지 않자 1999년 4월 1일에 이연법인세제도를 은행회계에 도입하기에 이른다. 즉 부동산 거품제거와 장기불황에 따라 그동안 누적된 부실채권 및 이에 따른 막대한 대손충당금과 유가증권평가손실 및 이월결손금을 근거로 이연법인세자산을 인식하도록 함으로써 자본유지를 도모하였다. 이는 분명히 적정자본유지가 어려워진 은행을 염두에 두고 인위적으로 자본을 유지하기 위한 조치로서 중립성의 관점에서 문제가 있다.

그러나 감사인 단체에서 이연법인세자산 인식에 보다 엄격한 감사기준을 제시하고, 환금성이 부족하고 자산으로서의 성격이 모호한 자산(이연법인세자산)이 자본에서 막대한 비중을 차지한다는 부정적 여론에 따라 최근에는 이연법인세자산의 비중과 의존도가 감소하는 추세에 있다. Skinner(2005)에 따르면 일본의 이연법인세제도는 금융당국을 포함한 일본정부가 은행이 재무적 곤경에 빠져 있음에도 겉으로 건강하게 보이도록 도와준 조치이며, 은행경영자는 이 제도를 적정자본유지를 위하여 편법적으로 이용한 사례가 된다.

(3) 미국의 스톡옵션 회계처리

미국의 스톡옵션 회계처리는 극심한 논란과 갈등을 야기한 바 있다. 그러나 보통주주의 입장에서 비용의 성격이 명백한 스톡옵션을 비용처리하도록 요구하는 회계기준에 반대하는 세력은 경제적 실질을 있는 그대로 보고해야 한다는 사명감보다는 스톡옵션을 비용처리했을 때 첨단업종 및 정보통신업계 등에 미칠 후속적 파급효과를 우려한다는 점에서 중립성을 위반하는 것이다. 스톡옵션의 비용처리를 반대하는 세력은 스톡옵션을 비용처리하면 스톡옵션을 발행하는 기업의 이익이 감소하고, 결국에는 유능한 인재를 확보하기가 곤란하다고 주장하지만 이는 일반목적 재무제표의 관점에서 결코 중립적이지 못하다. 왜냐하면 스톡옵션의 발행으로 시가발행에 의한 자금조달이 제한되고 주가희석을 막기 위한 비용이 따르기 때문이다.

6 2010년 이전의 회계정보속성의 상충관계와 관련하여

(1) 목적적합성과 신뢰성의 상충관계를 설명하라.

목적적합성과 신뢰성의 상충관계는 원가와 시가에 의한 측정에서 나타날 수 있다. 일반적으로 시가에 의한 측정은 목적적합성이 높으나 신뢰성(검증가능성)은 낮은 것으로 평가되며, 원가에 의한 측정은 목적적합성은 낮으나 신뢰성(검증가능성)은 높은 것으로 평가된다. 중간재무제표와 연차재무제표의 관계도 상충관계의 사례가 된다. 중간재무제표는 적시성 있는 정보제공으로 목적적합성이 높지만 재고자산의 추정 등으로 신뢰성은 낮다. 연차재무제표는 목적적합성은 낮지만 신뢰성은 높다. 이와 같이 질적 특성의 상충관계는 어느 하나의 질적 특성을 추구함에 따라 다른 하나의 질적 특성은 희생해야 하는 상황을 의미한다.

(2) 신뢰성의 구성요소인 표현충실성과 검증가능성의 상충관계를 설명하라.

신뢰성의 하위구성요소 중에는 대표적으로 표현충실성과 검증가능성이 있는데, 이 두 요소가 신뢰성을 나타내는 데에는 일정한 차이가 있다. 즉, 표현충실성은 있는 그대로 나타내주는 것이라면 검증가능성은 나타내주는 데 차이(편차)가 많으면 곤란하다는 속성이다. 가치평가에 관심이 있는 이용자에게는 원가보다는 시가가 알고 싶은 속성을 보다 더 잘 나타내주는 것이 되나(높은 표현충실성), 시가에 의한 측정은 원가에 의한 측정보다 측정상의 편차가 커서 검증가능성은 작은 것이 보통이다. 따라서 신뢰성의 하위구성요소 상호간에 상충관계가 존재할 수 있는데, 특히 가치평가에 중점을 둘 때 이러한 사태가 현실로 등장할 수 있다.

이를 정리하여 표시하면 다음과 같다. 가치평가에 관심 있는 이용자의 시각에서는

시가에 의한 평가 ⇒ 표현충실성 ↑, 그러나 검증가능성 ↓
원가에 의한 평가 ⇒ 표현충실성 ↓, 그러나 검증가능성 ↑

위 상황에서 시가로 평가하는 것이 신뢰성이 높은 것일까 아니면 원가로 평가하는 것이 신뢰성이 높은 것일까? 이러한 경우 정보속성의 상대적 중요도에 따라 결정될 수 있겠으나 표현충실성과 검증가능성 중 어느 하나는 희생해야 하는 상황이 나타나게 된다. 이것이 신뢰성의 하위요소간의 상충관계의 예가 된다. 아래의 [그림]은 두 개념의 관계를 잘 보여준다.

[그림] 검증가능성과 표현충실성

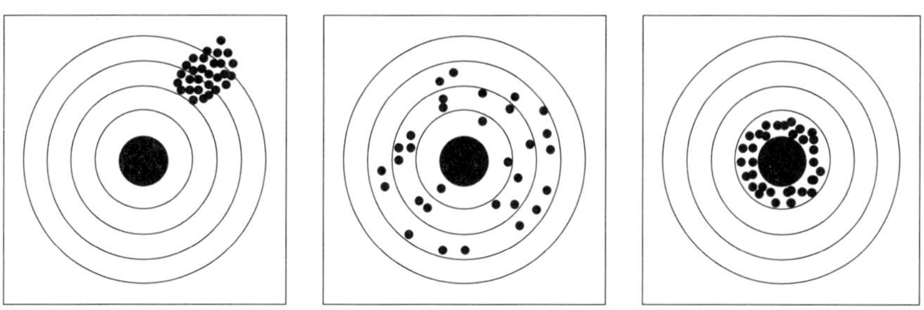

검증가능성은 높으나 표현충실성은 낮음 / 표현충실성은 높으나 검증가능성은 낮음 / 두 속성 모두 높음

(3) 회계기능의 구분이 회계정보의 질적 특성과 그들의 상충관계에 미치는 영향을 설명하라.

정보속성의 상충관계(trade-off)는 지금까지 대부분 목적적합성과 신뢰성 사이에서 존재하

는 것으로 인식되어 왔으나 회계정보의 용도와 기능을 가치평가기능과 계약기능으로 분리하면 목적적합성과 신뢰성의 하위구성요소 상호간에도 상충관계가 존재할 수 있다. 예를 들면 표현충실성은 어느 특정 이용자를 중심으로 보면 신뢰성의 구성요소임이 분명하지만 이용자가 원하는 정보의 속성이 다른 경우에는 목적적합성의 구성요소로 평가받는 것이 합리적이다. 예를 들면 가치평가기능에서는 신뢰성의 주된 구성요소가 표현충실성이 되는데, 그 이유는 가치평가에 주목하는 이용자의 입장에서는 가치평가에 도움이 되는 시가에 의한 평가치가 이용자가 원하는 정보속성이므로 시가에 의한 평가치가 표현충실성이 높고 목적적합성이 있는 회계정보로 간주된다. 그러나 가치평가 이외의 회계기능, 즉 계약기능의 측면에서는 검증가능성이 신뢰성의 주된 구성요소가 된다. 그 이유는 보수계약이나 부채계약에서 측정치의 편차가 심한 정보는 계약체결이나 체결된 계약이행에 부정적인 영향을 미칠 수 있기 때문이다.

7 표현충실성이 궁극적이고 포괄적인 회계정보의 질적 특성이 될 수 있다는 말은 무슨 의미인지 설명하라.

신뢰성의 구성요소에 대한 상대적인 비중이 회계정보의 용도에 따라 바뀌는 현상이 발견된다. FASB(1998)의 신뢰성에 대한 언급은 표현충실성을 신뢰성의 중심요소로 해석하고 검증가능성은 표현충실성을 보완하는 개념으로 인식하고 있다. 또한 가치관련성 연구에서도 신뢰성을 대표하는 개념으로 표현충실성을 들고 있다(reliable information faithfully represents what it purports to represent, and that quality of representational faithfulness is verifiable using independent measures). 이는 자본시장의 효율성이 보장되는 환경에서는 표현충실성보다는 검증가능성이 신뢰성의 중심구성요소로 기능하지만, 자본시장의 효율성이 의심받는 환경에서는 검증가능성보다는 표현충실성이 신뢰성의 중심구성요소로 취급받을 가능성이 높다는 의미이다.

회계의 신뢰성과 투명성(transparency)이 관심사가 되고 있는 상황에서 표현충실성의 의미가 새롭게 해석되는 것으로 판단된다. 표현충실성은 정보수요자가 필요로 하는 정보를 “더도 말고 덜도 말고 있는 그대로” 나타내줄 것을 요구하는 속성이다. 따라서 표현충실성을 회계이익의 질을 평가하는 기본 속성으로 간주할 수 있다. 즉 회계이익이 힉스(Hicks)의 이익을 충실하게 표현하는 정도를 회계이익의 질로 정의할 수 있다. IASB와 FASB의 2010년 Conceptual Framework에서는 종전에 신뢰성(reliability)이라는 용어를 사용한 대신에 충실한 표현(faithful representation)이라는 용어를 사용하고 있다. 이는 그동안 신뢰성이라는 용어에 오해와 혼동이 많았기 때문이기도 하지만, 자본시장의 효율성이 후퇴함에 따라 회계기능이 보다 적극적으로 전개되는 현실에서 표현충실성은 신뢰성과 투명성 확보를 위한 기본적이고 궁극적인(basic and overriding) 정보속성으로 취급될 필요가 있기 때문이다.

CHAPTER

13 통일성

1 통일성이 규제기관의 시각에서 중요한 이유는 무엇인가?

통일성(uniformity)이란 기본적으로 동일한 경제현상에 대하여 동일한 회계처리를 해야 한다는 원칙이다. 그러나 개별 회계주체의 회계처리 선택가능성도 인정되는 현실에서 통일성의 해석과 적용은 회계규제기관에서 회계정책(accounting policy)의 일환으로 검토할 성질의 것이다. 즉 통일성이란 업체별로 회계기준을 통일적으로 적용하는 것을 의미하나 개별 기업의 회계처리에 대한 강제력 및 구속력에는 한계가 있기 때문에 통일성을 어느 정도까지 적용할 것인가는 회계규제기관의 입장에서 회계철학 및 회계정책의 하나로 채택할 수 있는 개념이다.

규제기관 입장에서의 통일성은 비교가능성을 확보하기 위한 것이나, 통일성이 자의적인 회계처리의 가능성을 원천적으로 배제하는 기능도 함께 하므로 회계투명성을 위한 유효하고도 궁극적인 회계규제의 수단으로 활용될 수 있다. 또한 자본시장의 효율성과도 밀접하게 연관되어 있어 회계정보가 유용하기 위한 조건으로서 그 개념 적용의 범위는 확대될 것으로 전망된다.

2 지분풀링법을 폐지한 것이 퇴행적 통일성으로부터 범위별 통일성으로의 이동이라고 주장하는 근거는 무엇인가?

지분풀링법이 폐지된 배경에는 기업합병의 본질이 지분풀링법에서 의미하는 관련 속성보다는 취득법에서 의미하는 관련 속성에 본질적으로 더 부합된다는 판단에 따른 것이다. 즉 기업합병의 일반적 속성은 인수가격결정을 통한 가치재평가과정(revaluation)이 필수적인 절차라는 것이다. 이러한 관점에서 보면 취득법과 지분풀링법을 선택적으로 사용하도록

한 과거 규정은 실질적으로 동일한 현상에 대해 대체적인 처리방법을 허용함으로써 퇴행적 통일성의 사례로 볼 수 있다. 즉 지분풀링법을 폐지한 것은 관련 상황과 부합되지 않는 회계처리방법을 배제함으로써 인수·합병거래의 본질을 취득법으로 더 잘 나타내주자는 판단에 의한 것이다. 따라서 이는 퇴행적 통일성에서 범위별 통일성으로의 개선을 의미하는 것이다.

지분풀링법이 과거에 취득법보다 인기가 많았던 이유는 영업권이 인식되지 않고 그에 따른 영업권상각이 없음으로써 합병 후의 이익이 높게 나타났기 때문이다. 그러나 현금흐름에 차이가 없는 단순한 대체적 회계처리를 용납함으로써 미국에서는 SEC 직원들이 지분풀링법의 회계처리가 적정한지 또는 사후조건이 제대로 이행되는지를 감사·감시하는데 막대한 시간과 예산을 사용하고 있었다. 게다가 경영자들은 인수·합병거래의 본질적 차이에 따라 두 방법 중의 하나를 선택하는 것이 아니라 두 방법이 가져다주는 회계보고상의 차이에 따라 기회주의적 선택을 한다는 연구결과는 막대한 비용이 소요되는 지분풀링법의 유용성에 대한 본질적 의문을 증폭시켰다. 이러한 배경에서 지분풀링법은 폐지되었고, 지금까지의 인수·합병의 본질에 비추어 볼 때 가치재평가 없이 단순한 지분 통폐합만 강조하는 인수·합병이란 사실상 없으며, 따라서 취득법이 지분풀링법보다 인수·합병에 대한 표현충실성이 높은 방법으로 평가된다.

3 획일적 통일성의 용인조건은 무엇인가?

관련 상황의 차이가 없을 때 복수 이상의 회계처리방법을 규정한 퇴행적 통일성은 회계투명성을 위해 반드시 극복되어야 하며 관련 상황의 차이가 있을 때 하나의 회계방법을 규정한 획일적 통일성은 아래의 〈표〉에서와 같이 일정조건하에서 용인될 수 있다. 통일성은 결국 선택의 문제로 귀결되지만 그 선택에 영향을 미치는 요인은 다음의 두 가지로 요약된다.

- 생산 및 가치창조 활동의 복잡성
- 자본시장의 효율성

〈표〉 통일성의 조건

획일적 통일성의 용인조건	범위별 통일성으로의 이동조건
• 생산 및 가치창조 활동의 상대적 안정성 • 자본시장의 효율성 수용	• 생산 및 가치창조 활동의 역동성 • 자본시장의 효율성 후퇴

4 R&D 회계처리를 통일성의 종류에 따라 분류하라.

연구개발비(R&D cost)는 기술집약적 기업의 가치창조에 핵심적인 역할을 할 수 있는 활동이지만 미국의 회계처리는 이를 무시하고 발생시에 모두 비용처리하도록 함으로써 관련 상황에 따른 서로 다른 회계처리가 불가능하다. 따라서 이는 획일적 통일성의 예이다. 그러나 IFRS는 내부적으로 창출된 무형자산이 인식기준을 충족하는지를 평가하기 위해서 무형자산의 창출과정을 연구단계와 개발단계로 구분한다.

연구단계에서 발생한 모든 지출은 발생한 기간의 비용으로 인식한다. 개발단계에서 발생한 지출은 무형자산의 인식기준을 모두 충족할 경우에는 자산으로 인식하고, 그 외에는 발생한 기간의 비용으로 인식한다. 개발단계는 연구단계보다 훨씬 더 진전되어 있는 상태이기 때문에 프로젝트의 개발단계에서는 무형자산을 식별할 수 있으며, 그 무형자산이 미래경제적효익을 창출할 것임을 입증할 수 있다.

연구단계에서의 회계처리는 획일적 통일성의 사례이고, 개발단계에서의 회계처리는 범위별 통일성의 사례로 볼 수 있다. 따라서 연구개발과 관련한 회계처리는 미국의 기준이 획일적 통일성으로 간주되는 반면 IFRS의 규정은 범위별 통일성에 보다 가까운 것으로 평가된다.

연구개발비가 비용으로 처리되든 자산으로 처리되든 자본시장의 효율성이 확보된다면 기업가치(주가)에는 차이가 없다. 즉 시장은 회계처리 이전의 경제적 실질에 따라 합리적으로 반응하기 때문에 기대현금흐름에 차이가 없는 외관상의 회계처리 차이는 주가에 차이를 가져오지 못한다. 그러나 자본시장의 효율성이 후퇴한 상황에서는 연구개발비의 회계처리 차이가 기업가치에 영향을 미칠 수 있는 가능성이 열린다. 따라서 연구개발비가 가치창조에 기여하는 항목이라면 자산으로 인식하여 장부가액을 증대시켜 주는 방법이 획일적으로 비용처리하는 것보다 바람직한 회계처리방법이 된다는 것이다. 왜냐하면 연구개발비를 비용으로 처리하는 경우 장부가액은 과소계상되나 미래의 초과이익이 과대계상되어 회계수치를 이용하여 기업가치를 표시하는 데에는 아무 지장이 없지만 자산으로 처리된 상황보다 긴 예측기간(longer horizon)을 필요로 하는 초과이익의 비중이 커지므로 바람직한 방법이 아니라는 주장이다. 이러한 상황에서 일정조건을 충족하면 연구개발비를 자산으로 인식하는 범위별 통일성은 설득력을 갖게 된다.

5 통일성의 종류를 열거하고 사례를 들어라.

범위별 통일성은 일반적으로 유사한 환경에서 관련 상황(relevant circumstances)을 식별하여 그에 상응하는 개별적 회계처리방법을 처방하는 개념이다. 반면에 획일적 통일성은 일반적으로 유사한 상황에서 회계처리방법의 차이를 야기할 수 있는 관련 상황이 존재함에도 불구하고 획일적으로 한 가지 방법으로 회계처리하되 관련 상황에 대한 공시를 유도하는 것이다. 즉, 범위별 통일성은 관련 상황의 차이가 존재하면 복수 이상의 회계처리를 규정하고, 관련 상황의 차이가 없으면 하나의 회계처리를 규정하는 것이다. 획일적 통일성은 관련 상황의 차이가 있는데도 불구하고 하나의 회계처리를 규정하는 것이다. 퇴행적 통일성은 관련 상황의 차이가 존재하지 않음에도 복수 이상의 회계처리를 규정하는 것이다.

관련 상황의 차이가 없을 때 복수 이상의 회계처리방법을 규정한 퇴행적 통일성은 회계투명성을 위해 반드시 극복되어야 하며 관련 상황의 차이가 있을 때 하나의 회계방법을 규정한 획일적 통일성은 일정조건하에서 용인될 수 있다. 아래의 〈표〉는 관련 상황의 차이 여부와 회계처리방법의 숫자에 따른 조합별 통일성의 사례를 보여준다.

〈표〉 관련 상황과 통일성의 종류

관련 상황의 차이 / 회계처리 방법의 숫자	유	무
다 양	범위별 통일성 • 보유동기에 따른 회계처리 구별 • IFRS의 R&D 회계처리 • 전환사채의 전환권을 리픽싱이 없으면 자본으로 분류하고, 있으면 부채로 분류(현재)	퇴행적 통일성 • 원가모형이나 재평가모형 중 하나를 선택 • 유 · 무형자산의 재평가이익은 기타포괄손익으로, 재평가손실은 당기손익으로 처리 • 인수/합병의 본질에는 취득법이 적합하나 지분풀링법도 허용(과거) • 리스의 본질에는 자본리스가 적합하나 운용리스도 허용(과거)
단 일	획일적 통일성 • 미국의 R&D 비용처리 • 전환사채의 리픽싱 유무에 관계없이 전환사채의 전환권을 자본으로 분류(과거)	범위별 통일성 • 인수/합병의 본질에 부합하는 취득법만 허용(현재) • 리스의 본질에 부합하는 자본리스만 허용(현재)

6 원칙중심 회계의 관점에서 standard overload를 비평하라.

규정중심의 회계환경에서는 회계기준의 과잉(standard overload) 현상이 나타날 수 있다. 회계현상에 대해 일일이 규정으로 대응하기 위해서는 회계기준의 종류가 많아질 수밖에 없고, 적정수준 이상으로 기준이 남발되면 회계정보의 이해가능성을 해치게 된다. 여기에다 각종 단서조항이나 예외규정까지 후속적으로 공표되면서 퇴행적 통일성까지 가세하면 회계정보의 유용성은 오히려 감소하게 된다. 따라서 standard overload는 기준과 절차에 얽매어 실질보다는 형식(form over substance)을 중시하는 모습으로 나타날 것이다. 즉, 지나치게 자세한 규정은 “이것이 안 되는 이유가 어디에 나와 있느냐?”와 같은 규정집 사고(rule-book mentality)를 조장할 뿐이다. 이는 건전한 회계발전에 도움이 되지 않고 다만 규정을 빗겨가려는 사람들에게 빌미를 제공하는 기회를 주게 된다. 다시 말해 회계기준의 정신(spirit)을 존중하는 것이 아니라 규정의 낱말에만 집착하도록 만들 뿐이다.

7 미국과 유럽의 회계환경을 비교 설명하라.

미국형은 분산투자자의 비중이 높아 정보비대칭 및 대리인문제가 보다 심각하고 이에 대응하는 수단, 예를 들면 보수계약, 인수·합병의 활성화 및 투자자보호가 잘 발달되어 있는 반면, 유럽형은 채권자와 노동조합 등을 망라하는 이해관계자(stakeholders)와의 관계가 비교적 안정적이고 정보의 편재와 대리인문제가 그리 심각하지 않으며 따라서 이를 완화하기 위한 조치, 예를 들면 실적 및 주가 연계 보수계약 및 인수·합병도 상대적으로 덜 활성화된 환경이다. 환언하면 미국은 경영자의 자기이익 추구가 그 견제수단의 발달이 시사하는 바와 같이 정도가 심한 반면, 유럽은 그 정도가 미국보다 약하고, 또한 기업지배구조의 여러 측면에서 유럽보다는 미국에서 회계정보에 대한 관심 및 수요가 높다는 것이다. 따라서 통일성과 같은 개념은 한 국가단위의 회계범위에서는 강제적 이행의 가능성을 높이지만 국제적 이행을 강제하기에는 현실적 제약과 한계가 있음을 시사한다.

〈표〉 미국과 유럽의 회계환경 비교

	미국형	유럽형
이익조정동기	크다	작다
경영자 보수	성과/주가 연동형 비중 큼	성과/주가 연동형 비중 작음
인수·합병	more active	less active
정보비대칭	크다	작다
대리인비용	크다	작다
경영자의 법적 책임	크다	작다
회계정보에 대한 수요	크다	작다
일반원칙	규정중심(많은 시행세칙)	원칙중심(적은 시행세칙)
회계선택의 범위	좁다	넓다

영국과 미국의 투자자 및 채권자 집단은 거대해지고 다양화되었으며 기업의 소유권은 분산되어 전문경영인(CEO)에 의해 경영됨으로써 소유와 경영이 분리되는 현상을 낳았다. 이러한 환경에서 회계정보는 자연스럽게 경영자의 경영성과에 대한 정보를 자본공급자에게 제공하는 수단으로서의 역할을 담당하게 되고 재무회계는 기업 외부에 존재하는 수많은 투자자 및 채권자의 정보수요를 충족하는 기능을 강조하게 되었다.

그러나 스위스, 독일, 일본 같은 나라는 소수의 거대은행이 기업의 자금수요를 대부분 충족시키고 기업의 소유권도 집중되어 있다. 이 경우 자본공급자의 정보수요는 개인적인 접촉이나 방문을 통해 충족될 수 있으므로 소수의 채권은행에는 직접적인 접촉이 더 효율적인 정보전달수단이 된다. 따라서 규제기관의 공시요구로 인해 재무제표를 작성하기는 하지만 그 내용은 영미기업에 비해 매우 단순하다. 또한 채권은행의 영향으로 재무회계는 채권자보호 측면을 강조하여 보수적인 모습을 보인다.

8 공시에 의한 규제와 절차에 의한 규제를 비교 설명하라.

공시에 의한 유용성 확보는 자본시장의 효율성을 담보로 추구할 수 있는 정책이지만 기업거래 및 환경의 복잡화와 이에 따른 공시내역의 복잡화로 공시 자체의 기능에 대한 시각은 변화하게 되었다. 따라서 획일적 통일성의 보완장치로 요구되던 공시의 기능은 자본시장의 효율성 후퇴와 더불어 한계를 나타내게 되었다. 특히 공시는 결코 측정을 대체할 수 없다는 점을 감안하면 변화된 기업환경에서 공시만능주의는 그 유용성이 감소된다.

절차에 의한 유용성 확보는 공시만능주의에서 탈피하여 범위별 통일성의 중요성을 강조하는 것이다. 특히 공시가 측정이나 평가를 대체할 수 없다는 관점에서 회계기준의 정밀화(sophistication) 과정이 지속적으로 요구되는 속성이다. 그러나 정보생산비용의 측면이나 감사인에 대한 책임이 강조되는 분위기에서 감사인은 될 수 있는 대로 전문가적 판단의 영역을 줄이거나 회피할 수 있는 단순하고 명확한(simple and unambiguous) 회계기준을 선호하기 때문에 현실적 어려움이 예상된다.

9 유·무형자산의 재평가손익에 대한 처리방법의 차이를 설명하라.

재평가모형이 채택된 이후 재평가손익의 회계처리에도 논리적 일관성이 결여된 차별적 처리가 존재한다. 즉 재평가이익은 재평가잉여금의 과목으로 기타포괄손익누계액에 가산되는 반면, 재평가손실은 당기손익에 반영된다. 즉 재평가이익은 당기이익에 가산되지 않으나, 재평가손실은 당기이익에 포함된다. 이러한 차별적 회계처리는 퇴행적 통일성(regressive uniformity)의 사례로 판단된다.

다만 재평가잉여금의 회계처리는 가치평가기능과 계약기능의 차이에 기인하는 것으로 볼 수 있다. 즉 자산재평가이익은 기타포괄손익으로서 전통적인 손익계산서에는 포함되지 않는다. 이는 경영자의 업적평가지표로는 자산재평가이익이 적절치 않다는 판단에 따른 것이다. 그러나 재평가이익은 기업의 가치평가에는 유용한 정보이므로 기타포괄손익을 통해 장부가액을 증가시킴으로써 가치평가기능에는 일조를 하게 된다. 이러한 논리는 재평가잉여금이 재분류대상이 아니라는 점에서 보다 분명해진다. 즉, 자산재평가이익은 아무리 나중에 실현된다 하여도 당기순익에 절대로 포함되지 않는다. 이는 보수주의도 아니고 다만 회계이익의 범위에 관련되는 문제이다. 결론적으로 현행 K-IFRS에서 총포괄이익은 기업의 가치평가(equity valuation)에 유용한 정보인 반면, 전통적인 손익계산서상의 당기순이익은 경영자의 업적평가(management performance evaluation)에 보다 적합한 이익개념이라는 것이다.

10 US GAAP에서는 모든 기타포괄손익항목이 재분류조정의 대상인 반면, IFRS에서는 일부 항목은 제외하고 재분류조정의 대상이 된다. 이러한 차이와 관련하여,

(1) 이러한 차이를 가져오는 항목은 무엇인가?

재분류조정(recycled or reclassified)이란 당기나 과거에 기타포괄손익으로 인식되었으나 당기손익으로 재분류된 금액을 의미하는데, IFRS에서 재분류조정이 가능한 항목은 해외사업장을 매각할 때, 위험회피예상거래가 당기손익에 영향을 미칠 때 발생한다. 그러나 재평가이익, 보험수리적손익 및 기타포괄손익인식금융자산(주식 : FVOCI)의 평가손익은 재분류의 대상이 아니다. 그러나 US-GAAP에서는 재평가잉여금이 존재하지 않으며 보험수리적손익에 대해서도 재분류를 허용한다.

(2) 통일성의 관점에서 양 방법의 장단점을 평가하라.

기타포괄손익의 등장배경은 기업가치평가에는 유효하지만 경영자의 업적평가에는 적절치 않은 항목을 별도로 구분하여 표시하자는 의도이므로 재분류를 허용하지 않는 것이 원래의 취지와 일치하는 것이다. 그러나 미실현손익의 실현을 가능하게 하는 경영자의 의사결정도 무시할 수 없는 상황인지라 일부 항목의 경우 미실현손익이 실현될 때 그동안 기타포괄손익으로 누적되어 온 부분을 처분손익에 합산하였다. 그런데 전술한 대로 기타포괄손익의 취지에 비추어 보면 재분류를 하지 않는 것이 타당하고 재분류가 가능한 항목이 줄어드는 추세에 있다. 예를 들면 IAS 39에서 매도가능금융자산의 평가손익은 재분류항목이지만 이와 유사한 기타포괄손익인식금융자산 중에서 주식에 해당되는 경우는 IFRS 9에서 재분류불가능항목으로 변경되었다. 기타포괄손익을 재분류 가능항목과 불가능항목으로 분류하여 표시하는 방법도 기타포괄손익의 애초의 공시의도를 살리려는 의도로 해석된다.

이렇게 재분류가 가능한 항목과 불가능한 항목은 구분되지만 그 구분기준이 언제나 명확한 것은 아니다. 다만 미실현손익인 기타포괄손익을 실현시키는 경영자의 의사결정에 따른 처분손익을 어느 정도까지 경영자의 업적으로 인정할 것인지의 고민이 따른다. 현실적인 대안으로는 토지의 재평가이익의 경우처럼 평가이익과 처분이익을 구분함으로써 평가과정에서의 이익은 기타포괄손익으로 처리하고, 처분이익만 당기손익에 반영하는 것도 하나의 방법이 될 수 있다. 종합하면 재분류가능항목을 모두 없애고 다만 처분이익과 평가이익을 구분하자는 것이다.

기타포괄손익(other comprehensive income) 항목의 선정이 언제나 논리적 타당성이나 일관성이 있는 것은 아니지만 FASB와 IASB의 기타포괄손익 재분류조정(reclassification or recycling)에는 차이가 있다. 즉, FASB는 모든 기타포괄손익에 대해 재분류조정을 요구하는 반면, IASB는 재평가잉여금, 보험수리적손익 및 기타포괄손익인식금융자산(주식 : FVOCI)의 평가손익에 대해서는 재분류조정을 금지하고 있다. 이러한 차이는 IFRS가 경영자의 업적평가지표로는 자산재평가이익이나 보험수리적손익이 적절치 않다는 판단에 따른 반면, US GAAP는 이러한 구분을 하지 않는 것이다. 따라서 IFRS의 입장은 기타포괄손익의 성

격에 따라 재분류조정 여부를 결정하는 범위별 통일성을 취한 반면, US GAAP는 기타포괄손익의 성격에 관계없이 모두 재분류조정을 요구하는 획일적 통일성을 나타낸다.

(3) 회계이익에 연동된 보수계약을 체결한 경영자의 관점에서 양 방법을 비교하라.

미국은 아직도 원가에 의한 평가를 고수하기 때문에 현재 FASB의 기타포괄손익에는 재평가잉여금이 포함되어 있지 않다. 그러나 재평가이익은 당기손익에 영원히 포함되지 않는 반면, 재평가손실은 실현도 되기 전에 당기손익에 포함되는 현행 IFRS규정에 대해 실적연계보수가 일반화된 미국의 경영자는 반대입장에 있을 개연성이 높다는 것은 실증회계이론에 비추어 충분히 예상가능한 일이다.

11 "IFRS as issued by IASB"와 "IFRS as adopted by the EU"를 구분하여 설명하라.

IFRS의 역사상 가장 첨예한 이해관계의 대립은 IAS 39(Financial Instruments : Recognition and Measurement)가 보여주고 있다. IAS 39는 1998년 주요 금융자산에 대한 공정가치평가를 기조로 공표되었는데, 이는 미국의 회계기준과 유사한 모습을 보이고 있어 회계기준의 세계적 동조화(international harmonization)의 표본으로 간주되기도 하였다. 그러나 유럽의 은행, 특히 프랑스를 중심으로 극심한 반대에 부딪쳐 Jacques Chirac 프랑스 대통령이 IAS 39는 유럽경제의 안정에 위협이 된다는 발언을 하기도 하였다. IAS 39에 대한 반대의 주요 내용은 이 규정이 유럽 금융기관의 위험관리(risk management) 방식을 고려하지 않은 채 미국과의 국제적 공조를 의식하여 무리하게 추진되었다는 점과 이 규정이 불필요한 변동성(volatility)을 증폭시킨다는 것이다. IASB는 부분적으로 이해관계를 조정한 수정안을 2004년 3월에 제출하였으나 핵심적인 부분에서는 물러나지 않았다. 결과적으로 EU는 2005년의 전면적인 IFRS 도입에 앞서 IAS 39의 중요 부분인 공정가치옵션(fair value option)과 일부 hedge accounting 규정의 효력을 삭제한 채(carve-out) 부분적으로 승인하였다. 이것을 EU가 채택한 IFRS라고 하여 "IFRS as adopted by the EU"라고 부르며 이는 IASB가 공표한 대로의 IFRS를 의미하는 "IFRS as issued by the IASB"와 구분된다. 또한 EU는 IASB가 필요한 부분을 조속히 개정해 줄 것을 요구하였다. 한편 공정가치옵션은 2005년에 해결되었으나 hedge accounting의 문제는 그대로 남아 있다.

12 IAS 39 Carve-Out의 주요 내용을 서술하라.

유럽은행의 불만은 IAS 39를 따르게 되면 핵심예금(core deposits)에 대해 포트폴리오 기준으로 위험회피회계를 적용할 수 없으며, 위험회피효과의 평가기준이 지나치게 까다롭다는 것이다. 따라서 EU가 IAS 39의 특정부분의 효력을 정지함(carve-out)에 따라 핵심예금에 대해 포트폴리오 기준으로 공정가치위험회피회계를 적용할 수 있게 되었고, 위험회피효과의 평가기준이 완화되었다. 아래의 〈표〉는 IAS 39 Carve-Out의 주요 내용을 정리한 것이다.

〈표〉 IAS 39 Carve-Out의 핵심목적

목 적	삭제 대상
1. 핵심예금의 헤지를 위하여 To allow the hedging of a portion of core deposits	AG118의 (b) AG122
2. 위험회피효과의 평가기준완화를 위하여 To relax the effectiveness test	81A AG107A AG121 AG124 AG126 AG127

먼저 목적 1의 관점에서 보면 요구불 예금(demand deposits)은 공정가치평가가 매우 어려운 항목이다. 더구나 핵심예금을 포함하는 요구불 예금에 대한 공정가치평가를 허용한다면 이와 밀접한 관련을 갖는 핵심예금 무형자산(core deposit intangibles : CDI)도 공정가치로 평가해야 한다. 따라서 IAS 39와 US GAAP(ASC 942-470-50)는 핵심예금을 포함하는 모든 요구불 예금에 대해 공정가치평가를 적용하지 않는다. 또한 자산 또는 부채가 위험회피대상이 되기 위해서는 이미 자산 또는 부채로 인식되어 있어야 한다. 따라서 내부적으로 창출된 핵심예금 무형자산은 위험회피대상항목으로 지정할 수 없다. 다만 인수·합병 등으로 취득된 것이라면 분리하여 인식이 가능하고, 이때는 위험회피대상항목으로 지정할 수 있다. 따라서 AG118의 (b)가 살아 있다면 핵심예금에 대해 포트폴리오 차원의 위험회피는 불가능하기 때문에 EU는 이 조항을 삭제(carve-out)하였다. 이에 따라 유럽은행은 핵심예금의 위험회피를 계속할 수 있게 되었다.

목적 2의 위험회피효과의 평가기준과 관련하여, 위험회피효과(hedge effectiveness)란 회피대상위험으로 인한 위험회피대상항목의 공정가치 또는 현금흐름의 변동이 위험회피수단의 공정가치나 현금흐름의 변동으로 상쇄되는 정도를 나타낸다. 위험회피효과의 측정은 그 효과성에 따라 회계처리가 달라지기 때문에 중요성을 가진다. 예컨대 현금흐름위험회피에서 효과적인 부분은 기타포괄손익(other comprehensive income : OCI)으로 회계처리하고 비효과적인 부분은 당기손익(profit and loss)으로 회계처리하는 등 회계처리가 달라진다. 이러한 위험회피효과의 평가규정은 IAS 39 문단 AG105부터 AG113에 나열되어 있다. 그런데 EU는 이 중 AG107A를 삭제(carve-out)하였다. AG107A를 기술하면서 IASB는 위험회피대상항목과 위험회피수단이 1 : 1의 비율이 아닌 다른 비율일 경우 위험회피효과를 극대화할 수 있다고 보았다. 그런데 이러한 1 : 1이 아닌 위험회피비율은 위험회피기간에 당기손익으로 인식해야 하는 비효과적인 부분을 발생시킬 수 있다(IAS 39 문단AG100). 따라서 EU는 AG107A를 삭제(carve-out)함으로써 과소위험회피(underhedging)로 인해 비효과적인 부분이 나타날 가능성을 차단하고, 결과적으로 위험회피효과의 평가기준을 완화하였다.

13 IAS 39 Carve-Out이 IFRS의 미래에 시사하는 점을 서술하라.

IAS 39에 대한 반대의견과 2007년부터 2008년까지 세계적 금융위기를 겪으면서 IASB는 IAS 39를 대체할 IFRS 9를 2009년 공표하였다. 개정의 핵심은 기업의 사업모형(business model)에 따라 기업이 원리금을 수취할 의도가 있는 예측가능한 현금흐름을 가진 금융자산의 경우에는 공정가치 대신 상각원가(amortized cost)로 평가하고 손상차손을 행하는 것이다. 이러한 개정의 배경은 변동성(volatility)을 완화하자는 것이지만, 파생상품과 같은 예측가능하지 않은 현금흐름을 가진 금융자산은 계속 공정가치로 평가하게 된다. 반대론자들은 이것으로는 아직도 부족하다고 평가함에 따라 EU는 IFRS 9의 승인을 유보하고 있다.

IASB는 IAS 39를 대체하기 위한 프로젝트를 3단계로 구분하여 시행중인데, 1단계는 분류와 측정, 2단계는 상각과 손상차손, 3단계는 헤지회계이다. IASB는 1단계의 완료와 더불어 IFRS 9 'Financial Instruments'를 2009년 11월에 공표하고 이의 시행일을 2013년 1월 1일로 예고한 바 있다. 그런데 위의 3단계를 동시에 완료하여 IAS 39를 통합대체하는 것이 바람직하다는 판단하에 IFRS 9의 시행일을 2011년 다시 2015년 1월 1일로 연기하였으나, 현재는 2018년 1월 1일로 예정되어 있다. EU는 IAS 39를 대체할 모든 프로젝트가 완료된 시점에 IFRS 9의 승인여부를 최종 결정할 것으로 전망되나 macro hedging이 IFRS 9 프로젝트에서 제외됨에 따라 2015년 하반기에 승인될 것으로 전망된다.

이상의 사례는 IFRS의 미래에 대한 중요한 시사점을 제공한다. 유럽 내부에서도 국가별 입장차이가 있고, 미국의 경우에는 자국의 GAAP와 유사한 IAS 39가 유럽에서 대규모 반발에 직면하여 핵심조항이 삭제됨으로써 IFRS의 채택에 대한 부담이 현실적으로 커진 데다, 주요 미국기업의 1/3을 초과하는 기업이 IFRS가 더 이상 인정하지 않는 후입선출법(last in, first out)을 사용하는 현실을 고려하면 "a single set of high quality globally accepted accounting standards"를 표방하는 IFRS의 채택이 선언적 입장과는 다르게 현실에서는 보다 어렵고 시간이 필요한 과제가 될 수 있음을 시사하기 때문이다.

한편, 미국의 SEC는 외국기업이 IASB가 공표한 IFRS, 즉 IFRS as issued by the IASB에 따라 재무제표를 작성한 경우 2007년 11월 15일 이후에 종료되는 결산연도부터는 US GAAP로의 재무제표 전환의무(reconciliation requirement)를 면제하였다. 그러나 이 규정은 외국기업이 IFRS as issued by the IASB를 따랐을 경우에만 적용된다. 따라서 유럽기업이 IAS 39 Carve-Out에 따라, 즉 IFRS as adopted by the EU에 따라 제무제표를 작성한 경우, 이들 기업은 2007년 11월 15일 이후의 2개 결산연도에 한해 특별히 IFRS as issued by the IASB로의 전환이 허용되지만 그 이후의 결산연도부터는 종전대로 US GAAP로의 재무제표 전환의무(reconciliation requirement)가 부과된다. 이러한 미국의 조치는 자국 GAAP와 유사한 IAS 39를 거부한 유럽에 대한 일종의 보복성 조치로 판단되며, 이는 미국과 유럽의 국제회계시장을 사이에 둔 헤게모니싸움으로 해석된다.

14 위험회피회계(hedge accounting)에서 말하는 위험회피효과(hedge effectiveness)의 의미와 중요성을 설명하라.

위험회피효과(hedge effectiveness)란 회피대상위험으로 인한 위험회피대상항목의 공정가치 또는 현금흐름의 변동이 위험회피수단의 공정가치나 현금흐름의 변동으로 상쇄되는 정도를 나타낸다. 위험회피효과의 측정은 그 효과성에 따라 회계처리가 달라지기 때문에 중요성을 가진다. 예컨대 현금흐름위험회피에서 효과적인 부분은 기타포괄손익(other comprehensive income : OCI)으로 회계처리하고 비효과적인 부분은 당기손익(profit and loss)으로 회계처리하는 등 회계처리가 달라진다.

유럽은행의 입장은 헤지회계에서 비효과적인 부분을 될 수 있으면 줄이자는 것이다. 왜냐하면 비효과적인 부분이 많아지면 손익과 자본의 변동성(volatility)을 증폭시키기 때문이다. 즉 위험회피수단(파생상품)과 위험회피대상의 평가손익이 정확하게 상계된다면 당기손익에 인식해야 할 비효과적인 부분이 없어짐으로써 손익과 자본의 변동성을 줄일 수 있다.

이러한 위험회피효과의 평가규정은 IAS 39 문단 AG105부터 AG113에 나열되어 있다. 그런데 EU는 이 중 AG107A를 삭제(carve-out)하였다. AG107A를 기술하면서 IASB는 위험회피대상항목과 위험회피수단이 1 : 1의 비율이 아닌 다른 비율일 경우 위험회피효과를 극대화할 수 있다고 보았다. 그런데 이러한 1 : 1이 아닌 위험회피비율은 위험회피기간에 당기손익으로 인식해야 하는 비효과적인 부분(hedge ineffectiveness)을 발생시킬 수 있다(IAS 39 문단AG100). 따라서 EU는 AG107A를 삭제(carve-out)함으로써 과소위험회피(underhedging)로 인해 비효과적인 부분이 나타날 가능성을 차단하였다.

15 IAS 39 Carve-Out과 관련하여 유럽은행의 기본입장을 서술하라.

유럽은행의 기본입장은 그들의 요구불 예금(demand deposits)에 대해 공정가치위험회피회계를 적용하면서 동시에 비효과적인 부분을 될 수 있으면 줄이자는 것이다. 특히 과소위험회피(underhedge)로 인한 비효과적인 부분을 차단하고자 한다. 왜냐하면 공정가치위험회피회계에서는 현금흐름위험회피회계와는 달리 과소위험회피로 인한 비효과적인 부분도 당기손익에 반영되어 손익과 자본의 변동성(volatility)을 증폭시키기 때문이다. 따라서 위험회피수단(파생상품)과 위험회피대상의 평가손익을 정확하게 상계시켜 당기손익에 인식해야 할 비효과적인 부분을 줄임으로써 손익과 자본의 변동성도 줄일 수 있다. 다음의 〈표〉는 매크로헤징에 대한 유럽은행의 관행 및 희망사항과 IAS 39의 입장차이를 비교한 것이다.

〈표〉 매크로헤징에 대한 유럽은행과 IAS 39의 입장차이 비교

유럽은행의 관행 및 희망사항	IAS 39의 입장
• 'open portfolio'방식의 헤징 희망	• 'open portfolio'방식의 헤징은 불가능. 왜냐하면 모든 위험회피대상(hedged items)은 개별적으로 관리/기록되어야 하기 때문
• 'net risk'에 대한 헤징 희망	• 'net risk'에 대한 헤징 불가능. 왜냐하면 IAS 39에서 위험회피대상으로 지정할 수 있는 것은 자산총액 또는 부채총액이기 때문. 따라서 자산과 부채의 차이인 'net risk'는 위험회피대상으로 지정할 수 없음
• '요구불 예금'에 대해서도 이자율위험에 대해 이자율스왑을 통한 헤징 희망	• '요구불 예금'의 이자율위험에 대해 이자율스왑을 통한 헤징 불허
• '요구불 예금'에 대한 공정가치위험회피회계에서 과소위험회피에 의해 비효과적인 부분이 나오는 것을 바라지 않음	• '요구불 예금'에 대한 공정가치위험회피회계에서 과소위험회피로 인해 비효과적인 부분이 나타남
• bottom layer approach를 통해 공정가치위험회피회계에서 과소위험회피에 의한 비효과적인 부분의 인식을 원하지 않음	• bottom layer approach는 인정하지 않고, percentage approach는 인정함

16 "IFRS as adopted by the Republic of Korea"의 의미를 설명하라.

K-IFRS에서는 영업이익에 대한 정의가 없어 기업이 공시한 영업이익이 어떠한 원칙에 근거하여 산정되었는지를 파악하기 어렵기 때문에, 과거 K-GAAP와 비교할 때 영업이익에 대한 기업 간 비교가능성이 저하되었다는 문제가 제기된바, KASB는 2012년 8월 31일에 영업이익 공시와 관련한 K-IFRS 개정(기업회계기준서 제1001호 '재무제표 표시' 개정)을 심의·의결하였다. 이번 개정은 IFRS 규정을 변경하는 것이 아니며, 다만 IFRS에서 요구하는 사항에 추가하여 정보를 요구하는 개정이다.

개정의 주요 내용은 현재 K-IFRS에서는 영업이익을 본문에 표시하지 않는 경우 주석으로 공시하도록 하고 있으나, 이번 개정에서는 영업이익을 포괄손익계산서 본문에 반드시 표시하도록 요구하고, 그 영업이익의 범위를 '일반기업회계기준 영업이익'과 동일하게 정하고 있다. 즉 IFRS에서는 영업이익에 대한 정의나 지침이 없으나, 이번 개정에서는 영업이익을 수익에서 매출원가와 판매비와관리비를 차감한 금액으로 정의함으로써 '일반기업회계기준 영업이익'과 동일하게 하였다. 한편, 이번 개정에서는 기업이 수익에서 매출원가와 판매비와관리비를 차감한 금액 이외에 어떠한 항목을 추가하는 것이 그 기업 영업성과를 더 잘 나타낸다고 판단한다면, 그러한 금액을 '조정영업이익'이라는 명칭하에 주석으로 공시하도록 허용하였다.

한편, 영업이익의 공시문제 이외에도 우리나라에서는 외감법 시행령 제7조 제1항 제2호를 통해 연결재무제표를 작성하는 회사는 연결재무제표와 별도재무제표를 동시에 공시해야 하며, 만약 그렇지 않은 경우에는 K-IFRS를 적용하지 않은 것으로 보아 벌칙을 부과

하고 있다(금융감독원, 정례브리핑 자료, 2012.7.10). 세계적으로 볼 때 대부분의 국가에서는 별도재무제표의 작성을 불허하거나 선택으로 하고 있으며 이때에도 별도재무제표를 자국의 회계기준에 따라 작성하는 국가가 대부분이다. IFRS는 별도재무제표를 강제하지 않는다. 따라서 별도재무제표를 강제하는 K-IFRS를 IFRS와 동일한 것으로 볼 수 없다.

이상의 내용을 종합하면 그동안 IFRS와 K-IFRS는 기술적 문제를 제외하면 실질적으로는 동일한 것으로 간주되었으나 앞으로는 실질의 관점에서도 일정한 차이를 나타낼 것으로 전망된다. 따라서 향후에는 IFRS와 IFRS as adopted by the Republic of Korea는 실질적으로 별도의 의미를 갖는 것이므로 구분의 필요성이 더욱 높아질 것으로 판단된다. 아래의 〈표〉에서는 지금까지 소개된 IFRS의 version을 소개하고 그 차이를 요약하였다.

〈표〉 Three Versions of IFRS

IFRS as adopted by the Republic of Korea	IFRS as issued by the IASB	IFRS as adopted by the EU
• 영업이익의 계산방법 수익 (−) 매출원가 (−) 판매비와관리비 • 영업이익은 포괄손익계산서의 본문에 반드시 공시	• 영업이익의 계산방법과 공시장소에 대한 명시적 규정 없음	
• 상장기업 및 금융업은 연결, 별도 및 개별 재무제표 모두에 적용	• 상장기업의 연결재무제표에 대해서만 의무적용. 별도 및 개별재무제표에 대해서는 선택사항으로 기업에 위임	
• 이익잉여금처분계산서를 상법규정에 맞춰 주석으로 공시		
• 수주산업에서 원가기준 투입법에 따라 진행기준에 의해 수익을 인식할 때 추가정보공시		
		• IAS 39 Carve-Out

17 IAS 39를 대체하는 IFRS 9가 2018년부터 시행되고 있다. IFRS 9의 시행 이후 IAS 39 Carve-Out의 지위에 대하여 서술하라.

2013년 11월에 IASB는 위험회피회계에 관한 요구사항을 IFRS 9에 추가하여 IAS 39의 위험회피회계의 비일관성과 단점을 보완하고자 하였다. 그러나 IASB는 위험회피회계 논의에서 개방형 포트폴리오 또는 매크로 위험회피에 대한 문제는 별도로 미래에 추가로 다루기로 했다. 왜냐하면 이 주제는 복잡한 데다 의견수렴과정이 더 필요하다고 판단했기 때문이다. 이에 따라 IFRS 9를 보다 빨리 공표할 수 있었다. 또한 기업들은 IASB가 매크로 위험회피회계 프로젝트를 추후에 완료할 때까지 위험회피회계에 대하여 IFRS 9 또는 기존의 IAS 39 중에서 선택할 수 있게 되었다. 이는 IASB가 매크로 위험회피에 대한 회계처리를 아직 완성하지 못했기 때문에 기업의 선택권을 인정한 것이다. 이에 대한 IFRS 9의 관련규정은 다음과 같다.

> 6.1.3 금융자산이나 금융부채 포트폴리오의 이자율 익스포저에 대한 공정가치위험회피의 경우에만, 이 기준서의 규정 대신 기업회계기준서 제1039호의 위험회피회계 요구사항을 적용할 수 있다. 이 경우에는 포트폴리오의 이자율위험에 대한 공정가치위험회피에 대해 특정 요구사항을 적용해야 하며 통화금액으로 일부를 위험회피대상항목으로 지정해야 한다 (기업회계기준서 제1039호 문단 81A, 89A, AG114~AG132 참조).

그런데 본서의 부록에서 볼 수 있듯이 기업회계기준서 제1039호 문단 81A, 89A, AG114~AG132의 상당부분은 삭제된 상태(carve-out)이다. 따라서 IAS 39 Carve-Out은 IFRS 9가 시행되는 2018년 이후에도 여전히 유효한 예외조항이다.

CHAPTER 14 True and Fair View

1 규정중심 회계와 원칙중심 회계를 구분하여 설명하라.

규정중심의 회계에서는 회계기준이 지나치게 복잡하여(예를 들면 수많은 예외조항이 있다거나 회계기준의 제정 이후에도 관련 해석 및 후속규정이 지속적으로 공표되는 현상) 회계전문가조차 충분한 이해를 하기 힘든 상황을 연출하고 있다. 또한 이러한 규정중심의 회계운용은 공표된 규정을 빗겨가는 교묘한 수법(financial engineering techniques)을 조장하여 자원의 효율적 배분이라는 궁극적이고 경제적인 목적달성보다는 단지 회계목표달성만 촉진하는 부작용을 낳고 있다. 이러한 현상은 회계의 고유기능을 달성하는 데 저해요인으로 간주되어 그 개선이 요구되고 있다. 아래의 [그림]은 원칙중심 회계와 규정중심 회계의 개념적 차이를 보여준다.

[그림] 원칙중심 회계와 규정중심 회계의 비교

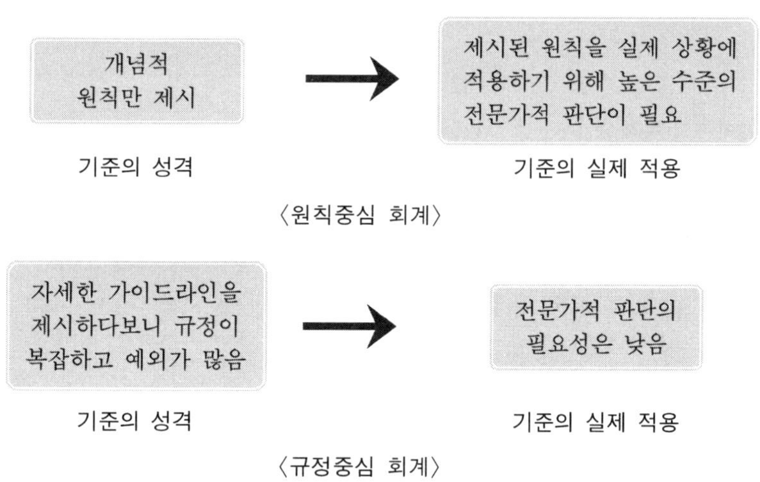

2 원칙중심 회계와 관련하여,

(1) 원칙중심 회계의 특징을 설명하라.

원칙중심의 회계기준은 첫째, 예외규정이 아예 없거나, 있어도 극히 예외적인 경우에만 허용되고, 둘째, 실무에서 발생하는 새로운 거래현상에 대해 원론적인 논리를 제공함으로써 규정중심 회계에서와 같이 일일이 후속규정을 공표하여 대응해야 하는 번거로움을 피할 수 있다. 따라서 원칙중심의 회계기준은 아래의 〈표〉에서와 같은 특징을 지녀야 한다.

〈표〉 원칙중심 회계기준의 특징

- 개념체계에 기초할 것
- 회계기준의 목적을 명확하게 밝힐 것
- 회계기준이 일관되게 작동하고 적용될 수 있을 만큼 충분한 내용과 구조를 제공할 것
- 예외를 최소화할 것
- 회계기준의 의도를 무시하고 기술적 준수만을 유발하는 계량적 기준에 의존하지 말 것

원칙중심의 회계에서 가장 중요한 것은 회계담당자들의 전문가적 판단이다.

(2) 규정중심 회계 및 원칙중심 회계의 사례를 들라.

규정중심의 미국회계기준의 사례로 리스와 기업결합회계를 들 수 있다. 리스회계와 관련한 SFAS No.13에 따르면 자본리스로 분류되기 위한 네 가지 조건(그중 일부는 수치에 의한 구분을 포함)을 명시하고 있는데, 이러한 조건을 회피하기 위한 편법이 등장하고 있어 규정중심 회계의 폐해로 지적되고 있다(현재 리스회계도 개정작업이 진행중인데, 리스의 분류기준을 폐지하고 모든 리스를 자본리스로 처리할 것으로 전망된다). 또한 기업결합회

〈표〉 미국 기업결합회계의 접근방식 비교

	규정중심(과거)	원칙중심(현재)
해당사례	APB Opinion No.16	SFAS No.141
회계기준의 목적이 명시되어 있는가?	No	Yes
회계기준의 범위가 명확한가?	No	Yes
대체적 회계처리를 위한 분류기준의 존재	Yes (지분풀링법이 가능하기 위한 12개 조건 나열)	No (취득법으로만 처리)
시행세칙의 포함여부	Yes	No
기업결합의 정의	No	Yes
비교가능성의 달성	No (실질적으로 동일한 현상에 대해 전혀 다른 방식으로 회계처리가 가능하기 때문)	Yes

계(APB No.16)에서도 지분풀링법으로 처리되기 위한 12가지 조건을 나열하고 있는데, 이것도 규정중심 회계의 한계로 지적된다. 앞의 〈표〉에서는 기업결합회계를 예로 들어 규정중심과 원칙중심 회계기준의 차이를 비교하고 있다.

규정중심의 회계환경에서는 회계기준의 과잉(standard overload) 현상이 나타날 수 있다. 회계현상에 대해 일일이 규정으로 대응하기 위해서는 회계기준의 종류가 많아질 수밖에 없고, 적정수준 이상으로 기준이 남발되면 회계정보의 이해가능성을 해치게 된다. 여기에다 각종 단서조항이나 예외규정까지 후속적으로 공표되면서 퇴행적 통일성까지 가세하면 회계정보의 유용성은 오히려 감소하게 된다. 따라서 standard overload는 기준과 절차에 얽매어 실질보다는 형식(form over substance)을 중시하는 모습으로 나타날 것이다. 즉, 지나치게 자세한 규정은 "이것이 안 되는 이유가 어디에 나와 있느냐?"와 같은 규정집 사고(rule-book mentality)를 조장할 뿐이다. 이는 건전한 회계발전에 도움이 되지 않고 다만 규정을 빗겨가려는 사람들에게 빌미를 제공하는 기회를 주게 된다. 다시 말해 회계기준의 정신(spirit)을 존중하는 것이 아니라 규정의 낱말에만 집착하도록 만들 뿐이다.

3 true and fair view의 본질을 설명하라.

이 개념의 일반적 의미는 회계기준에 따라 재무제표가 작성되면 그 재무제표는 기업의 재무상태와 영업성과에 대한 true and fair view를 제공한다는 것이다. 그러나 이때 중요한 점은 회계기준을 수동적 또는 기계적으로 준수하는 것이 아니라 그 회계기준 이면의 정신(spirit)과 논리(logic)를 중시하라는 것이다.

True and fair view는 일반적으로 다음과 같은 기능을 한다. 첫째, 경제실체에 대한 표지판 역할, 둘째, 회계담당자의 보고의무 강화기능, 셋째, 현행 회계기준이 적합하지 않은 특이한 환경에서의 비상대책 제공, 넷째, 급격한 환경변화에서 회계기준 발전의 기본방향 제시, 다섯째, 시행세칙 남발을 방지하는 기능 등이다.

4 true and fair view override의 본질을 설명하라.

True and fair view override란 관련 회계규정의 준수가 오히려 true and fair view에서 추구하는 표현충실성을 저해한다고 판단되면 그 회계규정을 달리 적용해야 한다는 것이다. 이는 회계목적 달성을 위한 질적 특성의 최고 위치에 true and fair view가 있다는 의미이며 나머지 규정은 모두 true and fair view의 하위규정이라고 볼 수 있다. 따라서 true and fair view override는 재무보고에 있어 도덕적 나침반의 역할을 한다. 실제로 이 개념이 공식화된 1978년의 European Economic Community(EEC)의 The Fourth Directive에서는 다른 어떤 회계규정보다 먼저 등장함으로써 유럽회계에서 가장 우선되는 준거기준의 모습을 보이고 있다.

다만 이러한 예외적인 규정은 매우 제한적인 경우에만 적용되어야 한다. 따라서 true

and fair view의 핵심은 공표된 회계규정을 무의식적으로 따르기보다는 규정을 따르는 것이 오히려 궁극적인 재무보고 목적에 위배된다고 판단될 때에는 해당 회계기준의 적용을 중지하거나 다르게 적용할 수 있다는 것이다. 그런데 true and fair view가 탄생한 영국과 달리 미국에서는 이 개념에 대한 거부감이 있는 것이 사실이다. 즉, true and fair view override를 통해 경영자가 실적악화 등을 숨기려고 이를 악용할 개연성이 높다는 것이다. 실제로 Livne and McNichols(2009)에 따르면 true and fair view override를 단행한 기업은 통제기업에 비해 실적이 열악하고, 그들의 재무제표수치와 회계이익의 투명성 및 가치관련성이 떨어지는 것으로 나타나 미국 회계community의 우려가 근거 없는 것이 아님이 밝혀졌다.

K-IFRS(제1001호 : 재무제표 표시)에서는 과거의 기업회계기준서 제21호와 달리 한국채택국제회계기준의 요구사항을 준수하는 것이 오히려 '개념체계'에서 정하고 있는 재무제표의 목적과 상충되어 재무제표 이용자의 오해를 유발할 수 있다고 경영진이 결론을 내린 극히 드문 상황에 대한 처리방법을 다음과 같이 규정하고 있다.

문단 19 : 극히 드문 상황으로서 한국채택국제회계기준의 요구사항을 준수하는 것이 오히려 '개념체계'에서 정하고 있는 재무제표의 목적과 상충되어 재무제표 이용자의 오해를 유발할 수 있다고 경영진이 결론을 내리는 경우에는, 관련 감독체계가 이러한 요구사항으로부터의 일탈을 의무화하거나 금지하지 않는다면, 문단 20에서 정하는 방법으로 요구사항을 달리 적용한다.

문단 20 : 기업이 문단 19에 따라 한국채택국제회계기준의 요구사항을 달리 적용하는 경우, 다음 모든 항목을 공시한다.

(1) 재무제표가 기업의 재무상태, 재무성과 및 현금흐름을 공정하게 표시하고 있다고 경영진이 결론을 내렸다는 사실
(2) 공정한 표시를 위해 특정 요구사항을 달리 적용하는 것을 제외하고는 한국채택국제회계기준을 준수했다는 사실
(3) 기업이 달리 적용하는 해당 한국채택국제회계기준의 제목, 그 한국채택국제회계기준에서 요구하는 회계처리의 방법과 이에 대한 일탈의 내용, 그러한 회계처리가 해당 상황에서 재무제표 이용자의 오해를 유발할 수 있어 '개념체계'에서 정한 재무제표의 목적과 상충되는 이유, 그리고 실제로 적용한 회계처리방법
(4) 표시된 각 회계기간에 대해, 한국채택국제회계기준 요구사항으로부터의 일탈이 이를 준수하였다면 보고되었을 재무제표의 각 항목에 미치는 재무적 영향

이는 전술한 true and fair view override에 해당하는 것으로 국내회계에서는 처음으로 공식화된 내용이라고 볼 수 있다.

5 감사인에 대한 소송의 영향이 회계실무에 미치는 영향을 설명하라.

영업환경의 변화나 기술발전으로 감사대상회사의 영업이 불확실해지고 검증하기 어려운

주관적 회계보고대상이 많아지면 감사인의 역할에 많은 변화가 예상된다. 예전에는 감사인은 수수료를 많이 기대할 수 있다는 이유로 복잡한 회계처리방법을 선호해 왔으나 현대의 감사인은 소송 등의 영향(risk of litigation)으로 될 수 있으면 전문가로서의 판단을 줄이거나 회피하려는 성향을 보인다. 따라서 소송위험을 의식한 감사인 집단은 단순하고 명확한(simple and unambiguous) 회계기준을 선호하는 경향을 보이고 있다. 또한 감사인에 대한 소송 및 책임추궁의 분위기는 보수주의를 보다 강화하는 요인으로 작용하고 있으며, 감사인 사회에 많은 부담으로 작용하고 있다. 또한 감사인 조직의 유한책임으로의 전환 이후에도 상당부분의 개인적 자산은 아직도 소송위험이나 이로 인한 배상의무에 노출되어 있다. 예를 들면 감사인의 법적 책임에 대비한 전문가 책임보험(mal-practice insurance)에 가입하는 것 자체가 어려운 실정이고 현실적으로 보험료도 급증한 것으로 나타났다. 아래의 〈표〉는 감사인에 대한 소송이 회계에 미친 영향을 요약한 것이다.

〈표〉 감사인에 대한 소송의 영향

- 단순하고 명료한 회계기준의 선호
- 회계법인의 유한책임화(LLP)
- clean opinion보다는 modified opinion의 비율 증가
- 보수주의의 강화

6 유한책임조합(limited liability partnership)의 탄생배경을 설명하라.

법률, 의료 및 회계법인과 같은 전문가집단에서 한 사람의 실수나 잘못이 의뢰인(clients)에게 치명적인 손해를 입힐 수 있는 대리인문제(agency problem)의 환경에서 이에 대한 가장 효율적인 대응 수단으로 사원의 무한책임을 기반으로 하는 전문가조합(professional partnerships)의 형식이 바람직하다는 이유에서 출발했지만 최근 회계법인의 조직상의 특성은 전세계적으로 무한책임에서 유한책임으로 바뀌었다. 이는 감사인에 대한 소송증가 및 이와 관련한 배상책임문제와 밀접한 관련이 있다. 이에 따라 우리나라에서는 감사인의 손해배상능력 증진을 위하여 손해배상기금, 손해배상준비금 및 보험가입 등의 제도적 장치를 마련함과 동시에 회계법인의 상법상 준용기준을 합명회사에서 유한회사로 변경하였으며 세계적으로도 회계법인은 유한책임조합(limited liability partnership : LLP)의 형태를 띠게 되었다.

7 감사인이 단순 · 명확한 회계기준을 선호하는 이유는 무엇인가?

기술환경의 변화에 따라 목적적합성이 중요성을 얻어가는 것이 현실이다. 이러한 목적적합성을 추구하기 위해서는 범위별 통일성이 바람직하지만 범위별 통일성의 경우에는 획일

적 통일성에 비해 감사범위가 증가하고 이에 따른 전문가적 판단이 더 많이 요구됨에 따라 감사인의 부담과 책임이 커진다. 따라서 감사인의 입장에서는 책임을 경감하기 위해 가치평가기능에서 요구되는 정보의 속성보다는 계약기능에서 요구되는 정보속성을 더 선호하게 된다. 이는 가치평가기능에서 요구하는 정보속성의 검증에는 계약기능에서 요구하는 정보속성의 검증보다 전문가로서의 판단(professional judgment)을 훨씬 더 많이 요구하므로 감사인에 대한 책임을 추궁하는 사회적 분위기에서는 될 수 있으면 전문가적 판단의 영역을 줄이고자 하기 때문이다. 따라서 감사인은 여타조건이 동일하다면 범위별 통일성보다는 획일적 통일성을 선호한다.

이러한 배경에서 예전에는 감사인은 수수료를 많이 기대할 수 있다는 이유로 복잡한 회계처리방법을 선호해 왔다. 그러나 현대의 감사인은 소송 등의 영향(risk of litigation)으로 될 수 있으면 전문가로서의 판단을 줄이거나 회피하려는 성향을 보인다. 따라서 소송위험을 의식한 감사인 집단은 단순하고 명확한(simple and unambiguous) 회계기준을 선호하는 경향을 보이고 있다.

8 개정상법에서 도입된 유한책임회사(limited liability company)의 성격을 설명하라.

2011년 4월 14일 개정되어 2012년 4월 15일부터 시행되는 개정상법은 새로운 회사형태로 유한책임회사(회사편 제3장의2)를 도입하여, 기존의 회사형태인 주식회사, 유한회사, 합명회사, 합자회사에 유한책임회사를 추가하였다. 유한책임회사(limited liability company)란 조합적 요소에 유한책임을 가미한 회사형태로 현 유한회사에 비하여 지분 양도가 자유로운 등 사적 자치가 강화된 것이다. 개정상법상 유한책임회사는 대내관계(회사의 설립, 사원, 지배구조, 사원의 가입과 탈퇴, 청산 등)에서는 조합적 요소를 기반으로 합명회사적 요소를, 대외관계(제3자 업무집행기관과 업무집행자의 책임, 자본금제도의 허용, 잉여금분배와 제한 등)에서는 주식회사적 요소를 혼합한 회사형태이다.

- 유한책임회사의 사원은 자신의 출자가액을 한도로 회사 채권자에 대하여 간접유한책임을 부담
- 사원은 정관에 특별한 규정이 없는 한 다른 사원의 동의 없이 그 지분의 전부 또는 일부를 타인에게 양도할 수 없음
- 회사채권자보호를 위하여 유한책임회사의 자기지분양수를 금지함
- 개정상법은 사원의 가입, 탈퇴, 제명에 관한 규정을 마련하여 유한책임회사의 인적회사로서 조합적 성격을 반영하고 있음

따라서 유한책임회사의 근본취지는 사원에게 유한책임을 인정하면서도 회사의 설립, 운영과 기관구성 등의 면에서 사적 자치를 폭넓게 인정하는 것이다.

저자소개

김 정 재

고려대학교 경영대학 경영학과
고려대학교 대학원 경영학과 (경영학석사)
Georgia State Univeristy (경영학박사)
현, 대구대학교 경영대학 경영학부(회계학전공) 명예교수

정 준 희

중앙대학교 경영경제대학 경영학과
중앙대학교 대학원 회계학과 (경영학석사, 경영학박사)
University of Queensland, Post-doc
현, 대구대학교 경영대학 경영학부(회계학전공) 교수

김 임 현

한양대학교 (경영학박사)
현, 대구대학교 경영대학 경영학부(회계학전공) 교수

제5판 재무회계이론 해답

2010년 1월 15일 제 1 판 1쇄 발행
2025년 3월 5일 제 5 판 1쇄 인쇄
2025년 3월 10일 제 5 판 1쇄 발행

저 자 김정재 · 정준희 · 김임현
발행인 권 영 섭
발행처 (주)신 영 사

경기도 파주시 심학산로 12(출판문화단지)
등 록 : 1988. 5. 2 / 제406-1988-000020호
전 화 : 031-946-2894(代)
F A X : 031-946-0799
e-mail : sys28945@naver.com
홈페이지 : http://www.shinyoungsa.co.kr

정가 7,000원　　ISBN 978-89-5501-886-8